首都经济贸易大学·法学前沿文库

民法概括条款研究

刘亚东 著

Research on General Clauses of Civil Law

中国政法大学出版社
2023·北京

声　明　1. 版权所有，侵权必究。

　　　　2. 如有缺页、倒装问题，由出版社负责退换。

图书在版编目（ＣＩＰ）数据

民法概括条款研究/刘亚东著.—北京：中国政法大学出版社，2023.10
ISBN 978-7-5764-1123-2

Ⅰ.①民… Ⅱ.①刘… Ⅲ.①民法-研究-中国 Ⅳ.①D923.04

中国国家版本馆CIP数据核字(2023)第193911号

出 版 者	中国政法大学出版社
地　　址	北京市海淀区西土城路25号
邮寄地址	北京100088 信箱8034 分箱　邮编100088
网　　址	http://www.cuplpress.com（网络实名：中国政法大学出版社）
电　　话	010-58908441(编辑部) 58908334(邮购部)
承　　印	北京九州迅驰传媒文化有限公司
开　　本	880mm×1230mm　1/32
印　　张	11
字　　数	250千字
版　　次	2023年10月第1版
印　　次	2023年10月第1次印刷
定　　价	49.00元

首都经济贸易大学·法学前沿文库
Capital University of Economics and Business Library, Frontier

主　编　张世君

文库编委　高桂林　金晓晨　焦志勇　李晓安
　　　　　米新丽　沈敏荣　王雨本　谢海霞
　　　　　喻　中　张世君

总　序

首都经济贸易大学法学学科始建于 1983 年。1993 年开始招收经济法专业硕士研究生。2006 年开始招收民商法专业硕士研究生。2011 年获得法学一级学科硕士学位授予权，目前在经济法、民商法、法学理论、国际法、宪法与行政法等二级学科招收硕士研究生。2013 年设立交叉学科法律经济学博士点，开始招收法律经济学专业的博士研究生，同时招聘法律经济学、法律社会学等方向的博士后研究人员。经过 30 年的建设，首都经济贸易大学几代法律人的薪火相传，现已经形成了相对完整的人才培养体系。

为了进一步推进首都经济贸易大学法学学科的建设，首都经济贸易大学法学院在中国政法大学出版社的支持下，组织了这套"法学前沿文库"，我们希望以文库的方式，每年推出几本书，持续地、集中地展示首都经济贸易大学法学团队的研究成果。

既然这套文库取名为"法学前沿"，那么，

何为"法学前沿"？在一些法学刊物上，常常可以看到"理论前沿"之类的栏目；在一些法学院校的研究生培养方案中，一般都会包含一门叫作"前沿讲座"的课程。这样的学术现象，表达了法学界的一个共同旨趣，那就是对"法学前沿"的期待。正是在这样的期待中，我们可以发现值得探讨的问题：所以法学界一直都在苦苦期盼的"法学前沿"，到底长着一张什么样的脸孔？

首先，"法学前沿"的实质要件，是对人类文明秩序做出了新的揭示，使人看到文明秩序中尚不为人所知的奥秘。法学不同于文史哲等人文学科的地方就在于：宽泛意义上的法律乃是规矩，有规矩才有方圆，有法律才有井然有序的人类文明社会。如果不能对千差万别、纷繁复杂的人类活动进行分门别类的归类整理，人类创制的法律就难以妥帖地满足有序生活的需要。从这个意义上说，法学研究的实质就在于探寻人类文明秩序。虽然，在任何国家、任何时代，都有一些法律承担着规范人类秩序的功能，但是，已有的法律不可能时时处处回应人类对于秩序的需要。"你不能两次踏进同一条河流"，这句话告诉我们，由于人类生活的流动性、变化性，人类生活秩序总是处于不断变换的过程中，这就需要通过法学家的观察与研究，不断地揭示新的秩序形态，并提炼出这些秩序形态背后的规则——这既是人类生活和谐有序的根本保障，也是法律发展的重要支撑。因此，所谓"法学前沿"，乃是对人类生活中不断涌现的新秩序加以揭示、反映、提炼的产物。

其次，为了揭示新的人类文明秩序，就需要引入新的观察视角、新的研究方法、新的分析技术。这几个方面的"新"，可以概括为"新范式"。一种新的法学研究范式，可以视为"法学前沿"的形式要件。它的意义在于，由于找到了新的研究范式，人们可以洞察到以前被忽略了的侧面、维度，它为人们认识秩序、认识法律提供了新的通道或路径。依靠新的研究范式，甚

总　序

至还可能转换人们关于法律的思维方式，并由此看到一个全新的秩序世界与法律世界。可见，法学新范式虽然不能对人类秩序给予直接的反映，但它是发现新秩序的催生剂、助产士。

再其次，一种法学理论，如果在既有的理论边界上拓展了新的研究空间，也可以称之为法学前沿。在英文中，前沿（frontier）也有边界的意义。从这个意义上说，"法学前沿"意味着在已有的法学疆域之外，向着未知的世界又走出了一步。在法学史上，这种突破边界的理论活动，常常可以扩张法学研究的范围。譬如，以人的性别为基础展开的法学研究，凸显了男女两性之间的冲突与合作关系，就拓展了法学研究的空间，造就了西方的女性主义法学；以人的种族属性、种族差异为基础而展开的种族批判法学，也为法学研究开拓了新的领地。在当代中国，要拓展法学研究的空间，也存在着多种可能性。

最后，西方法学文献的汉译、本国新近法律现象的评论、新材料及新论证的运用……诸如此类的学术劳作，倘若确实有助于揭示人类生活的新秩序、有助于创造新的研究范式、有助于拓展新的法学空间，也可宽泛地归属于法学理论的前沿。

以上几个方面，既是对"法学前沿"的讨论，也表明了本套文库的选稿标准。希望选入文库的每一部作品，都在法学知识的前沿地带做出新的开拓，哪怕是一小步。

喻　中

2013 年 6 月于首都经济贸易大学法学院

序

本书作者刘亚东在我指导下获得了硕士、博士学位，这本书是在他博士论文的基础上修改而成的。记得当时进行博士论文选题的时候，我问他打算研究什么方向，他说想挑战一下概括条款这个论题。在听了他关于这个论题的一些想法之后，我发现他已经有了一定的研究思路和研究基础，便当即同意并支持他研究这个题目，同时要求他去德国做一段时间的访问研究。关于这个论题，德国法中已经有大量的文献资料，熟读相关德文文献是写好这篇博士论文的基础。现在看来，亚东比较好地完成了研究任务，做出了实质性的推进。论文付梓之际，我应邀做序，作为导师是很欣慰的。

在我看来，本书的研究具备以下三个特点。其一，研究具有较高的难度。德沃金、阿列克西把法律规范分为原则和规则。《民法典》中，既有明确构成要件和法律效果的具体规则，也有体现民法价值理念和基本精神的法律原则，以及可以认为是介乎于两者之间的概括条款。

序

我国当下民法学研究大部分聚焦于具体民法规则的解释适用，而对于民法基本原则及民法概括条款的研究并不充分。客观地说，相较于具体规则，基本原则与概括条款由于其抽象性、不确定性以及难以操作性，具有更高的研究难度；同时，它们又奠定了《民法典》的价值基础，与内在体系关系紧密，对《民法典》今后的解释发展具有重大影响，从而深具研究价值。其二，研究具有较强的中国特色。传统大陆法系民法典大多没有基本原则规定，只有诚实信用、公序良俗之类的概括条款。我国《民法典》中既有民法基本原则，也有众多相关概括条款规定，深具中国特色。随之引发的问题是，概括条款与基本原则是否可以划等号，以及以上规范之间的意义脉络关系如何，这些都构成典型的中国民法问题，需要中国民法学者的回答。其三，研究具有较强的方法论意识。立法者在面对纷繁复杂的社会关系时，一方面需要将其秉持的价值判断通过清晰明确的法律规范表达出来，作为法官的裁判标准；另一方面囿于有限理性，对于一些问题立法者还需要"让子弹飞一会"，不能急于或武断地表达清晰的价值判断。此时，概括条款可以作为转介法律外价值的"空白委任状"，从形式上为法官解决"疑难案件"提供规范基础。然而难点在于，如何通过这一具有"法内漏洞"属性的条款将法律外的价值融入案件裁判？该问题与法学方法论关系甚深，需要从方法论角度进行深入讨论。

从研究内容角度，概括条款研究至少涉及以下五个问题：其一，概括条款是怎么产生的，其从何而来？其二，如何界定概括条款，概括条款与《民法典》中其他的规范类型有何区别？其三，概括条款与法源是何种关系？其四，概括条款适用在法学方法论中属于何种性质，法律解释还是漏洞填补？其五，概括条款如何扎根本土实践，解决中国问题。亚东的这本著作分为八个章节，全文贯穿"历史论—价值论—方法论"这条主线，对以上问题做出了自己的回答。同时，他在书中还有很多有创

· 005 ·

新的理论尝试，例如，将概括条款区分为微观层次的概括条款、中观层次的概括条款和宏观层次的概括条款，这种分类式界定概括条款的思路在国内应不多见；将概括条款与基本原则进行区分，认为我国《民法典》总则编第一章中所规定的诚实信用和公序良俗属于宏观层次的概括条款，不同于平等、自愿、绿色等基本原则；结合权利滥用制度在我国民法典中的确立过程详细阐述了概括条款适用的类型化方法，并对类型化方法进行了细致的讨论；等等。当然，这是作者第一次撰写学术著作，难免有些稚嫩，书中一些观点是否经得起推敲还需要进一步检验，一些不足之处还需要在将来的研究中进一步完善。

学术之路不易，青年学者尤其不易，需要守得住寂寞，需要有持续坐冷板凳的精神，更需要有久久为功的心态。希望亚东在今后的学术之路上持之以恒，不断取得进步，收获更多做学问的乐趣。

是为序。

于 飞
2023 年 8 月 3 日

目 录

第一章 导 论 ………………………………………… 001
  一、问题的提出 …………………………………… 001
  二、既有研究的综述 ……………………………… 005
  三、本书拟解决的问题及研究思路 ……………… 016
  四、本书的研究方法 ……………………………… 017

第二章 概括条款的缘起与发展 …………………… 019
  第一节 前法典化时期：诚信作为概括条款的雏形 ……… 023
    一、古代 …………………………………………… 024
    二、中世纪 ………………………………………… 027
    三、近代 …………………………………………… 030
    四、小结 …………………………………………… 032
  第二节 法典化时期（19世纪）：概括条款在法典中的确立过程 ……………………………………………… 033
    一、法典编纂前关于诚信的讨论 ………………… 034
    二、法典编纂过程中对于概括条款的讨论 ……… 038

三、小结 ……………………………………………… 041
第三节 法典生效至当代（20世纪）：概括条款的进一步
发展 ……………………………………………… 042
一、从名到实：概括条款的实际应用 ……………… 042
二、以点带面：从诚信看概括条款的发展 ………… 044
三、系统阐述：概括条款的诸问题 ………………… 054
第四节 小　结 ……………………………………………… 066

第三章　概括条款的分类式界定 ………………………… 068
第一节　概括条款的识别标准 ……………………………… 069
第二节　微观层次的概括条款 ……………………………… 077
第三节　中观层次的概括条款 ……………………………… 083
第四节　宏观层次的概括条款 ……………………………… 091
第五节　小　结 ……………………………………………… 095

第四章　概括条款与相关概念的界分 …………………… 096
第一节　概括条款的规范定位 ……………………………… 097
一、"规则-原则"的二元区分 ……………………… 098
二、概括条款的体系定位 …………………………… 100
第二节　概括条款与相关概念规范的区别 ………………… 103
一、概括条款与包含规范性不确定法律概念的法律
规则 ………………………………………………… 103
二、概括条款是特殊的裁量条款 …………………… 109
三、概括条款与法律原则的区别 …………………… 110
四、概括条款与纲领性条款的区别 ………………… 114

五、概括条款与空白规范的区别 …………………………… 115
　第三节　小　结 ……………………………………………………… 116

第五章　概括条款的价值属性 ……………………………………… 118
　第一节　概括条款的司法造法功能 ………………………………… 119
　　一、概括条款的核心功能：造法功能 …………………………… 119
　　二、概括条款作为私法基本价值冲突的表达 …………………… 121
　第二节　私法基本价值冲突下的概括条款 ………………………… 121
　　一、实质冲突：从个人主义到社会化的变迁 …………………… 123
　　二、形式冲突：从形式理性到实质理性的变迁 ………………… 133
　　三、制度冲突：从法官拘束到法官造法 ………………………… 139
　　四、小结 …………………………………………………………… 155

第六章　概括条款适用的方法论位阶 ……………………………… 157
　第一节　法律解释的目标应采"主观优先说" …………………… 158
　　一、法律解释的目标争议的本质 ………………………………… 159
　　二、主观优先说应为我国法律解释的目标的应然选择 ……… 167
　第二节　法律解释的方法对于概括条款适用的无效性 ………… 170
　　一、文义解释与概括条款 ………………………………………… 172
　　二、历史解释与概括条款 ………………………………………… 172
　　三、体系解释、目的解释与概括条款 …………………………… 173
　第三节　漏洞填补的各种方法无法适用于概括条款 …………… 175
　　一、概括条款在法律漏洞中的体系定位 ………………………… 175
　　二、各种漏洞填补方法对于概括条款的不适用性 ……………… 180
　第四节　概括条款与法外漏洞在适用方法上的同一性 ………… 185

第五节　概括条款与法律修正 …………………………… 186
　一、表面上对制定法的背离 ……………………………… 187
　二、法官对规范目的的修正 ……………………………… 188
第六节　小结 ……………………………………………… 190

第七章　概括条款的具体化方法：案例群 …………… 192
第一节　具体化基础理论 ………………………………… 192
　一、具体化的发展脉络 …………………………………… 193
　二、具体化的一般理论以及概括条款具体化 …………… 199
第二节　概括条款具体化方法的不足 …………………… 208
　一、具体化的来源及其不足之处 ………………………… 209
　二、具体化方法及其不足之处 …………………………… 218
第三节　概括条款适用方法的中国模式 ………………… 243
　一、对案例群方法批评意见的评价 ……………………… 243
　二、以法律论证的方式获取个案判决 …………………… 244
　三、民法案例群方法适用的中国模式 …………………… 254
第四节　小　结 …………………………………………… 268

第八章　概括条款的适用范例：权利滥用 …………… 270
第一节　权利滥用的体系定位 …………………………… 271
　一、域外法的体系定位 …………………………………… 271
　二、我国法的体系定位 …………………………………… 290
　三、小结 …………………………………………………… 292
第二节　权利滥用作为诚信的初步具体化 ……………… 293
　一、法律制度的产生过程 ………………………………… 293

二、权利滥用制度的产生 …………………………… 297
　第三节　权利滥用制度的进一步类型化 …………………… 299
　　一、个案规范的获取 ………………………………… 301
　　二、案例群的形成 …………………………………… 304

结论：方法论的多元谱系 …………………………………… 313

参考文献 …………………………………………………… 316

后　记 ……………………………………………………… 336

第一章 导 论

一、问题的提出

民法典的规范类型多种多样，有明确构成要件和法效果的法律规则，有内在体系价值外显的法律原则，还有介于法律规则与法律原则之间可以作为裁判依据的概括条款。[1]无论是理论界还是司法实务中，对于民法典中的法律规则，尤其是从解释论角度对于法律规则的研究最多，也最为成熟，产生了诸多优秀的作品；[2]其次对于法律原则的研究也较为丰富，聚焦于法律原则的意义脉络、体系关联、功能定位、解释适用也相继产生了较多的优秀成果。[3]究其原因，可能是法律规则与法律原则的区分早已被学界普遍接受，这一趋势在法理学界的研究之中也能看出。但是就民法典所包含的规范类型而言，并非法

---

[1] 参见于飞："认真地对待《民法总则》第一章'基本规定'"，载《中国高校社会科学》2017年第5期；方新军："内在体系外显与民法典体系融贯性的实现：对《民法总则》基本原则规定的评论"，载《中外法学》2017年第3期。

[2] 法学评注类作品的日见增多。

[3] 参见于飞："基本原则与概括条款的区分：我国诚实信用与公序良俗的解释论构造"，载《中国法学》2021年第4期；易军："民法基本原则的意义脉络"，载《法学研究》2018年第6期；龙卫球："我国民法基本原则的内容嬗变与体系化意义——关于《民法总则》第一章第3—9条的重点解读"，载《法治现代化研究》2017年第2期；彭诚信："从法律原则到个案规范——阿列克西原则理论的民法应用"，载《法学研究》2014年第4期。

律规则与法律原则两种，还有一种重要的法律规范类型——概括条款。相较于学界对法律规则与法律原则的投入，学界对于概括条款的研究可谓少之又少，仅有部分学者在研究民法基本原则的时候注意到概括条款和基本原则应作区分化处理。[1]从整体来看，学界对于概括条款的研究尚未全面展开，本书的任务就是在民法典的框架之下，从理论层面厘清概括条款的历史源流、准确界定概括条款、澄清概括条款的功能、构造概括条款适用的方法论，最终服务于我国的司法实践，帮助法官准确地运用概括条款裁判案件。

（一）司法实务界对于概括条款的混乱适用

首先来看几个我国司法实务中出现的案例。

案例1：

李某与牟某房屋买卖合同纠纷二审民事判决书，（2018）甘12民终383号民事判决书。[2]李某与牟某签订的《康县磐石苑房屋买卖契约》违反了法律、行政法规的强制性规定，属于原《中华人民共和国合同法》（以下简称原《合同法》）第52条第5项规定的合同无效的情形，应认定原、被告签订的《康县磐石苑房屋买卖契约》房屋买卖合同无效；同时又强调违反诚信原则，依据《中华人民共和国民法总则》（以下简称原《民法总则》）第7条、第8条再加上原《合同法》第52条、第58条予以裁判。（法律规则+概括条款）

案例2：

浙江省宁波市鄞州菲迅电动车有限公司与浙江菲利普车业

---

[1] 参见于飞：“民法基本原则：理论反思与法典表达”，载《法学研究》2016年第3期。

[2] 甘肃省陇南市中级人民法院（2018）甘12民终383号民事判决书。

第一章 导 论

有限公司侵害商标权纠纷上诉案，(2017) 浙02民终2164号民事判决书。[1]该案在裁判依据部分直接适用原《民法总则》第7条的诚信原则，而没有适用《中华人民共和国商标法》第7条、第32条、第44条、第49条以及第59条所确立的具体规则。此案也被认为是诚实信用原则在侵犯商标权民事纠纷中的直接适用。[2]（有规则，用概括条款）

案例3：

沈某某等与刘某某等胚胎继承纠纷上诉案，(2014) 锡民终字第1235号民事判决书。[3]无锡市中级人民法院依照原《中华人民共和国民法通则》（以下简称原《民法通则》）第5条、第6条、第7条对于人体冷冻胚胎的法律属性，在我国法律法规并未进行明确的界定的情况下作出了裁判，属于法官造法的情形。（存在法律漏洞，适用概括条款和基本原则）

与上述三个案例判决相类似的情形还有很多，但是从这三个案例中可以发现，对于诚信等概括条款存在三种不同的使用方法。案例1是在有明确规则的情况下，依概括条款和规则裁判；案例2是在具有可供裁判的规则的情形下，不用规则而采用概括条款直接裁判；案例3是在存在法律漏洞的情况下，运用概括条款进行法官造法以弥补法律漏洞。

从上面给出的案例可以看出，同样是概括条款却出现在不同的适用情形中。诚实信用、公序良俗等条款均是典型的概括条款，通过使用"北大法宝"的法条联想功能，分别对《中华人民共和国民法典》（以下简称《民法典》）第7条以及第8条

---

[1] 浙江省宁波市中级人民法院 (2017) 浙02民终2164号民事判决书。
[2] 参见宋妍、邓梦甜："诚实信用原则在侵犯商标权民事纠纷中的直接适用"，载《人民司法（案例）》2018年14期。
[3] 江苏省无锡市中级人民法院 (2014) 锡民终字第1235号民事判决书。

进行检索，发现对于这两个条文的适用可以区分为两大类以及相对应的四种形式。两大类分别是存在规则以及不存在规则；四种形式是在存在法律规则时分别运用法律规则、概括条款、概括条款与法律规则相结合的三种形式进行适用，以及在无规则时运用概括条款进行漏洞补充，具体如下表1-1所示。

表1-1

类别	适用形式
法律规则	法律规则
	概括条款
	概括条款+相关法律规则
无法律规则（法律漏洞）	概括条款

在表1-1所列出的情形中，除去有法律规则适用法律规则的情形，剩下的三种形式分别就是本文开头三个案例分别代表的情形。似乎越是抽象的概念，滥用的可能性越高，即使对其内容不甚了解。表1-1反映了概括条款在我国司法实践中的实然状态，从该表可以明显看出我国司法实践把概括条款当成"万金油"式的条款，在各种情形下均有适用，这也凸显出我国司法实务界对于概括条款的认识还处于混乱的阶段，尚没有形成广泛的共识。

民法的概括条款便是一个众说纷纭不易掌握，但是又被各级法院所滥用的概念。概括条款又称为一般条款（Generalklausel），其特点在于欠缺明确的构成要件，适用方法异于其他普通的法律规范。它是一种需要法官于个案中斟酌一切事情进行价值补充或具体化的概念，具有较为开放的外延。因此概括条款在适用上具有弹性及灵活性等优点，在法律无明确的规定或法律规定并不符合个案需求时，法律适用者经常能依据概括条款作出适当的法律判决；但也正因为在内容上具有高度的不确定性，导致在个案适用中产生诸多争议。

（二）理论认识上的混乱

对于概括条款适用现状的介绍仅仅涉及概括条款诸问题中最为表象的问题。在这复杂的司法适用表象背后所折射出的是民法理论界以及立法者对于概括条款认识的不足。不仅如此，概括条款也几乎是一个能为各个部门法所共同使用的法律规范，但是遍观包括法理学界在内的我国整个法学界对其所做的研究可谓十分薄弱。对于概括条款本身研究的不彰，必须引起高度重视。本书的目的就是希望在比较法尤其是德国法的基础上，结合我国现阶段理论、立法以及实务界对于概括条款的认识，试图勾勒并厘清对于概括条款的认识。

二、既有研究的综述

（一）国内的研究现状

1. 理论层面的概括条款

国内民法学界对于概括条款的研究可以从"基础论—适用论"两个层次予以概括。

在基础论"总"的方面主要集中于研究概括条款的"确定性"[1]"具体功能"[2]以及"在法典中的地位"。[3]在"分"

---

[1] 参见谢晓尧、吴思罕："论一般条款的确定性"，载《法学评论》2004年第3期。

[2] 参见朱芸阳："论民法上的一般条款的理念和功能"，载《湖北社会科学》2013年第4期。

[3] 参见张新宝："侵权行为法的一般条款"，载《法学研究》2001年第4期；张新宝："侵权法立法模式：全面的一般条款+全面列举"，载《法学家》2003年第4期；王利明："论侵权责任法中一般条款和类型化的关系"，载《法学杂志》2009年第3期；石佳友："民法典与法官裁量权"，载《法学家》2007年第6期。

的方面主要是集中于民法领域单个概括条款的研究，典型学者如徐国栋教授、于飞教授，[1]具体可以从四个方面进行观察，一是研究各个概括条款的功能，如公序良俗这一概括条款与民法之外的法律或者价值的关系问题；[2]二是各个概括条款之间的功能区分，尤其是诚实信用与公序良俗的功能区分问题；[3]三是关于各个概括条款适用的方法论阶段，如诚实信用与法律漏洞的关系；[4]四是概括条款具体的适用方法，如对于公序良俗多主张类型化的适用方法，并整理出相应的案例类型。[5]

对于概括条款，在适用论领域，王利明教授有较为系统的阐述，其核心观点为：概括条款不同于不确定法律概念、也不同于民法的基本原则。在分类上，概括条款可以分为两大类，一类是作为价值补充依据的概括条款，另一类是作为兜底条款的概括条款，此外还存在基本原则性的概括条款和裁判规则性的概括条款。在具体化适用上，主张通过类型化来具体化概括条款。[6]对于概括条款的适用，在此必须要重点提及的一篇文

---

[1] 如徐国栋：《民法基本原则解释：诚信原则的历史、实务、法理研究》（再造版），北京大学出版社2013年版；于飞：《公序良俗原则研究——以基本原则的具体化为中心》，北京大学出版社2006年版。

[2] 参见易军："民法上公序良俗条款的政治哲学思考——以私人自治的维护为中心"，载《法商研究》2005年第6期；刘志刚："公序良俗与基本权利"，载《法律科学（西北政法大学学报）》2009年第3期；谢潇："公序良俗与私法自治：原则冲突与位阶的妥当性安置"，载《法制与社会发展》2015年第6期。

[3] 参见王利明："论公序良俗原则与诚实信用原则的界分"，载《江汉论坛》2019年第3期；于飞："公序良俗原则与诚实信用原则的区分"，载《中国社会科学》2015年第11期；董学立："诚实信用原则与公序良俗原则的界分"，载《法学论坛》2013年第6期。

[4] 参见梁慧星："诚实信用原则与漏洞补充"，载《法学研究》1994年第2期。

[5] 参见向森："公序良俗原则司法适用的模式与类型——基于对243个案件的统计分析"，载《复旦学报（社会科学版）》2015年第5期。

[6] 参见王利明：《法律解释学导论——以民法为视角》（第2版），法律出版社2017年版，第506—522页；屈茂辉：《民法引论》，商务印书馆2014年版，第504页。

第一章 导 论

献是朱岩教授的《民法典一般条款研究》一文,[1]该文就概括条款这一主题进行了最为系统的研究,全文分为八个部分,除了导论以及结论之外,对于概括条款产生的原因、概括条款的概念和特征、适用概括条款的前提、概括条款的功能、概括条款适用的具体方法以及对于适用概括条款的危险均作出了全面的介绍,是一篇比较全面介绍概括条款的中文文献。虽然该文把概括条款所涉及的问题均作了介绍,在广度上毋庸置疑,但是在深度上稍显欠缺。

关于概括条款这一主题,王泽鉴教授在其《民法总则》一书中对概括条款也有粗略的介绍,[2]然而对于此问题进行专门研究的当属许政贤教授的两篇文章,分别是《民法解释学方法论的不确定性——以概括条款具体化为例》以及《定型化契约条款内容控制的问题导向论证》,这两篇论文对于概括条款进行了详细的介绍,核心观点为:概括条款具有准立法性质,法官须依立法者授权而填补条款的空白,且其具体化的结果可能存在两种相异的判断,此时无法避免不确定的危险;而当某项具体裁判的正、反意见并列,且各自均有成立理由时,法官必须承担论证的义务。[3]但是这两篇论文也存在不足,主要是受限于篇幅无法对概括条款的每个问题都进行详细的阐述。

综上,可以看出我国民法既有的理论研究分别从不同的侧面推进了我们对于概括条款的理解,但是各个层面的研究在某种程度上又都存在研究深度、研究视角方面的不足。

---

[1] 参见朱岩:"民法典一般条款研究",载《月旦民商法杂志》2005年第7期。
[2] 参见王泽鉴:《民法总则》(增订版),中国政法大学出版社2001年版,第55页。
[3] 参见许政贤:"民法解释学方法论的不确定性——以概括条款具体化为例",载《月旦民商法杂志》2015年第47期;许政贤:"定型化契约条款内容控制的问题导向论证",载《东吴法律学报》2013年第2期。

2. 立法层面的概括条款

就立法层面而言,《民法典》第 7 条、第 500 条第 3 项、第 509 条第 2 款,以及第 8 条、第 153 条第 2 款等是关于诚实信用和公序良俗的规定,二者被认为是民法上两个主要的概括条款。[1] 此外,《民法典》第 1165 条 [原《中华人民共和国侵权责任法》(以下简称原《侵权责任法》)第 6 条] 也被认为是概括条款,[2] 并且在构造上区别于德国侵权法"三个小概括条款"的模式,被称为"大概括条款"。[3] 从民法典体例上看,概括条款在总分则部分皆有规定;从内容上看,概括条款在总则编、合同编、侵权编中皆有。

从《民法典》来看,我国对于概括条款的安排与德国等大陆法系国家存在不同,我国的立法除了在分则部分有所规定之外,还在《民法典》的一般规定部分进行了安排,并且与民法的基本原则、法源条款并列规定,这也是我国民法的特殊之处。因此在这里对于民事研究者提出一个问题——如何处理这些条款之间的关系,以及在进行解释论作业时,如何进行体系解释?除此之外,在概括条款的具体适用上,如何避免法官逃避论证义务而向概括条款逃逸?这涉及概括条款自身如何适用的问题。

(二) 国外的研究现状

对于域外,主要是德国概括条款的相关情况拟从以下问题进行综述。

---

[1] 不同意见参见于飞:"基本原则与概括条款的区分:我国诚实信用与公序良俗的解释论构造",载《中国法学》2021 年第 4 期。

[2] 参见王利明:"我国侵权责任法的体系构建——以救济法为中心的思考",载《中国法学》2008 年第 4 期。

[3] 参见于飞:"侵权法中权利与利益的区分方法",载《法学研究》2011 年第 4 期。

第一章 导 论

1. 概括条款的历史变迁及体系定位

着眼于比较法以及私法史的视角可以发现，概括条款经历了一个从立法上的概括条款到方法论意义上的概括条款的发展过程。具体来讲，当今意义上的诸如诚实信用以及公序良俗等概括条款，在立法时并未想象到其有今天这般作用。1888 年德国民法典草案第一稿引起了大量关于法典的实质化以及法官法问题的讨论，赞成者以及反对者皆有。[1] 概括条款，是在是否在法典中授予法官自由以及法典是否体现实质正义的背景下形成的。[2] 在 1895 年德国民法典草案第二稿中，概括条款最终得到了固定，并最终作为法典的一部分于 1900 年 1 月 1 日生效。

但是对于概括条款的适用最先并不是出现在民法中，而是在《德国反不正当竞争法》（UWG）中首次出现。1896 年德国旧的反不正当竞争法对于禁止的竞争行为采取的是列举模式，但是很快就发现，不公平竞争的问题无法通过列举的情形所穷尽。针对此种情况，司法实践绕道"违反善良风俗故意致人损害"条款对于不公平竞争行为进行规制。一直持续到 1909 年新的反不正当竞争法通过，并在第一条增订反不正当竞争行为的一般规定，这种情况才得以终结。[3] 概括条款在民法中有意识的适用情形是解决第一次世界大战以后出现的经济危机所导致的增值问题（Aufwertungsfrage），[4] 系统研究其是在 1933 年由赫德曼（Hedemann）第一次以专著《向一般条款逃逸：对法和国

---

[1] Vgl. Repgen, Die soziale Aufgabe des Privatrechts, Mohr Siebeck, 2001, S. 2ff., 490ff.

[2] Vgl. HKK-Zimmermann, vor §1, Rz. 16; HKK-Haferkamp, §138, Rz. 7.

[3] Vgl. Auer, Materialisierung Flexibilisierung Richterfreiheit, Mohr Siebeck, 2005, S. 110ff.

[4] Vgl. Rüthers, Die unbegrenzte Auslegung, 6. Aufl., Mork Siebeck, 2005, S. 66ff.

家的一种危险》的形式进行介绍之后出现的。[1]

第二次世界大战后概括条款的发展必须在私法理论变迁的背景下进行考察。从战后德国私法理论的发展来看,尽管存在争议,但是呈现出一个明显的趋势,就是过去私法法律理论的基本问题,例如,概念法学和利益法学之间的对立,以及与之相关的法官的法律续造的合法性问题,在私法中必然存在的著名的"社会主义一滴油(Tropfens sozialistischen Öls)"[2]已经被认可。私法理论似乎已成为一种被普遍认同的法律方法。[3]取代利益法学,评价法学的主张给传统的体系思维在定义上带来了许多潜在的问题。[4]关于法官的法律续造这一极具争议性的讨论已经让位于最大化寻求法律发现方法在方法论上的合理性这一目标,其基本前提始终是拒绝法官违反法律(contra legem)的法律续造。[5]虽然私法的社会化,即私人自治与私法社会化之间的关系问题一如既往地受到关注,但是现在的共识是,私人自治的优先地位得到确认,私法社会化问题所涉及的相关价值均是在所涉个案的教义学问题中得到展现。[6]简言之,在德国,早期对于私法理论关注的优先地位似乎已经让位于法教义

---

[1] Vgl. Hedemann, Die Flucht in die Generalklauseln: eine Gefahr Füf Recht und Staat, Mohr, 1933.

[2] 参见[德]奥托·基尔克:《私法的社会使命》,杨若濛译,商务印书馆2021年版,第18页。

[3] Vgl. Wieacker, Gesetzesrecht und richterliche Kunstregel, JZ, 1957, S. 701f.

[4] Vgl. Heck, Rechtsphilosophie und lnteressenjurisprudenz, AcP 143(1937), S. 129ff.

[5] Vgl. Bydlimki, Über die lex-lata-Grenzc der Rechtsfindung, in: Canaris-Symposion, De Gruyter, 1998, S. 27ff.; Neuner, Die Rechtsfindung contra legem, Verlag C. H. Beck, 1992, S. 132ff., 184f.

[6] Vgl. Auer, Materialisierung Flexibilisierung Richterfreiheit, Mohr Siebeck, 2005, S. 2.

第一章 导 论

学和法律方法论的讨论。

上述私法理论变迁的脉络反映在概括条款中就是概括条款是处于体系之内还是体系之外的争论。众所周知，诸如《德国民法典》（以下简称"德民"）第138条、第242条之类的概括条款是现代德国私法的重要组成部分。自民法典生效以来，它们已成为法律续造和个案正义的重要起点，并且在私法中有许多重要的制度创新。以往关于它们的讨论通常仅限于在传统法学方法的背景下寻找其应用的规则，而按照传统法学方法却存在一个不容忽视的问题，即由于诚实信用、公序良俗等概括条款具有不确定性的特征而无法直接涵摄，但另一方面其仍然具有普通法律规范的特征，或者像比德林斯基（Bydlinski）所说，尽管它们具有模糊性，但是"在形式上与一般的法律规则等同，从而被当作实证法的组成部分。"[1]维亚克尔（Wieacher）也认为诸如德民第242条等概括条款首先是作为实证法的一部分这一前提来评价的，因为这些条款在民法典中的位置满足了合法性这个前提。但是这种考虑并没有为概括条款的价值提供任何真正的标准；甚至没有清楚地表明它的功能。[2]这似乎促使将"具体化"方法作为概括条款的适用方法，形成更为清晰的能够直接涵摄适用的规范。与之相反，也有学者认为内部视角下的体系适用方法隐藏了概括条款的实际功能，并进一步认为方法论和体系化教义学的处理没有反映出概括条款的基本功能，而

---

[1] Vgl. Bydlinski, Möglichkeiten und Grenzen der Präzisierung aktueller Generalklauseln, Rechtsdogmatiund praktische Vernunft, Symposion zum 80. Geburtstag von Franz Wieacker. Hrsg, von Okko. Behrends. , Göttingen: Vandenhoeck u. Ruprecht, 1990, S. 189ff.

[2] Vgl. Wieacker, Zur rechtstheoretischen Präzisierung des § 242 BGB, 1956, S. 10.

私法思想的基本矛盾才是实际决定概括条款的真正功能。[1]

2. 概括条款的概念界定以及功能

2.1 关于概括条款的界定

关于概括条款的界定，在德国的理论界并不存在统一的意见。[2]第一种观点认为，概括条款是包含不确定法律概念的需要在具体的个案中进行价值判断的条款。[3]第二种观点认为，概括条款属于语言上不确定的规范，[4]但是此处的"语言上不确定"也并不统一，如单纯的不确定、规范性不确定、需要价值填充的不确定以及空白规范等。[5]第三种观点认为，概括条款是与列举式构成要件相对应的概念，其实质是兜底条款。[6]第四种观点认为，概括条款是一种社会学概念，是社会规范模型的一种。[7]第五种观点认为，概括条款不应该作统一界定，而应该区分不同的概括条款分别加以认定，如比较传统的概括条款为德民第242条的诚实信用、第138条的公序良俗以及第315条的衡平裁量条款，除此之外，尚有第823条第1款也被认

---

[1] Vgl. Auer, Materialisierung Flexibilisierung Richterfreiheit, Mohr Siebeck, 2005, S. 3.

[2] Vgl. Weber, Einige Gedanken zur Konkretisierung von Generalklauseln durch Fallgruppen, AcP 192 (1992), S. 523.

[3] Vgl. Münchner Kommentar/Roth/Schubert, 6. Aufl, 2012, § 242, Rn. 3.

[4] Vgl. Wank, Grenzen richterlicher Rechtsfortbildung, Duncker & Humblot, 1978, S. 133.

[5] Vgl. Diederichsen, Die Flucht des Gesetzgebers aus der politischen Verantwortung im Zivilrecht, Karlsruhe, C. F. Müller, 1974, S. 21; Ipsen, Richterrecht und Verfassung, Duncker & Humblot, 1977, S. 65ff.; Raisch, Juristische Methoden: Vom antiken Rom bis zur Gegenwart, C. F. Müller, 1995, S. 165; Werner, Zum Verhältnis von gesetzlichen Generalklauseln und Richterrecht, C. F. Müller, 1966, S. 6.

[6] 参见[德]卡尔·恩吉施：《法律思维导论》，郑永流译，法律出版社2004年版，第153页。

[7] Vgl. Teuhner, Generalklauseln als sozio-normative Modelle, in: Generalklauseln als Gegenstand der Sozialwissenschaften, 1978, S. 13.

第一章 导 论

定为概括条款，因为对于一般人格权或者企业经营权的侵害，需要利益衡量进行认定；在《德国商法典》第 238 条第 1 款以及德民第 346 条也被认为是概括条款，因为这两个条款都是向法外价值开放的，需要法官自我衡量。[1]第六种观点认为，概括条款是需要具体化的概念，但是与不确定概念存在模糊之处。[2]

2.2 关于概括条款的功能

关于概括条款的功能，在德国民法学界也存在不同的认识。有的学者认为，相对于普通规范，不管何种类型的概括条款，从方法论的角度均具有三种功能，首先，是援引功能，在民法中的概括条款对于法外的价值和一般法律原则是开放的；其次，是灵活性功能，在个案中包含所有需要考虑的情形以及适应新的发展；最后，是授权功能，授权法官补充法律。[3]还有的学者认为不同的概括条款具有不同的功能，如公序良俗以及诚实信用的任务是为了更高级的法益来限制合同自由，作为私法自治原则的例外，[4]在个案中松动制定法的约束，或者像《德国反不正当竞争法》第 1 条一样是为了适应不断变化的社会，其功能是调节个案正义与法的安定性之间的紧张关系。[5]但是像侵权法或者反不正当竞争法的一般条款本身就是原则，没有例外。特别是像《法国民法典》第 1382 条过错责任那样基本上是整个侵权法的核心。尽管德民第 826 条由于故意要件而无法获

---

[1] Vgl. Ohly, Generalklausel und Richterrecht, AcP 201 (2001), S. 5.
[2] Vgl. Weber, Einige Gedanken zur Konkretisierung von Generalklauseln durch Fallgruppen, AcP 192 (1992), S. 522.
[3] Vgl. Ohly, Generalklausel und Richterrecht, AcP 201 (2001), S. 7.
[4] Vgl. Mayer-Maly, Was leisten die guten Sitten? AcP 194 (1994), S. 110.
[5] Vgl. Weber, Einige Gedanken zur Konkretisierung von Generalklauseln durch Fallgruppen, AcP 192 (1992), S. 521.

得任何可比较的含义，但是《德国反不正当竞争法》第1条成了全部市场行为的基本标准。如果在非典型的孤立案件中考察概括条款的功能，则并不具有代表性。尽管对于德民第242条基于诚信所产生的行为基础丧失理论是可以一般化，具有代表性的，但是对于规范了许多典型竞争行为的《德国反不正当竞争法》第1条而言并不相关。

3. 概括条款适用的方法论

"概括条款具体化（Konkretisierung der Generalklausel）"[1]是概括条款适用的唯一方案。在立法上所规定的概括条款如何在法学方法上适用，早在1888年哈德曼（Hartmanns）就已经给出了答案，他认为应该通过先例以及通过援引社会规范来具体化概括条款。[2]法官根据合同的性质、交易习惯、诚实信用作出判决，并通过不断的司法实践来逐渐澄清概括条款的含义，裁判的统一性由帝国法院的最高法律地位来保证。通过具体化新产生的法律将首先从人们的日常生活以及习惯本身中获取其实质内容，所获取的实质内容又逐渐形成真正的法律，并通过法院的司法权限获得最终的含义。[3]

对于概括条款的适用存在两个极端，要么是通过法官自我的法感来适用，要么是通过理性论证来教义学化概括条款。[4]比较主流的观点是通过具体化，最终实现类型化。[5]但是对于

---

[1] Vgl. Canaris, Systemdenken und Systembegriff in der Jurisprudenz, 2. Aufl., Duncker & Humblot, 1983. S. 152.

[2] Vgl. Hartmanns, Der Civilgesetzentwurf, das Aequitätsprincip und die Richterstellung, AcP 73 (1888), 309 ff.

[3] Vgl. Hartmann, Der Civilgesetzentwurf, das Aequitätsprincip und die Richterstellung, AcP 73 (1888), S. 309, S. 321.

[4] Vgl. Weber, Einige Gedanken zur Konkretisierung von Generalklauseln durch Fallgruppen, AcP 192 (1992), S. 526.

[5] Vgl. Haubelt, Die Konkretisierung von Generalklauseln, 1978, S. 46.

第一章 导 论

这种方法，韦伯（Ralph Weber）从教义学以及社会学上进行了批评，认为类型化的方法会固化概括条款，使概括条款丧失灵活性的功能，并且他还认为概括条款具体化的方法模糊了立法权与司法权的界限。[1]对于韦伯的批评，阿克塞尔·贝阿特（Axel Beater）从法律续造、主观价值以及法的安定性三个方面一一进行了回应，认为韦伯的担忧并不成立。[2]

另外，对于概括条款在法学方法论到底处于何种阶段，是法律解释抑或是法律续造，德国学界也存在不同的观点，如有的学者认为属于法律解释，[3]有的学者认为是法律续造。[4]总之，在德国对于概括条款的认识是见仁见智，各不相同。

4. 对于适用概括条款的担忧

法官在法教义学松动的地方，就会有向概括条款"逃逸"的嫌疑，或者产生没有原则权衡的裁判（Billigkeitsrechtsprechung）。在极权时代，概括条款又会给政治与意识形态压迫裁判，以及为政治投机主义提供助力。即使不存在上述政治的影响，它也会鼓励善意的法官无视法秩序的文义和精神而贯彻自己的价值判断，自然法式的狂热或配合时代的伦理化倾向。另一方面，今天越来越被立法者滥用的概括条款又将不属于法官

---

[1] Vgl. Weber, Einige Gedanken zur Konkretisierung von Generalklauseln durch Fallgruppen, AcP 192 (1992), S. 535ff, 555ff.

[2] Vgl. Beater, Generalklauseln und Fallgruppen：(Erwiderung auf Ralph Weber,) AcP 194 (1994), S. 82ff.

[3] Vgl. Koch/Rüssmann, Juristische Begründungslehre, C. H. Beck, 1982, S. 201 ff., 204; Looschelders/Roth, Juristische Methodik im Prozeß der Rechtsanwendung, Duncker & Humblot, 1996, S. 198ff.; Raisch, Juristische Methoden：Vom antiken Rom bis zur Gegenwant, C. F. Müller, 1995, S. 165ff.

[4] Vgl. Ipsen, Richterrecht und Verfassung, Duncker & Humblot, 1977, S. 73; Wank, Grenzen richterlicher Rechtsfortbildung, 1978, S. 146; Vogel, Juristische Methodik, De Gruyter, 1998, S. 145.

的社会责任。因此概括条款会对法秩序造成很大的风险。[1]

三、本书拟解决的问题及研究思路

综合国内外关于概括条款的认识，可以发现概括条款所涉及的问题众多，但是围绕概括条款的研究有五个最为基础的问题尚未得到彻底澄清：一是对于概括条款的历史脉络没有进行系统的梳理；二是对于什么是概括条款尚缺乏一个清楚的界定；三是应当在法律内还是法律外认识概括条款尚没有定论；四是概括条款在什么样的条件下适用没有得到明确说明；五是对概括条款具体适用的方法缺乏一个系统的阐述。本书的任务就是围绕这五个问题渐次展开。

基于此，本书的结构如下：第一章从私法史的角度对概括条款进行体系化梳理。第二章聚焦于内部视角（正面角度），分类式界定概括条款，回答什么是民法中的概括条款，以及某一条款被识别为概括条款需具备何种标准。第三章聚焦于外部视角（反面角度），介绍概括条款与民法典中其他概念与规范的区别，回答哪些概念、规范不是概括条款。第四章在私法基本矛盾的背景下认识概括条款的价值以及功能。通过上述四章的介绍，系统勾勒出概括条款的基础理论。接下来通过三个章节来介绍概括条款适用的理论。第五章介绍法学方法论视角下的概括条款，即概括条款在方法论中居于何种地位？是法律解释抑或漏洞填补？更进一步讲，概括条款在法学方法论中适用何种法学方法？第六章阐述概括条款具体适用的方法论，即概括条款在司法适用中应该遵循的具体方法。第七章介绍了概括条款适用的具体步骤及方法。第八章以权利滥用为例，展示了概括

---

[1] 参见［德］弗朗茨·维亚克尔：《近代私法史》（下），陈爱娥、黄建辉译，上海三联书店2006年版，第458页。

条款在实务中的使用。最后是全书的结论。

四、本书的研究方法

1. 比较研究方法

从上文对于研究现状的梳理来看，我国在本论题方面的研究较为薄弱，因此在写作本书时不得不用比较法来参酌其他国家和地区的做法。在茨威格特的《比较法导论》中开篇就提到"一切知识和认识均可溯源于比较"。[1]从这个意义上讲，本书是一部比较的作品。

在具体比较时，首先，遵循功能主义原则。概言之，每个社会的法律在实质上都面临着同样的问题，各种不同的法律制度以不同的方法来解决这些问题，虽然最终结果是相同的，但是在法律上只有那些完成相同任务从而具有相同功能的事物才是可以比较的，功能是一切比较法的出发点和基础，比较法指向不同法系法律解决问题的功能。[2]借用黑格尔所说的"内在理由"和"外在理由"的区分，比较能够让我们意识到外在理由，这也恰恰是比较法的力量，但同时也有可能成为比较法的弱点，即满足于描述而非理论知识的获取。因此在进行比较的时候，除了外在理由，我们更需要重视发现内在理由，探求规范背后的意志和价值，无论其价值相同还是存有差异，都需要对该价值进行正当化论证，同时注意价值和规范的二分，探求实现同一价值的不同规范技术的差异及其原因。[3]就本书主题而言，德民第138条、第226条、第242条等规范均可作为借鉴

---

[1] [德] K. 茨威格特、H. 克茨：《比较法总论》，潘汉典等译，法律出版社2003年版，德文第二版序。

[2] [日] 大木雅夫：《比较法》，范愉译，法律出版社1999年版，第86页以下。

[3] 参见朱虎：《规制法与侵权法》，中国人民大学出版社2018年版，第18页。

和比较的制度。

其次,在比较的时候应注重微观比较。微观比较是以个别法律规定或制度作为研究对象,其目的在于发现解决特定问题的法律对策。另外在比较的时候,应注重立法、学说以及案例的结合,因为单独的条文比较是局限的,必须要结合相关学说以及判例,才能真正理解法律规范的含义,所以在本书的写作中对于规范条文、案例以及学说皆有借鉴,达到了全面了解制度运行的实际状况。

2. 法教义学方法

法教义学是"纯粹理性在现有理论架构上运作,而未先行批判它自身的能力"。信条论者以未经检验即视为真实的条件为前提,他"在现有的情况下"来思考。法教义学不问法律"究竟"是什么,也不问是否、在何种情况下、在什么范围内、以何种方式会有法律的认识。法教义学总是在体系范围内论证。[1]就本书的主题而言,法教义学是必然要采用的方法,以我国现行的法秩序为前提,通过案例分析找到"标准观点",从而寻求现行法秩序下的合理方案。

当然,在本书的论述过程中主要以上述方法的融合使用为主,基本遵循三个步骤,首先,结合我国的实际案例思考我国的法律规范,找寻我国存在的问题;其次,结合其他国家和地区,主要是德国具有相同功能的法律规范、学说以及案例,结合不同的法秩序前提,寻求共同的考量因素作为"内在理由",据此找寻相通的外在论证结构;最后,以我国既定的规范体系为前提,通过法教义学的妥当操作,将上述内在理由和外在的论证结构合理地植入我国的规范体系之中。[2]

---

[1] [德] 考夫曼:《法律哲学》,刘幸义等译,法律出版社2004年版,第15页。
[2] 参见朱虎:《规制法与侵权法》,中国人民大学出版社2018年版,第19页。

第二章 概括条款的缘起与发展

赫德曼在1933年提到"在我们立法中概括条款的普遍适用可能是20世纪法学最为重要的问题",[1]这一观点的重要性在今天仍然具有现实意义。应该在不同的历史背景下认识这一观点。在当时,概括条款的不确定性可能会引起法律实证主义法学家的警觉,但是在今天概括条款的具体化适用已经成为法学方法论上非常重要的一环。也就是说,在概念法学时代,把概括条款想象为开放式立法被认为是一种危险,发展至今,对于概括条款必须重新思考。

概括条款(Generalklauseln)是学界对于一类法律规范的统称,在制定法中并无直接的规定。虽然"clausula generalis"概念在罗马法中已经存在,[2]但概括条款这一称谓是在20世纪初才开始在法理论文献中使用。这一概念首次提及是在1896年德国的反不正当竞争法中,德国旧反不正当竞争法在制定时,对于不正当竞争行为是采取较为封闭的列举式,还是在列举式之外加一个兜底条款,有较为激烈的争论,此处所言的"兜底条款"便是最初意义上的概括条款,最终通过的反不正当竞争法

---

[1] Hedemann, Die Flucht in die Generalklauseln: eine Gefahr für Recht und Staat, Mohr, 1933. S. 3.

[2] Heumann‑Seckel, Handlexikon zu den Quellen des römischen Rechts., 9 Aufl, 1926, S. 219.

采用了前一种封闭列举式，并且在讨论这一条款时还提及了《法国民法典》第1382条这一大概括条款。[1] 在立法中正式确立概括条款是在1909年德国反不正当竞争法修法之时，在其第1条增加了兜底条款作为概括条款。

在理论上比较系统地介绍概括条款是在海因里希（Heinrich Höniger）1917年发表的一篇论文里，他提及在"价值构成要件（Wertbes-tänden）"中会存在权利行使的不确定性，并且会促使形成新的法律制度。立法者越来越难以通过严格构成要件的方式来调整快速发展的经济社会。越来越倾向于重视价值层面的构成要件，这些构成要件越来越多地取决于法官对具体事实进行价值评价。我们的立法中有越来越多的所谓概括条款。但这些实际上是非常普遍的价值构成要件。[2] "产生法律效力的构成要件事实"由"概念性"的构成要素组成，可以通过定义从一开始就在规范中确定构成要件事实（Werttatbestände）（尽管可能"经过长时间的波动，直到判决对该构成要件的定义进行了充分的澄清"），"在概念上界定的事实"通常是"易于识别"，"明确地"界定（"制定法的列举"），而"价值"倾向于"宽泛""概括"，且经常作为概括条款来呈现。因此，概括条款要求法官在案件中进行价值判断。[3] 对概括条款第一次全面而系统地介绍源于1933年的赫德曼，[4] 与前人零散的介绍相反，他以概括条款为题进行了专门阐述，并且仔细研究此一条款的形成以及在各个法律领域的适用。

本章要处理的是在概括条款这一名称正式出现之前，其发

---

[1] Vgl. Auer, Materialisierung, Flexibilisierung, Richterfreiheit, 2005, S. 112.
[2] Höniger, Riskante Rechtsausübung, Mohr, 1917, S. 24.
[3] Höniger, Riskante Rechtsausübung, Mohr, 1917, S. 14f, 24f.
[4] Vgl. Hedemann, Die Flucht in die Generalklauseln: eine Gefahr für Recht und Staat, Mohr, 1933.

第二章 概括条款的缘起与发展

展的历程，以及在出现之后是如何发展的。事实上，在概括条款这一概念正式出现以及被系统介绍之前，关于概括条款的认识均是通过诚信的变迁。比德林斯基曾说过，对于概括条款的处理特别是德民第242条应该在方法论上达到何种层次。[1]德民第242条主要处理的是一个真正的制定法漏洞（echte Gesetzes Lücken），[2]至少是制定法公开的漏洞。[3]这样可以达成一个体系无漏洞的幻象，如此法官的法律续造就不会抛弃体系，德民第242条承担着这样一种功能。[4]

对于法官来讲，诚实信用提供了一个什么样的判断标准？是基于宪法，[5]还是基于全部的社会伦理原则（sozialethisches Prinzip）？[6]提供给法官一种"价值理解（Wertverstehen）"抑或一种由拉伦茨（Larenz）所主张的"客观秩序（Wertordnung）"？[7]另一方面，由于缺乏确定的标准，从法治的角度来讲，它不符合法的安定性原则。所以德民第242条是一个纯粹

---

[1] Vgl. Bydlinski, Möglichkeiten und Grenzen der Präzisierung aktueller Generalklauseln, Rechtsdogmatiund praktische Vernunft, Symposion zum 80. Geburtstag von Franz Wieacker. Hrsg, von Okko. Behrends. , 1990, S. 189ff.

[2] Vgl. Schmidt, Präzisierung des § 242 BGB—eine Daueraufgabe? Rechtsdogmatik undpraktische Vernunft, Symposion zum 80. Geburtstag von Franz Wieacker. Hrsg, von Okko Behrends. 1990, S. 231, 234ff.

[3] Vgl. Hedemann, Die Flucht in die Generalklauseln: eine Gefahr für Recht und Staat, Mohr, 1933.

[4] Vgl. Schmidt, Präzisierung des § 242 BGB —eine Daueraufgabe? Rechtsdogmatik und praktische Vernunft, Symposion zum 80. Geburtstag von Franz Wieacker. Hrsg, von Okko Behrends. , 1990, S. 34ff.

[5] 参见［德］克劳斯-威尔海姆·卡纳里斯著，曾韬、曹昱晨译："基本权利与私法"，载《比较法研究》2015年第1期。

[6] Vgl. Franz Wieacker, Zur rechtstheoretischen Prazisierung des 242 BGB, Mohr, 1956, S. 19.

[7] Vgl. Monika Frommei, Zur Rezeption der Hermeneutik bei Karl Larenz und Josef Esser, Gremer, 1981, S. 182ff.

的方法论问题——法官是否或者怎样依据诚实信用来续造法律，以及在多大程度上他可以这么做。[1]对于法官来讲，德民第242条在法体系上是一个焦点，在这个焦点上，一方面要确保合宪性约束，另一方面又要突出制定法约束的表象。

从历史的视角来看，德民第242条的调整范围取决于一系列前提。如果孤立的理解诚信的适用，则基于其适用所产生的一系列法官法问题均会产生不同程度的障碍。诚信的司法适用，事实上仅仅是作为一个"通道"，只能基于不同的历史阶段对于法官地位的思考来认识。德国20世纪最受欢迎的讨论主题，关于法官法的方法论均是以不同时代的权力分配为基础。仅仅基于当前的视角并不能完整地反映出诚信这一概括条款适用的全貌。关于诚信是否授予了法官自由造法的权力，必须结合不同时代的法律背景来研究。它不仅仅涉及规范适用范围到底包括什么问题，而且对这一问题的任何一种历史表达都表明了法官在不同的方法论问题中的独特地位。详言之，关于诚信与民法典中被我们所熟知的各种概念与规范之间的关系不能简单地以目前的理论现状为基础。例如，克勒默（Klemmer）在对20世纪前30年帝国法院的判决分析表明，在制定法解释和合同解释（目的、补充）［Gesetzes-und Vertragsauslegung（teleologisch, hypothetisch, ergänzend）］或者给付障碍法（Leistungsstörungsrecht）这一制度中（如履行不能，Unmöglichkeit），诚信论证与其他的论证方法之间相互竞争，并没有很清楚的界限。相同的判决结果，或者是基于制定法，或者是基于诚信所产生的"法官法"。法官选择的论证方法主要取决于自己的选择。[2]这再次说明了

---

〔1〕 Vgl. Teubner, Standards und Direktiven in Generalklauseln., Athenäum-Verl, 1971, S. 106f.

〔2〕 Vgl. HKK/Duve/Haferkamp, Band Ⅱ, 1. Teilband, §242, 2007, Rn. 2.

第二章　概括条款的缘起与发展

探讨诚信必须与特定的时代背景相关联。

本章的任务就是从私法史的角度对诚信以及概括条款的发展进行一个全景式的展现。本章将遵循时间顺序，总体分两条线路：先介绍最为典型的概括条款，即诚信条款的历史变迁；然后系统介绍概括条款在德语区国家的讨论状况。具体划分为四个阶段，第一阶段为德国民法典制定之前的阶段，本书称为前法典化时期，重点关注概括条款的前身，诚信的词源演变以及意义变迁；第二阶段为法典形成时期，包括诚信等概括条款在法典中的确立过程；第三阶段为法典颁布之后到当代，概括条款在不同时期的法学方法论意义以及对于概括条款的系统阐述。这么安排的目的有两个，一是尽可能通过深入的文献考察来取代当前司法实践对于概括条款"万金油"式的认识；二是试图证明诚信在历史变迁中所具有的功能在后来的概括条款中均有典型体现。研究的出发点是："诚信（bona fides）""衡平（aequitas）""诚信（Treu und Glauben）"以及"公平合理（Billigkeit）"等概念。

第一节　前法典化时期：诚信作为概括条款的雏形

诚信作为概括条款一直是不同时代方法论争论的导火索。[1]诚信，一方面，被看作是"以恶毒的方式吞噬我们法律文化的致命祸害"，另一方面，作为能够被动摇已确立的法律世界的"规则之王"而受到赞颂。[2]诚信是"致命祸害"还是"规则之王"，必须从历史的角度予以观察。

---

〔1〕 Vgl. Raisch, Juristische Methoden: Vom antiken Rom bis zur Gegenwart, C. F. Müller, 1995, S. 107ff.

〔2〕 参见［德］莱因哈德·齐默曼、［英］西蒙·惠特克主编：《欧洲合同法中的诚信原则》，丁广宇、杨才然、叶桂峰译，法律出版社2005年版，第14页。

一、古代

在谈及古代时期的诚信,就不得不提及被称作罗马法基石的两个词语,即信赖/诚信(fides/bona fides)和公平(aequitas)。[1]

信赖是罗马法中的基本范畴,体现了对正当行为的期望,也就是信守承诺以及确保对方的信赖。[2]信赖作为忠诚的化身,可以追溯到宗教,后来它被理解为一个脱离宗教含义的道德概念,作为每个法律体系的基础、正义信仰的根基(Fundamentum autem est iustitiae fides)。[3]在这种发展背景之下,信赖成为受法律保护的行为预期,这其实是和法律外价值不断地向法律中渗透有关,它增强了具有特殊法律关系的人彼此之间的信任。[4]

自公元前3世纪以来,基于信赖逐渐发展出了诚信诉讼(bonae fidei iudicia)。它是由罗马执政官/护民官(Prätoren)所创建,只有在与罗马"程式诉讼(formula)"并且结合类型强制的情况下才能理解这些诚信诉讼,他们与诸如买卖、租赁等形式强制的法律关系有关,用来补充严法诉讼(iudicia stricti iuris)。作为一种控诉的形式必须以被告根据诚信(ex bona fide)明确提出抗辩为依据。执政官支持这种控诉的形式并非基于法律,而是基于一般所认可的基本伦理。信赖的法律化过程展示了诚信作为一种平等的诉讼类型,导致了罗马法诉讼形式的扩张。执政官所创造的对于大量债务保护的方式,属于罗马法律生活中非常重要的制度,包括买卖(emptio venditio)、租赁(locatio

---

[1] Staudingers/Divk Olzen (2015) Einleitung zam Schuldreche, Rn. 7.

[2] Vgl. Betti, Der Grundsatz von Treu und Glauben in rechtsgeschichtlicher und-vergleichender Betrachtung, in: FS. Müller-Erzbach, 1954, S. 7, 9f.

[3] Vgl. HKK/Duve/Haferkamp, Band. Ⅱ, 1. Teilband, § 242, 2007, Rn. 4., S. 280f.

[4] Staudingers/Divk Olzen (2015) Einleitung zam Schuldreche, Rn. 8.

conductio)、委托（mandatum）、保管（depositum）和合伙（societas）等。[1]

这是朝着客观化迈出的重要一步，因为可以在构成权利滥用的情况直接考虑诚信诉讼，而不需要像在严法诉讼中那样创设一般诈欺抗辩（exceptio doli generals seu praesentis）。[2]一般诈欺抗辩不是指被告在缔结法律行为（诉讼请求正是以之为依据时）犯下的本意上的诈欺，而是一个非真正意义上的诈欺，并且正是因为它，原告提出的判罚请求受挫，尽管此等要求符合制定法（ius strictum），然而考虑到当事人之间的种种联系和信赖，这些要求的实现将产生不公。[3]在罗马法中，运用一般诈欺抗辩的诉讼工具赋予法官否定性裁量权力以矫正立法可能造成的不公。在此意义上，诚信诉讼有取代一般诈欺抗辩的意味。

基于信赖，最初仅仅被认为是产生义务的根源，现在甚至能直接被当做债权消灭（Erlöschen der Forderung）的原因。诚信条款（Bona-fides-Klauseln）也被用于强制执行合同规定的履行义务，甚至作为严法诉讼的解释标准。在这里，首先，诚信的适用是替代了一般诈欺抗辩的判断标准，其次，诚信也被描述为权利取得的主观要件，成为"债务人义务的内容和范围的标准，一种被证明是有高度产生能力的不确定法律概念（eine Art unbestimmter Rechtsbegriff, der sich als höchst produktiv erweist)"。[4]在这一层面上，信赖具有了不同层次的含义。最初是一种道德原则（individual-ethisches Prinzip），表达了个人

---

[1] Staudingers Kommentar/Divk Olzen（2015）Einleitung zam Schuldreche, Rn. 8.

[2] Vgl. Haferkamp, Die heutige Rechtsmissbrauchslehre-Ergebnis nationalsozialistischen Rechtsdenkens? Berlin-Verlag Spitz, 1995, S. 78 ff.

[3] 参见[德]菲利普·拉涅利著，徐铁英译："民法传统中的诚实信用与权利行使——以一般诈欺抗辩为中心"，载《北大法律评论》2017年第1期。

[4] Vgl. HKK/Duve/Haferkamp, Band II, 1. Teilband, § 241-304, 2007, Rn. 6.

受先前决定的约束。此外，人们发现信义是自我约束（Selbstbindung），相对方可以凭经验信任而受到法律保护，在此意义上，它扩大了可诉义务的范围。另外，信赖是作为合同义务具体化的标准，以及作为一种导致请求权失权（Verwirkung）的工具。[1]

着眼于外在行为和客观化维度的信赖，需要与公平区分开来：公平是评估外部关系的客观标准（objektiver Maßstab zur Bewertung äußerer Verhältnisse），是作出某一决定的基础，特别是在同等情况同等对待（Gleichbehandlung des Gleichen）的情形下，与交换正义（iustitia commutativa）和补偿性正义（iustitia distributiva）密切相关。[2]众所周知，法律作为善良与公正的这一特征的同时又是分配正义（Verteilungsgerechtigkeit）的一个特定表达。此外，公平（Aequitas）也起源于宗教，并发展成为法律制度，在共和时代（in republikanischer Zeit）已经发现行政官（aediles）和裁判官（praetors）的起诉形式——"返还嫁资之诉（Actio rei uxoriae）"；基于侮辱诽谤的诉讼赔偿数额就个案来说是根据公平来确定 [die actio iniuriarum（Beleidigungsklage）auf quantum ob eam rem iudici]。但是在适用上并不统一，这表明了与法典相矛盾之处。法律的适用应始终优先考虑公平，公平应成为所有地方司法创造的指导原则。在此背景下，可以看到与严格法律（ius strictum）相对应的词是公平法（ius aequum）。[3]

以上论述的几种概念的用法虽然在表述形式上存在差异，但均具有相似的功能，都反映了法律内容从严格到缓和（von Strenge zur Auflockerung）的转变，在初期涉及形式层面，随后又体现在实质内容方面。不容否认的是，这三种概念是为了解决

---

[1] Vgl. HKK/Duve/Haferkamp, Band II, 1. Teilband, §241-304, 2007, Rn. 6.

[2] Vgl. HKK/Duve/Haferkamp, Band II, 1. Teilband, §241-304, 2007, Rn. 7.

[3] Vgl. HKK/Duve/Haferkamp, Band II, 1. Teilband, §241-304, 2007, Rn. 8.

当时法律环境下的个案不公而逐渐产生的，适用范围有限，还尚未发展成熟，因此只能被视为一般条款的雏形。[1]

二、中世纪

西罗马帝国灭亡以后，日耳曼部族各据一方，建立王国。日耳曼征服者自身并没有继受罗马法，没有将罗马法作为本部族内部通行的法律，但也没有完全禁止罗马法在被征服的罗马人之间继续得以执行。日耳曼人实行日耳曼习惯法或日耳曼部族法（leges nationum Germanicarum Volksrecht），各地被征服、被统治的罗马人则主要适用公元 5 世纪形成的罗马法。到了公元 5 世纪末、6 世纪初，为了处理王国之内罗马人相互之间的关系以及日耳曼人和罗马人之间的事项，部分日耳曼部族统治者开始下令编纂成文法律。[2]中世纪的法律发展也不可能为诚信确定明确的含义。

从古代晚期到中世纪早期的过渡期间，公平这一古老思想包含法律和正义。公平也被认为是违反正义的"惩罚（misericordia）"，格拉蒂安（Gratian）也将其定义为实质正义（mater iustitiae）。在这之后，它才形成特殊的表达形式——公平规范（aequitas canonica），越来越多地与严格法律（rigor iuris）形成鲜明对比。但是在中世纪早期的法律中几乎找不到任何有用的线索。例如，西哥特法律（Lex Visigothorum）和勃艮第法（Lex Burgundionum）展示了一个法官受到很大约束的图景。《巴伐利亚法》（Leges Baiuvariorum）、《萨利克法典》（Salica）、《阿勒

---

[1] 参见任超：《德国民法中的一般条款：内涵界定和历史脉络——以诚实信用条款为例》，载《河北法学》2016 年第 2 期。

[2] 参见舒国滢："《学说汇纂》的再发现与近代法学教育的滥觞"，载《中国法律评论》2014 年第 2 期。

曼尼法》(Alamannorum)、《里普利安法典》(Ribuaria) 均是要求法官严格依法裁判的法律。在后来的法兰克王室颁布的法律 (fränkischen Königsgesetzen) 以及加洛林王朝 (Kapitularien) 国王颁布的法令中对于法律规则的补充主要是为了弥补漏洞和有疑问的案件 (Lücken und Zweifelsfälle),作为对于僵化法律进行松动的出发点在这里最重要的是仁慈和同情。因此在中世纪早期,人们并不认为公平是持久的"在法律和正义之间平衡的任务(Aufgabe des Ausgleichs zwischen Recht und Gerechtigkeit)"。[1]

但是到了中世纪盛期和晚期,基于亚里士多德的阐述,"公平性成为一种修正因素与自然法融合 (rückte die Billigkeit als Korrekturmoment bis zur Identifizierung an das Naturrecht heran)。"[2]它被当作具有法律渊源的功能被明确阐述。霍斯蒂恩西斯 (Hostiensis) 将其理解为"法律的松动 (relaxatio iuris)"以及"富有同情而美好的公正 (iustitia dulcore misericordiae temperata)。"与规则概念的精细化有关,这在 12 世纪和 13 世纪的规范中可以观察到:公平将自身描述为修改严格法律的概念。但是如此会扩大他们的含义范围,导致修正和续造难以区分。[3]

注释法学派和评注法学派 (Legistik und die Glossatoren) 使用了公平在古老的法律渊源中较为广泛的含义。公平被用作平等对待 (Gleichbehandlung),作为正义 (iustum) 的前阶段,以及作为对制定法的反对,特别是对严格法的反对,在松动制定法的意义上与善意相关。[4]因为它在任何一个地方都能被适用,

---

〔1〕 Vgl. HKK/Duve/Haferkamp, Band Ⅱ, 1. Teilband, §241-304, 2007, Rn. 9-10.

〔2〕 Vgl. Schott, Billigkeit und Subjektivismus – ein historisches Problem, in: Festschrift für Max Keller zum 65 Geburtstag Zürich, 1989, S. 745-756, 747.

〔3〕 Vgl. HKK/Duve/Haferkamp, Band Ⅱ, 1. Teilband, §241-304, 2007, Rn. 11.

〔4〕 Vgl. HKK/Duve, Band. Ⅱ, 1. Teilband, §242, 2007, Rn. 11.

第二章　概括条款的缘起与发展

所以"无法从根源上获得纯粹教义学的建设性的令人满意的解决方案（rein dogmatisch-konstruktiv eine befriedigende Lösung aus den Quellen nicht gewinnen läßt）"。法典根据初步的不确定性，区分了体现于制定法的衡平（aequitas scripta）和没有体现于制定法的衡平（aequitas non scripta）。对于没有体现于制定法的衡平的援用保留给皇帝。但是有证据表明这种做法在实践中更为自由。尽管体现于制定法的衡平具有文本上的约束力，但是注释法学派专注于个案解决的概念解释也留下了相当大的空间；"超越"法律的批评是以"内在于制定法"为幌子进行的。[1]

在中世纪晚期的普通法（common law）中，也可以观察到一种特殊的制度特征。特别是在大约1340年成立的衡平法院（Court of Chancery）所作的判决可以被其他法院的衡平判决所引用。它是一个皇家管辖权机构，它从公平正义的角度（ex aequo et bono）依据公允及善良（原则）进行裁判。公平也是英美法系传统的一个重要特征，其起源明显受到教会法的影响。因此，在各种混合法律体系中均有公平的存在（built-in equity）。[2]随着这种对公平适用的逐渐增多，与之形成鲜明对比的是善意适用（bona fides）的减少。如果认为公平的功能被制定法的衡平所包含，这就确保了它基于成文法体系而生存下来，那么基于其核心功能，合同附随义务的创立以及履行程序的变化，善意这一功能将被挤压。

对于公平和善意的意义范围的强调也在德语"诚实信用"中得到体现。[3]它们在相互对称中分别取得了各自的特定含义，

---

[1] Vgl. HKK/Duve/Haferkamp, Band Ⅱ, 1. Teilband, § 242, 2007, Rn. 11.

[2] Vgl. Zimmermann, Good faith and Equity, 1996, S. 217ff.

[3] Vgl. Weber, Entwicklung und Ausdehnung des § 242 BGB zum königlichen Paragraphen, JuS 1992, S. 631-636.

作为一组概念，其在宗教和法律的意义发生重叠。在法律史上很少有主题如诚信一样容易随着时间转换而发生观点的变化。因此，在19世纪和20世纪的大部分时间里，德国人对于上级的忠诚，对家庭的忠诚，对誓言的忠诚一直到对合同的忠诚被赋予了广泛的意义，一直到民法典中出现第242条。[1]

三、近代

在近代，德语的"诚信"越来越与信赖并行，并且两者都根据罗马法律形式的思想来理解。两者都以各种不同的形式进入法典编纂。[2]通常，规则的补充和规则的修正问题（Regelergänzung und -korrektur）主要与公平有关。[3]16世纪的法学家继续使用成文法中的衡平（die aequitas scripta als regelergänzende Rechtsquelle）作为规则补充的法律渊源。此外，非成文法化的衡平（nicht-geschriebene aequitas）的重要性也得到了重视。

康纳努斯（Connanus）将公平列为与成文法、自然法一样，是作为一种单独的补充法律规则的法律渊源。法国法学家杜穆林（Dumoulin）证明公平已经承担了衡平裁判的功能。荷兰法学家韦森贝克（Wesenbeck）也赋予了公平许多功能：在从法律的文义或目的中找不到解决方案的情况下，法律应该适应理性，从类推中产生新的规范。在胡果（Hugo Grotius）那里，公平被用作法律（ius）的同义词，但也被用作修正法律的标准或简单地适用自然法则；在其普遍性有缺陷的地方，他明确地将其定义为对制定法的修正。这表明所使用的概念主要是针对变化的

---

[1] Vgl. HKK/Duve/Haferkamp, Band Ⅱ, 1. Teilband, § 242, 2007, Rn. 14.

[2] Staudinger/Looschelders/Olzen, 2005, § 242, Rn. 12ff.

[3] Vgl. Schröder, Recht als Wissenschaft. Geschichte der juristischen Methode vom Humanismus bis zur historischen Schule (1500-1800), C. H. Beck, 2001, S. 15ff., 109ff.

公平。[1]

另一方面，在司法实践中，却似乎很少依赖它们。17世纪，对自由的法律创造（freien Rechtsschöpfung）的批评，在没有任何法律依据的情况下，主要依赖的是公平。在这种环境中，公平的名称为"存在于脑海中的思想"（aequitas cerebrina）。公平仅扮演了一个从属职能，施特鲁韦（Struve）不再将它视为法律的附属渊源，劳特巴赫（Lauterbach）和史赛克（Stryk）也不再将其作为附属渊源（subsidiäre Rechtsquelle）进行处理。克莱特迈尔（Kreittmayr）把"自我产生的信条（Dictamina）""名义上的公平"称为"表面的以及脑海中的正义"。合法地承认只能来自自然法的原则。[2]

公平在当时的结构是由公平和自然法的互补性所解释。只要自然法被理解为一个结构上不完整的法律体系，在法律修正和法律补充的情况下，就会诉诸公平；但是随着自然法的扩展成为一个完整的系统，它就会接管公平的功能。除了这些理论的历史原因之外，其他与之相关的因素也发挥了作用，例如，法规范的精细化，法律适用的专业化等。即使在法典编纂时代初期，公平虽然不受欢迎，但这绝不意味着在实践中遵循严格的制定法约束。从各种法律渊源可以看出，解释法律概念的必要性以及法律实现的条件中所产生的策略性空间的适用，均是与公平论证发挥同等作用的功能等价物。[3]

在自然法典中，罗马法的诚信规则被吸纳到意志因素之中，根据意志主义的等式"凡是所愿的便是正当与公平的，而正当与公平的不过就是所愿的"，如《法国民法典》第1134条第3

---

[1] Vgl. HKK/Duve, Band Ⅱ, 1. Teilband, § 242, 2007, Rn. 17.
[2] Vgl. HKK/Duve, Band Ⅱ, 1. Teilband, § 242, 2007, Rn. 18.
[3] Vgl. HKK/Duve, Band Ⅱ, 1. Teilband, § 242, 2007, Rn. 19.

款规定的"协议应当依据诚信执行"被解释为合同应当依据双方的意志执行,而第 1135 条的解释规则被理解为根据双方当事人的确切意志解释。这也就导致了在这些国家,法官可援引来矫正一条法律或合同规范的不公平效果的一般诈欺抗辩被具有独立规范意义之诚信的观念所取代。与此相同的是,《荷兰民法典》第 1374 条第 3 款、1865 年《意大利民法典》第 1124 条、1889 年《西班牙民法典》第 1258 条、1942 年《意大利民法典》第 1375 条中的"诚信"与罗马共同法中的"诚信"并非同一含义。[1]

四、小结

从历史比较的视角可以看出术语"aequitas""bona fides"和"Trau und Glauben"的含义范围并无确定的规则,仅为某种开放性的规范概念,作为法官审酌案件时,在法律规定以外寻求妥当解决方法上的规范依据。[2]正如克莱特迈尔法典编纂前夕所指出的:公平或者正义(Aequität oder Billichkeit)一会为了正义,一会为了自然法,却常常具备"思考以及独断专行(Gutbedunken und arbitrarische Wesen)的本质。但是这些表述只涵盖了一小部分,人们有可能通过超实证的原则("自然法")来论证,提出这是一个补充的法律来源("正义 Billigkeit"),甚至成为衡平法院的一个单独的分支,为法官创造自由的空间;在权利滥用的情况下允许提出抗辩,用一种实质的概念解释来达到理想的结果。[3]

---

[1] 参见 [德] 菲利普·拉涅利著,徐铁英译:"民法传统中的诚实信用与权利行使——以一般诈欺抗辩为中心",载《北大法律评论》2017 年第 1 期。

[2] 参见陈聪富:"诚信原则的理论与实践",载《政大法律评论》2008 年第 104 期。

[3] Vgl. HKK/Rückert, vor § 1, Das BGB und seine Prinzipien: Aufgabe, Lösung, Erfolg, Rn. 14.

第二章　概括条款的缘起与发展

然而值得注意的是，当人们努力加强规则约束时，关于如何调整的争论就会增加。就像评注法学派一样，处于传统文本的权威之下，或者像18世纪后期那样，观察到了法典编纂思想的压力。对"aequitas""bona fides"的态度，理论研究者做了非常多的表达。如果看一下这些术语的多种含义，就会发现即使在当前，也经常谈到"超越实证法的法则（übergesetzlichen Rechtssätzen）"。[1]一个可能的原因是，诸如"诚信""公平"等最高价值虽然在具体的语言情境中很明显，但是它们很难在内容方面进行定义，[2]在这种情况下，法教义学和法律理论总是在推动"公平"和"诚信"等术语的联系。

虽然正义存在于各处，但是对于这些词语并非每个人都能从根本上做相同的理解。因此，从历史—批判性观点可以清楚地表明，"Treu und Glauben""bona fides"和"aequitas"是持续性问题的"阀门"，并且在上下文中它是不同的，永远不存在统一的永恒的解决方案。[3]

第二节　法典化时期（19世纪）：概括条款在法典中的确立过程

19世纪，欧洲大陆法学的历史实际上进入了"德国时间"。[4]这一时期，立法上出现了对于概括条款雏形的一些初步讨论，

---

〔1〕　BGH（v. 14. 10. 1992 – VIII 91/91），NJW 1993, 259, 263.

〔2〕　Vgl. Röhl, Allgemeine Rechtslehre. Ein Lehrbuch, 2. Aufl., Vahlen, 2001, S. 25ff.

〔3〕　Vgl. Röhl, Allgemeine Rechtslehre. Ein Lehrbuch, 2. Aufl., Vahlen, 2001, S. 132

〔4〕　参见舒国滢："德国十八九世纪之交的法学历史主义转向——以哥廷根法学派为考察的重点"，载《中国政法大学学报》2015年第1期。

这主要是伴随着法典化进程而出现的。法典化进程引起了大量关于实质化和法官法问题的讨论，并随之产生诸多不同的意见。经过激烈的讨论之后，在 1895 年的《德国民法典二草》（2. Entwurf，简称 E II）以及提交给议会的《德国民法典三草》（3. Entwurf，简称 E III）中，诚信、善良风俗等被称为概括条款的民法规范最终得到了确认，并于 1900 年作为法典的一部分而生效。基于此，对于概括条款的介绍至少需要从两个层次进行切入：一是体现社会实质正义思想的制度，主要是诚信在法典化之前的司法适用情况以及理论内涵；二是在私人自治的背景下，在法典中置入实质正义思想以及体现此思想的法律规范如何进入法典并最终在法典中确立。

一、法典编纂前关于诚信的讨论

（一）诚信较少在司法论证中被适用

在 19 世纪潘德克顿学派占主导地位的私法体系中，善意或诚信在学说中较多持保留态度，因为在法律实践中获取善意所能提供的实质伦理评价具有很大的困难，司法实务界也适用较少，即使适用，也多是"一般诈欺抗辩"[1]，在德国民法典生效之前，默滕斯（Mertens）从方法论层面对帝国法院的民事判决也明确推断出同样的结论："诸如……诚信（Treu und Glauben）（善意 bona fides）等……在没有给予明确判决标准的情况下，法官将主要使用他自身的正义观念。由于其内容含糊不清，这些概念远离完全假定现存实证法无漏洞的法治思维，并且仅希望通过逻辑运算从中得出所有判决。这种法律思维是

---

[1] 一般诈欺抗辩也称为一般恶意抗辩，一般恶意抗辩是诚信之诉的固有内容。因此如无特别说明，一般恶意抗辩视同于诚信。参见［德］迪特尔·梅迪库斯：《德国民法总论》，邵建东译，法律出版社 2013 年版，第 82 页。

实证主义所固有的。由于帝国法院存在于实证法时代，这种偏离法治思维的概念在帝国法院早期的判决不经常出现，就不足为奇。"[1]科殷（Coing）引用了赫德曼1933年的研究，认为判决很少追溯到诚信。[2]赫德曼在帝国法院判决（RGZ）的前三十卷中找到了"一般诈欺抗辩"，即直到1892年只有10个判决提及了这个法律制度。[3]对这些结果的回顾表明，[4]即使在官方的案例汇编中，如果考虑到一般诈欺抗辩的不同名称，如故意欺诈抗辩（Arglisteinrede）等，直到1892年仅仅在31项判决中被帝国法院作为论证的依据。此外，从博尔兹（Bolze）和瑟弗（Seuffert）对于判决的分析可以发现，直到1900年关于一般诈欺抗辩的判决总共有92项，也就是说，基于善意所提出的诉求总共有92项。另外，欧根·埃利希（Eugen Ehrlich）在1888年的评论与后来诚信所发展出来的实质论证相反，他批评这种"实质论证"的观点"绝不能给出法官任何法律依据（keineswegs die juristische Begründung einer Entscheidung abgeben）"。从批判的角度来看，他批评在判决中使用诚信或善意作为论证方式。[5]

（二）诚信的理论内涵

在19世纪，善意的重要性主要体现在两个方面。一是善意在合同之债以及非合同之债中的调整功能，特别是在合同之债

---

〔1〕 Vgl. Mertens, Untersuchungen zur zivilrechtlichen Judikatur des Reichsgerichts vor dem Inkrafttreten des BGB, AcP 174 (1974), S. 362f.

〔2〕 Vgl. Coing, Das Verhältnis der positiven Rechtswissenschaft zur Ethik im 19. Jh. F. Kaulbach: Moral und Recht in der Philosophie Kants J. Ritter, 1970, S. 27f.

〔3〕 Vgl. Hedemann, Die Flucht in die Generalklauseln: eine Gefahr für Recht und Staat, 1933, S. 4ff.

〔4〕 Vgl. Haferkamp, Die exceptio doligeneralis in der Rechtsprechung des Reichsgerichts vor 1914, in: U Falk, H. Mohnhaupt (Hg.), Das Bürgerliche Gesetzbuch und seine Richter (Rechtsprechung. Materialien und Studien, 14), 2000, S. 1ff.

〔5〕 Vgl. HKK/Duve, Band II, 1. Teilband, § 242, 2007, Rn. 27.

领域，对缔约方正当行为期望的保护。此外，善意也被理解为授予法官进行权衡的指示，对未确定的价值判断进行个案权衡。类似于当前我们所认识的诚信原则的解释和补充功能。二是善意（bona fides）的修正功能，类似于诚信的修正功能，如票据法律规范被认为是一种严格的法律规定，但是在票据法生效后不久，援引一般诈欺抗辩的判决就弱化了这种严格的规定。

1. 债法中的诚信

1.1 善意诉讼（bonae fidei iudicia）和严法诉讼（iudicia stricti iuris）的统一

科殷批评潘德克顿私法体系缺乏对实质伦理因素（materialethischer Komponenten）的考虑，通过援引《法国民法典》第1134条以及德民第242条，[1]这种视角的转换在19世纪是一个非常有价值的发现："基本上，所有的合同都应该遵守诚实信用（Treu und Glauben/ bona fide）"，相对于无意义的论证，诚信具有非常大的替代效应。以此为基础，科殷提到了潘德克顿私法体系中关于善意诉讼（bonae fidei iudicia）和严法诉讼（iudicia stricti iuris）这一古老的分歧是否持续存在的讨论。所有的合同之债与非合同之债都必须在诚信的情况下进行衡量。传统上严法诉讼受债权人与债务人之间口头协议的约束一并消灭，或者指出罗马形式程序对德国法律来说是陌生的。韦希特（Wecht）在法政策中更清楚地补充说，严法诉讼与诚信诉讼之间的矛盾与我们的法律精神相矛盾，不应该仅仅在一些孤立而没有意义的历史遗存中被确认。因此，在19世纪善意诉讼和严法诉讼的

---

[1]《法国民法典》第1134条：依法成立的契约，对缔结契约的人，有相当于法律之效力。此种契约，仅得依各该当事人相互同意或法律允许的原因撤销之。前项契约应善意履行之。参见罗结珍译：《法国民法典》，中国法制出版社1999年版，第287页。

统一中，诚信的适用范围得到了扩宽。法官在买卖、互易、服务、承揽、雇佣、合伙、保证、借贷、保管、共有、无因管理、质权，甚至在侵权、信贷以及不当得利中均适用诚信。[1]

1.2 债法中诚信的标准

（1）交易习惯（Verkehrssitte）逐渐为诚信所覆盖。

诚信与交易习惯之间的关系，在商法中具有特别的意义。一般认为，商业惯例（Usance）对于解释当事人意思非常有帮助。但是，在这种情形下，诚信也可能适用。[2]关于二者的关系，交易习惯相对于当事人的意思以及私人自治而优先适用。相反，相对于一方或者多方当事人的意愿，诚信是一种实质的行为标准。基于交易习惯与诚信之间的划分，法官与社会之间的权力区域得到了划定。在德国民法典制定的讨论阶段，格布哈尔德（Gebhard）认为解释当事人的意志具有更高的约束地位，当无法确定当事人意志时，交易习惯发挥补充作用。鲁道夫·索姆（Rudolph Sohm）提及的德民第157条的例子表明了1900年前后从交易习惯到诚信文献上的变化趋势。但是在此之前，理论上并不认为"诚信和交易习惯是对立的（Gegensatz von Treu und Glauben und Verkehrssitte）"。至少从文献来看，1900年以前诚信发挥作用的空间非常小。

然而仔细观察可以发现，即使在1900年之前，诚信的修正功能也已被广泛认可，并且覆盖了交易习惯。[3]在此背景下，所谓"从主观的交易习惯转变为客观的交易习惯（von einer subjektiven zu einer objektiven Verkehrssitte）"就变得无足轻重。因此，交易习惯原本所具有的实际功能大为降低。

---

[1] Vgl. HKK/Duve, Band Ⅱ, 1. Teilband, §242, 2007, Rn. 29-30.

[2] Vgl. HKK/Vogenauer, Band Ⅰ, §§133, 157, Rn. 62.

[3] Vgl. HKK/Haferkamp, Band Ⅱ, 1. Teilband, §242, 2007, Rn. 31.

(2) 诚信作为法官裁量的依据。

诚信作为法官裁量的指引（Ermessenszuweisung），将法官提升到"与他的时代的法律意识，或者说他的法律意识相适应的地位（das Rechtsbewußtsein seiner Zeit oder vielmehr auf sein Rechtsbewußtsein）"。受"自由的司法裁量"所调整的法律关系必须由此决定。诚信作为法官裁量的指引在司法适用中，仅仅是消极意义上的适用。它是将法官作为现有法律和法律意识的一种媒介。"衡平……从来不是一种授予或者要求法官所考虑的一种任意的主观感受，而是一种明知的理由，根据有关法律制度的精神，根据个人情况进行有意识的自由裁量。"[1]

2. 诚信的修正功能出现

除此之外，诚信的法律适用在19世纪60年代得到了更广泛的关注，同时也受到了广泛的批评。在票据法领域的学者普遍认为，诚信在票据法中没有适用的可能。然而普鲁士高级法庭（Preußische Obertribunal）在1855年首次承认票据法领域不排除诚信的适用。[2]在这种情况下，当时的司法实践中有一个亟待讨论的问题，即在适用诚信的情况下，意味着放弃制定法的约束，但是票据法律秩序的流通性恰恰是票据法所严格要求的。因此，对于（诚信）一般恶意抗辩的修正在19世纪70年代虽然已经出现，但是并没有被普遍认同。

二、法典编纂过程中对于概括条款的讨论

本部分主要介绍诚信在德国民法典制定过程中的确认过程

---

〔1〕 Vgl. HKK/Haferkamp, Band Ⅱ, 1. Teilband, § 242, 2007, Rn. 4.

〔2〕 Vgl. Haferkamp, Die exceptio doli generalis in der Rechtsprechung des Reichsgerichts vor 1914, in: V Falk, H. Mohnhaupt (Hg.), Das, Bürgerliche Gesetzbuch und Seine Richter (Rechtsprechung, Materialien und Studinen, 14) 2000, S. 2f.

第二章　概括条款的缘起与发展

并稍带提及善良风俗。帝国司法部筹备委员会（Vorkommission des Reichsjustizamts）将《德国民法典一草》（1. Entwurf，简称 E.I）中所形成的359条分立成两个条款，分别是德民第224条第1款和第73条。德民第224条第1款原先是德民第206条的第2款，经过修订成为现行民法第242条。德民第73条后来成为第二草案以及现行民法第157条合同解释。德民第242条仅为合同义务的履行而设计，也适用于非合同义务。德民第73条作为现行民法第157条的前身，主要适用于总论，特别是物权和继承合同。[1]在对第二委员会草案的解释中，这种诚信的双重解决方案将"民法典"的所有合同划分为"是否"履行和履行"什么"，以及怎么样履行，包括非合同义务法。[2]甚至第一委员会的理由也强调"今天的交易行为要考虑到诚信。"[3]私法中诚信这一广泛的意义几乎与传统相符合。在草案的理由书中，通过在合同法中适用诚信条款仅仅在论证上起到了简化作用。[4]

与之相反，关于善良风俗条款司法适用的好处和危险被详细地说明："该条款本身就是一个重要的立法步骤，确保了司法自由裁量权的空间，因为迄今为止，大部分法律领域都是未知的，且错误的法律概念也不能被全部排除。但是在德国的司法适用中，可以充分的相信，该条款只适用于立法者所给予它的意义上。"[5]类似的情形也发生在以其他善良风俗为基础的条款，如第一草案第750条第1款，德民第826条的前身："这是

---

[1] Vgl. Jakobs/Schubert, Recht der Schuldverhältnisse Bd I. De Gruyter, §§241-432, 1978, S. 48.

[2] Vgl. Mugdan, Bd. II: Recht der Schuldverhältnisse, 1899, S. 522.

[3] Vgl. Mugdan, Bd. II: Recht der Schuldverhältnisse, 1899, S. 109.

[4] Vgl. Hedemann, Flucht in die Generalklauseln, 1933, S. 7.

[5] Jakobs/Schubert, Allgemeiner Teil, 1. Teilband, §§1-240, 1985, S. 714.

一项古老的诉讼，是有效的实质法……不能对受害人进行充分的保护……通过专门禁止这种或那种行为来应付这一诉讼，增加特殊罪行的数量……并不能达成目的；恰恰相反，相关的案件必须置于主要原则之下，这使得所有的特殊之处都变成多余，且可以满足不断变化的生活……然而，对750条的处理需要审慎和谨慎，但是可以相信，法院将知道如何解决问题。"[1]

这体现了关于个别的概括条款对司法自由裁量权的认识存在不同。同时说明，在对司法自由裁量权的利弊进行权衡之后，立法者清楚地意识到灵活适用法律的好处与司法适用任意性的风险之间的二律背反。

总而言之，在草案的立法理由书中的许多地方，一方面对于个案中价值相反的相互权衡有明确的承认，如在法律安定性与个案正义以及法律拘束与法官自由之间；另一方面，他们并未在所有的概括条款中提到这种认识，充其量是像法国法一样，对于善良风俗条款有详细的提及。概括条款的问题在这里仅仅视为法学和立法的对象。[2] 由此表明，"概括条款"这一概念，在民法典立法时期，并未有非常清晰的认识。需要注意的是在这一时期，学界已经提前认识到了概括条款的适用方法，如哈德曼认为概括条款具体化需要通过先例或者援引社会规范来进行："最重要的是，法官首先要基于合同的本质、基于交易习惯、基于诚信等进行判断，逐步澄清多种主张，并通过不断的法律实践加以确定，而这种法律实践的统一性则由帝国法院的最高层级来保证。这一新出现的法律将首先从人们生活以及习惯中获取其实质内容，而这种实践又反过来倾向于凝聚成实在的

---

[1] Mugdan, Bd. II: Recht der Schuldverhältnisse, 1899, S. 405.

[2] Vgl. Auer, Materialisierung, Flexibilisierung, Richterfreiheit, 2005, S. 107.

第二章　概括条款的缘起与发展

法律，并且通过法院的司法裁判而具有最终性。"[1]"从根本上说，法官进行法律适用不仅仅是适用抽象法律规则和类型。带有构成要件的法律规则的发现和完成构成了其最美丽和最有尊严的任务，这一过程的操作与立法者在发现和确认抽象规则时的操作基本相同。"[2]

总之，伴随着制定民法典的讨论，在立法以及理论中已显示出解决司法自由裁量权的方法；然而，与当今对于概括条款的认识相比，如将概括条款作为通向实质正义和司法自由的工具这一普遍看法，仍有相当的大的差距。这同样可以说明，在制定法民法典的时候，概括条款这一概念并非民法中的通行概念。

三、小结

善意在概念上始终与诚信相融，在 19 世纪绝非局限于一个狭小的适用范围，无论是在民法还是在商法中，它均是法律实践中的一个论据。诚信逐渐掩盖了交易习惯适用的空间。通过在严格的票据法之中适用诚信，诚信的修正功能呈现。在民法典形成期间，面对着民法社会化思潮的传播，传统潘德克顿学者表现出来的态度相当克制，但是大多数人要求在新的民法典中明确考虑诚信。在德国民法典的具体规范中，通过设置诸如德民第 242 条、德民第 138 条等条款来回应法典过度形式化的批评，以反映出 19 世纪末期社会思想的变迁。但是这一时期立法者所认识到的还仅仅是德民第 242 条、德民第 138 条较为狭隘的

---

〔1〕 Vgl. Hartmann, Der Civilgefetzentwurf, das Aequitätsprincip und die Richterstellung, AcP 73 (1888), S. 309ff.

〔2〕 Vgl. Hartmann, Der Civilgefetzentwurf, das Aequitätsprincip und die Richterstellung, AcP 73 (1888), S. 309ff. S. 319.

含义，并且仅仅局限于立法层面，对于方法论意义上的"概括条款"尚未有体系性的认识，概括条款是在德国民法典通过之后10余年才被提及的概念。因此，这一部分所介绍的"概括条款"在法典中的确立仅仅是在形式意义上的确立，概括条款的实质性内涵尚待后续的发展。

第三节　法典生效至当代（20世纪）：概括条款的进一步发展

一、从名到实：概括条款的实际应用

德国民法典的起草者无法预见诚信等概括条款在法典颁布之后有如此巨大的发展。例如，在旧的反不正当竞争法放弃引入反不正当竞争行为的概括条款之后，很快就发现不公平竞争的问题无法在纯粹列举的几种行为中解决。大量的不公平竞争行为无法通过此法进行调整，不得不借德民第826条善良风俗条款提供补救。[1]但是这种绕道要受到德民第826条"故意"条件的限制，最终立法者在1909年审议修订反不正当竞争法时，通过了一条类似《法国民法典》第1382条的大概括条款。[2]

与民法典制定时关于概括条款的讨论相比，显然德国反不正当竞争法对于概括条款的需求更为迫切，这不仅反映了法律确定性与灵活性之间的两难困境，而且将概括条款视为克服这种两难困境的手段。因此，反不正当竞争法成为德国概括条款讨论的真正起点。

---

〔1〕　参见［德］卡尔·恩吉施：《法律思维导论》，郑永流译，法律出版社2004年版，第150页。

〔2〕　Vgl. Auer, Materialisierung, Flexibilisierung, Richterfreiheit, 2005, S. 113.

第二章　概括条款的缘起与发展

　　与德民第 826 条在法典通过之后被大量用于诸如合同法、劳动法和经济法中作为损害赔偿的规范基础相比，德民第 138 条第 1 款最初是在非常克制的情况下使用的。例如，1906 年帝国法院作出判决，拒绝德民第 138 条第 1 款在给付与对待给付存在重大失衡的暴利行为中适用，加上德民第 138 条第 2 款的前提并没有明确列出这一要件，基于此原因民法典的起草者明确拒绝对一般的重大失衡进行调整。[1]几年之后这个趋势发生了转变。虽然德民第 826 条因为"故意"这个构成要件的要求在其适用上可能停滞不前，但是以德民第 138 条第 1 款作为规范基础能够修正很多经济生活中的弊端，自 1913 年以来，帝国法院已经将局限于暴利行为的判决相对化。[2]一直到 1933 年，如今意义上所理解的德民第 138 条第 1 款作为概括条款被创立。[3]普遍承认这项规定的开放性以及基于此形式的一系列法律判决，如果它违反了"所有一般人所具有的正义感"，则法律行为是违反善良风俗的，即没有约束力，它不仅可以援引"习惯或道德"等比较狭窄的领域，而且可以援引法律制度背后的整体价值体系。[4]因此，德民第 138 条第 1 款发展成了一个概括条款，在此基础上违反性道德、婚姻和家庭道德以及商业交易中的行为都能够被规范。

　　如上所述，尽管德民第 157 条以及第 242 条两个规定最初来自同一民法典草案，但是彼此的发展也存在很大的不同。根据立法者的意愿和规范文本，对于德民第 157 条合同的解释仍然要求局限于其解释范围，而德民第 242 条则因"增值判决"与

---

[1] Vgl. RGZ 64, 181, 182.
[2] Vgl. RGZ 83, 109, 112f.
[3] Vgl. Hedemann, Flucht in die Generalklauscln, 1933, S. 34ff., 57ff.
[4] Vgl. Teuhner, Standards und Direktiven, 1971, S. 37ff., 56ff.

德民第 138 条第 1 款一样发展成为概括条款。[1]至关重要的是，这一发展与德民第 138 条第 1 款非常相似，德民第 242 条因为行为基础丧失理论（Wegfall der Geschäftsgrundlage）的出现，使它从其文义变成债法的实体规范，而德民第 138 条第 1 款从善良风俗的文义变成几乎完全无限制地授权法官自由调整的法律规范。由此也可以看出，在法典颁布之后，德民第 138 条、第 242 条在制定之初并没有如今所讨论的概括条款的一切功能，而是后续发展而来的。

二、以点带面：从诚信看概括条款的发展

概括条款在 20 世纪的发展史，始终与诚信在不同时期的发展如影相随。同时诚信条款也是最为典型的概括条款，概括条款的所有知识结构基本上都源于诚信，因此重点考察诚信在 20 世纪的变迁史，以此来管窥概括条款的发展变迁。在这一时期，诚信或善意在司法判决中具有重要的地位，它不仅存在于法教义学，还存在于方法论、法理论、法律社会学、法哲学。诚信的适用同时也是马克斯·韦伯（Max Weber）所描述的私法实质化的一个例子或者称为"实证主义的危机"。因此，必须将 20 世纪诚信的历史发展与这些不同的层面相联系起来进行考察。

概括条款在 20 世纪的发展基本上受到赫德曼一书的影响，

---

[1] 德民第 242 条的这种功能在第一次世界大战期间和之后取得了极其巨大的意义，主要表现在两个方面：其一，帝国法院欲以德民第 242 条缓和 1919—1923 年通货膨胀所产生的最为严重的不公平情况，其违背"马克等于马克"这一法律规则，否定债务人具有以同等金额无价值纸币清偿自己以足值货币设定的债务的权限，在这种情况下，最后强制实行了增值。其二，帝国法院尝试用德民第 242 条，即用关于交易基础丧失（Wegfall der Geschäftsgrundlage）的规则去补正那些因战争和战争后果而受到巨大妨碍的长期合同。具体参见［德］迪特尔·梅迪库斯：《德国债法总论》，杜景林、卢谌译，法律出版社 2004 年版，第 120 页。

第二章　概括条款的缘起与发展

这是概括条款发展中最重要的一环。但是在德国民法典生效的前20年，诚信也同样被帝国法院秉持的制定法实证主义所影响。[1]在第一次世界大战之后，实际上是从魏玛（Weimar）时代以来，特别是增值问题的出现，[2]才在司法实践中、制定法中发现具有概括条款的存在空间，这是第一次世界大战之前就有所发展的自由法运动的后续胜利。[3]在魏玛时代，德民第242条就已经"从严格的制定法中解放出来"。[4]在第二次世界大战之后，德民第242条在基本法范围内被更为全面的应用，概括条款的知识谱系逐渐形成。在方法论方面，概括条款也是概念法学、战前的利益法学到战后评价法学这一缓慢演变历程的见证者。

（一）1900—1941年诚信的适用情况

首先需要考察索格尔（Soergel）关于诚信适用的判决，这是20世纪最为丰富的关于诚信判决的集合。相较于1925年关于适用德民第242条的423个判决，1908年对于德民第242条的适用仅有16个判决。1925年突然涌现出大量适用诚信的案件显然是与通货膨胀问题密切相关的。如果除去处理增值问题的案例，就会发现1925年只有28项适用诚信的判决。从更长远的角度来看，在没有"增值判决"的情况下，适用诚信的案件数量呈现出相当温和的增长趋势。如果采用数量更准确的数据来分

---

[1] Vgl. Schlosser, Grundzüge der Neueren Privatrechtsgeschichte, 9. Aufl. C. F. Mülle, 2001, S. 194.

[2] Vgl. Rüthers, Die unbegrenzte Auslegung, 6. Aufl., Mohr Siebeck, 2005, S. 66ff.; Staudinger/Schmidt, 13. Bearb, 1995, §242, Rn. 78.

[3] Vgl. Weber, Entwicklung und Ausdehnung von §242 BGB zum "königlichen Paragraphen", JuS, 1992, S. 633f.

[4] Vgl. Behrends, Von der Freirechtsschule zum konkreten Ordnungsdenken, in: R. Dreier, W. Sellert (Hg.), Recht und Justiz im Dritten Reich, Suhrkamp Verlag, 1989, S. 34ff.

析，会发现案例数量最多的是 1935 年的 54 例。除去 1922 年，德民第 242 条在 1919 年至 1932 年适用的判决每年接近 32 个。相比之下，在 1933 年至 1939 年，平均每年约有超过 41 项判决。除了增值案例之外，德民第 242 条在 1933 年之后的适用比 1919 年之后发挥了更大的作用。总而言之，可以发现德民第 242 条在 1918 年之后成为整个民法中使用最广泛的条款，当然，这些只是纯统计学的现象，深层次的原因在下面进行讨论。[1]

（二）诚信在不同时期的内涵

1. 1900—1914 年：对于诚信的认识

从宏观的角度来看，20 世纪初期到第一次世界大战之前，诚信开始超出立法者原来的设想而逐渐向概括条款演进，逐渐显现出概括条款的某些特质。康拉德·施奈德（Konrad Schneider）说，"诚信不仅在文学作品中经常出现，而且在法院实践中也是如此"。对于债法关系而言，"几乎没有任何概念不是以诚信为基础……"对于一般诈欺抗辩尤其如此，相对于在民法典中是否承认一般诈欺抗辩的争论，帝国法院的司法实践始终对于一般诈欺抗辩表现出极大的热情。部分司法实践以德民第 226 条和第 242 条作为规范依据，但是在表述上表现为民法的法律原则或一般原则，共使用了 8 个德国民法典中的规范证明一般诈欺抗辩的普遍性。1914 年，帝国法院民事审判第三庭对一般诈欺抗辩的判决援引诚信，并认为是法官的自由裁量权，因为想要预先说明"一般诈欺抗辩"这一事实，注定是徒劳的。法官支持或者不予支持完全只能从个案的个别情况中推断，这些情况事先无法预见，理论上也根本不可能规定具体的限制。奥特曼（Paul Oertmann）于 1914 年界定了关于诚信与强制法（ius co-

---

[1] Vgl. HKK/Haferkamp, Band Ⅱ, 1. Teilband, § 242, 2007, Rn. 57, Rn. 58.

第二章　概括条款的缘起与发展

gens）之间的关系："法律的社会伦理和目的论解释，即使强制法也不例外，毫无疑问内含于法律规定中。"[1]

基于以上的认识，自由法学派代表认为自由法学派的主张取得了巨大胜利，但是帝国法院是否受到自由法运动的影响，尚存有疑问。事实上，与大部分自由法理论者的观点相比，法官基本上还是保持了自我克制。早在1889年基尔克（Gierk）就反驳过："可能所有的权利行使都是滥用……但是关于什么是滥用，意见分歧很大。"在决定什么是权利滥用时，法官可能会取决于自身的正义感，同时这极有可能不会被另一位法官所赞同。因此问题就转变为，权利滥用由谁来决定，要么由立法者尽可能制定规则实现约束，要么交给法官自己判断。[2]

韦伯于1902年发出警告："一旦纯粹正式的法律观点被抛弃，取决于个人观点的这种普遍的感觉，就可以推导出各种不同的情况。"随着对司法机构造法能力的日益重视，社会各方都对法官提出了法律要求。在这种背景下，司法机构将"成为单方面利益的仆人"，而不是成为统治者。伴随着自由法运动的发展，自由派法官被极力描述为法典怀疑论的积极践行者，在1900年左右，法官群体对法典的可预测性非常失望并因此使法典丧失了正面形象。"阶级司法""弱势司法""法官远离现实世界"（Klassenjustiz, schlappe Justiz, Weltfremdheit der Richter）成为科学抽象方法讨论的关键词。[3]

因此，法律文献一方面努力将诚信视为一种造法的渊源，另一方面，也不允许将它们称为"卡迪司法（Kadijustiz）"。法

---

[1] Vgl. HKK/Haferkamp, Band Ⅱ, 1. Teilband, §242, 2007, Rn. 57, Rn. 60-61.

[2] Vgl. HKK/Haferkamp, Band Ⅱ, 1. Teilband, §242, 2007, Rn. 57, Rn. 62.

[3] Vgl. HKK/Haferkamp, Band Ⅱ, 1. Teilband, §242, 2007, Rn. 63.

官不应该以主观的意愿适用诚信，而是应该以客观形成"正确的道德态度和对交易现象的充分理解"来适用。从这方面来讲，自由法学派并不能产生法律。但是在大多数情况下，透过德民第242条来论证，难免会流于表面。由此可以看出，司法评价对于判决的影响已经表露无遗。也正是因为这些法教义学者对诚信的担忧越来越多，并且出现越来越多的反对者。他们认为适用诚信与强行法（ius cogens）的冲突过于紧张，一致同意适用诚信需要科学的控制，以免在主观主义中迷失。根据主流的观点，对于诚信的适用试图通过案例群方法确保司法实践者判决的可预测性。[1]

总的来说，基于诚信或一般诈欺抗辩，法官被给予了很大的司法自由裁量权。但是应当注意的是，法官在适用诚信的时候需要在教义学上做到理性化。

2. 1919—1932年：诚信与法官权限

在增值判决中的法官权利的增大。虽然上文给出了诚信在增值问题中的适用情况，但是没有明确阐明法官在其中所具备的权限。在此需要提及帝国法院法官协会的意见，他们认为，根据诚信可以拒绝行政法规中所规定的增值禁止的禁令。[2]这

---

〔1〕 Vgl. HKK/Haferkamp, Band Ⅱ, 1. Teilband, §242, 2007, Rn. 64.

〔2〕 概括条款通过效力上的优先性限制其他规范条款，实现个案公正的作用可以以德国历史上有名的"Aufwertungsurteil"一案加以说明，该案发生的背景在第一次世界大战之后，尤其是1922—1923年，德国因为战败而出现了严重的通货膨胀，作为债权人的原告要求作为债务人的被告用金马克而非纸币马克来清偿当时位于南非的一处不动产的抵押权。帝国法院认为，纸币马克出现严重贬值的情况，以至于达到这样一种程度，立法者在颁布法律时根本无法预见到。适用于整个法律生活的德民第242条具有优先适用性，而以维持汇率稳定作为行政法规的货币规范应当做出让退，因为从维持票面或者名义价值的强制汇率所推导出的债权和诚实信用或者个案正义完全不符。Vgl. RGZ107, S. 78（87f）. 和之前其他案例不同，本案直接并且完全援引德民第242条作为实证法依据，不仅限制私法上的当事人的约定，更加对抗公法上有关货币的规定。

第二章 概括条款的缘起与发展

也被称为诚信的修正或者说排除既存规范功能（Korrektur、Normbeseitigung）。拒绝适用新颁布的行政法规确实是比较罕见的事件，因为这涉及宪法问题。在法官如此行事的情况下，帝国法院对于帝国政府对待增值问题的态度似乎导致了"法治的根本危机"。[1] 总的来说，在魏玛时代，尽管依据诚信，法官的权力有所扩大，但这并不是一个普遍偏离制定法约束的情况，恰恰相反它是一个随着通货膨胀问题的消失而消失的"危机管理方式"。[2]

相对于在实证/超实证、严格法/衡平法背景下讨论法官权限这一问题，这一时代出现依据不同的观点来谈论这一现象。对于诸如奥特曼的行为基础理论（Geschäftsgrundlage），失权（Verwirkung）或基于故意的形式无效、时效和法律效力欺诈等问题领域，法官适用诚信需要相关价值的衡量被明确披露并且不断创建下位体系。例如，20世纪20年代威利·布伦纳（Willy Brenners）发表的关于诚信/一般诈欺抗辩的论文。他的核心观点是不援引诚信/一般诈欺抗辩作为规范基础，并反对具有创造性的法律发现所列举的制度。在对一般诈欺抗辩的诸判决准确研究之后，布伦纳否认诚信/一般诈欺抗辩的法律规范价值。隐藏在诚信/一般诈欺抗辩身后的是对制定法的解释、法律行为的解释和法律发现。在这些规定着眼点方面，布伦纳尝试回到民法教义学。他提出了类推和可理解的解释原则。[3] 海因里希·斯托尔（Heinrich Stoll）也认为在诚信/一般诈欺抗辩的情况下，出现了"不同的法律原则"，并要求掌握各个案例群的

---

[1] Vgl. HKK/Haferkamp, Band II, 1. Teilband, § 242, 2007, Rn. 67.

[2] Vgl. Rückert, Richterrecht seit Weimar? in: Festschrift Sten Gagner zum 3., Ebelsbach, 1996, S. 212f.

[3] Vgl. HKK/Haferkamp, Band II, 1. Teilband, § 242, 2007, Rn. 69.

· 049 ·

特点。

3. 1933—1945年：诚信的政治化

1935年，格哈德·胡伯纳格尔（Gerhard Hubernagel）首次提出寻求一种新的方法路径对德民第242条进行功能性考虑，[1] 他区分了诚信的漏洞功能、文化功能、法律创造功能、以及正义功能（Lückenfunktion, Kulturfunktion, Rechtsschöpfungsfunktion und Gerechtigkeitsfunktion）。这听起来仅仅是一种经验上的描述，但实际上是对德民第242条适用范围的的重新定位。在1933年之前，并没有出现关于德民第242条功能的讨论，只有胡伯纳格尔解释了德民第242条的功能。与传统一致，胡伯纳格尔将所谓的正义功能置于诚信考虑的中心。尽管讨论的比较少，但原则上接受了漏洞填补和权利创造的功能。比较新颖的是胡伯纳格尔所称的文化功能。德民第242条的任务是在不离开法律体系的情况下为新的意识形态、经济、政治和技术发展留出空间。增值问题的判决表明德民第242条不仅可以用来适应不断变化的环境，而且通过个案的司法判决可以有意识地在民法典中通过概括条款纳入第二类价值秩序。

卡尔·施密特（Carl Schmitt）非常支持这种观念的适用："一旦诚信等概念适用于整体人民的利益，而不是个人的民事关系，整个法律就会改变……而不需要改变单一的实在法。"在目前德国国家社会主义运动处于领先地位。因此，必须从他们的原则中确定诚信是什么。与民法典的价值相比，尽管法官比较自由，但他应该受到国家社会主义价值观的约束。施密特说，法官的约束并不是被概括条款所影响。它的内容更多地取自一个确定的权威团体或运动的理念。[2] 上述观点并不新鲜。1932

---

[1] Vgl. HKK/Haferkamp, Band Ⅱ, 1. Teilband, § 242, 2007, Rn. 71.

[2] Vgl. HKK/Haferkamp, Band Ⅱ, 1. Teilband, § 242, 2007, Rn. 71.

第二章 概括条款的缘起与发展

年，赫德曼警告说，不确定的法律概念以及概括条款不会被解释为主流的观点，而是权力政治的统治领域。[1]赫德曼认为概括条款应该通过新精神（Neue Geist）来实现，而不是将"动态因素与权力因素合二为一"，[2]这与海因里希·兰格（Heinrich Lange）的观点如出一辙。对兰格而言，概括条款是"自由主义法律体系中的杜鹃蛋（来历不明物）（Kuckuckseier im liberalistischen Rechtssystem）"，在摆脱了对法律确定性的过高评价之后，将会有一项新任务。因此，诚信原则是社会生活的基本法则，个案规范只会努力从中捞取好处"[3]

最终法律判决采取了新的观点，将德民第242条当作贯彻"国家社会主义的种族政治观点"的工具。政治理念作为德民第242条适用的唯一标准。

4. 1945年以后：诚信的发展

第二次世界大战后对于德民第242条的研究颇多，在这里只能简单介绍一些主要观点。虽然第二次世界大战以后，对于规范适用的公开政治干预消失了，但是基于法官群体思维的连续性，对于概括条款的思维方式继续发挥着作用。据斯密特（Jürgen Schmidt）的说法，第二次世界大战以来，以德民第242条为规范依据确立的判决数量已经超过之前所有案例的10%，[4]并且法官有意不适用类推等法学方法，而是经常引用德民第242

---

[1] 赫德曼认为苏联法制中的不确定概念完全是基于统治阶级的意志而加以解释，这种以人民全体为标准进行解释的方法是彻底的法律恣意。Vgl. Hedemann, Die Flucht in die Generalklauseln: eine Gefahr für Recht und Staat, Mohr 1933, S. 73.

[2] Vgl. Hedemann, Die Flucht in die Generalklauseln: eine Gefahr für Recht und Staat, Mohr, 1933, S. 58.

[3] Vgl. Lange, Liberalismus, Nationalsozialismus und Bürgerliches Recht, Mohr Siebeck, 1933, S. 5.

[4] Vgl. Staudinger/Schmidt, 12. Aufl. 1995, Rn. 90.

条作为具体判决的依据。[1]就内容而言,关于法官权力较大的言论尤其引起战后法学的极大关注。维亚克尔认为,"与帝国法院的判决形成鲜明对比的是,有时似乎规定了一种过于简单的自然法概念,正当化了这种担忧。"[2]约瑟夫·埃塞尔（Josef Esser）也对"科学上无法控制的法律、道德原则以及价值观的混合表示哀叹。"[3]

在法官权力过大的背景下,埃塞尔借鉴了英美法理性化的思维进行了新的努力,将德民第242条作为法官法,整合到一个教义学理性的话语中。埃塞尔将债法区分为调整或标准功能、限制功能、社会功能、衡平功能和授权功能（regulative oder Standardfunktion, eine Schrankenfunktion, eine Sozialfunktion, eine Billigkeitsfunktion und eine Ermächtigungsfunktion）。[4]沃尔夫刚·希伯特（Wolfgang Gang Siebert）证明了德民第242条的功能范围:义务的产生和延伸（die Erweiterung und Grundlegung von Pflichten）、法（Recht）和规范的区分（die Begrenzung der Rechte und Normen）、合同和法律地位适应变化的环境而调整（die Anpassung von Verträgen und Rechtsstellungen an veränderte Umstände）。

---

[1] 以"积极侵害债权（positive Vertragsverletzung）"为例,帝国法院在1907年"Pferdefutter"一案中通过类推适用德民第276条（现行法已废除）来为积极的侵害债权寻找实证法依据。Vgl. RGZ 66, S. 289ff. 而在1953年的一项判决中,联邦最高法院认为双务合同中,基于积极侵害债权而遭受损失的当事人的损害赔偿依据虽然可以类推适用德民第325条、第326条（旧法）的规定,但是其最终的依据还在于德民第242条。如果积极的债权侵害损害了合同目的,以至于根据诚实信用概念在考虑案件各种环境的基础上,对遵守合同的一方当事人来说,维持合同或者履行自己负担的给付都是不可期待的,他可以拒绝所负担的履行义务并且根据选择请求损害赔偿或者退出合同关系。Vgl. BGHZ11, 80-89.

[2] Vgl. Wieacker, Zur rechtstheoretischen Präzisierung des § 242 BGB, 1956, S. 10f.

[3] Vgl. Esser, Interpretation und Rechtsneubildung im Familienrecht, JZ, 1953, S. 52ff.

[4] Vgl. Esser, Schuldrecht, 2. Aufl. 1960, § 31.

第二章　概括条款的缘起与发展

维亚克尔根据对德民第 242 条判决的材料的分类并对比古老的描述，将德民第 242 条区分为法律解释（iuvandi）、法律补充（supplendi）、法律修正（corrigendi gratia），并发现了三个功能：以德民第 242 条为规范依据对制定法进行补充，通过建立公平的以及与同时代的行为标准相适应的标准来补充制定法（praeter legem），通过形成新的法官法（对抗）来修正制定法（contra legem）。[1]

相比之下，最近的方法比较喜欢从古老的知识中获取灵感，越来越多的人试图将德民第 242 条作为不断产生权利的工具。因此对于德民第 242 条的适用核心在于法官的说理论证，如罗伯特·阿列克西（Robert Alexy）的法律论证理论，倡导理性化并将理由公开。[2]从这个意义上说，为现代案例类型化的思考方式提供了方向，并将其嵌入在理性论证的对话过程中。[3]施密特也反对适用德民第 242 条的"表面理由"，并批评试图通过发展出独立的内部体系与民法典其他体系相协调的观点。[4]

最近由于欧洲统一私法的讨论，又出现了新的声音。可以肯定的是，1994 年颁布的《国际商事合同通则》，1999 年颁布的《欧洲合同法原则》，以及 2001 年 "欧洲合同法" 的甘多尔菲草案（Gandolfi-Entwurf），其目录中均包括诚信。这也是基于比较法中普遍存在的一种观念，该观念在 1993 年导致联邦最高法院确定诚信内在于所有的法律制度。21 世纪以后，莱因哈德·齐默曼（Reinhard Zimmermann）和西蒙·惠特克（Simon Whittaker）

---

[1] Vgl. Wieacker, Zur rechtstheoretischen Präzisierung des §242 BGB, 1956, S. 20ff.

[2] ［德］罗伯特·阿列克西：《法：作为理性的制度化》，雷磊编译，中国法制出版社 2012 年版，第 1 页以下。

[3] Vgl. Münchener Kommentar/Roth/Schubert, 6. Aufl., 2012, §242, Rn. 23.

[4] Vgl. Staudinger/Schmidt, 13. Bearb., 1995, §242, Rn. 713ff.

在《欧洲合同法中的诚信原则》一书中诘问道"如果没有诚信这一制度，其他法律制度如何应对"。该书列举出30个标志性的案例，这些案例在德国通常是基于诚信予以解决，但是在这里提交给不同的法律体系的法官进行判决。这些案例都是"疑难案件"，但是各不同法律体系的法官在接近20个判决中产生了结果一致的判决，各种各样的法律学说在结果上取得了一致。[1]在诚信的范围内产生的不同教义学概念在不同国家的处理中互不相同，比如说缔约过失、信息义务、规范损害、权利滥用、法国法上的过错、缔约过失（clausula rebus sic stantibus）、共同错误（Irrtumsgrundsätze）、不可抗力、禁反言或者合同解释等。在这种背景下可以发现，在讨论诚信的时候欧洲并没有统一的标准，但是个别国家的讨论方案决定了诚信理论整体的发展。在历史上以及在比较法中，诚信失去了作为永恒问题的资格。很明显，这一论证方式在不同的教义学结构和功能语境中承担了截然不同的任务。

三、系统阐述：概括条款的诸问题

上文以诚信作为样本考察了概括条款的发展变迁，但是依旧停留于"特殊层面"，尚未从"普遍层面"对概括条款作出详细梳理。本部分的任务就是从普遍性的层面介绍概括条款的发展变迁。虽然在本书第一章对于概括条款的研究现状已经有所介绍，但是在此部分还是有必要较为详细的介绍概括条款的一些基本问题。当然概括条款这一话题基本上任何一本方法论教科书都有简单介绍，因此在此处也并非全部介绍，在此处的介绍均是对于此问题有非常系统阐述的文献。

除了1933年赫德曼《向一般条款逃逸：对法和国家的一种

---

〔1〕参见［德］莱因哈德·齐默曼、［英］西蒙·惠特克主编：《欧洲合同法中的诚信原则》，丁广宇、杨才然、叶桂峰译，法律出版社2005年版，第461页。

第二章 概括条款的缘起与发展

危险》一书之外，[1]在整个 20 世纪罕有专书对这一主题进行系统介绍，更多的还是对于诚实信用、公序良俗以及其他类型的概括条款进行专门介绍，比较著名的有 1956 年维亚克尔所著的《242 条理论的精确化》[2]以及托伊布纳（Teubner）于 1971 年所著的《概括条款的标准和指引》，[3]虽然该书的大标题是概括条款，但是从其副标题以及全文的内容来看，通篇介绍的是私法中公序良俗条款精确化的可能性以及具体步骤方法。当然也有少数学者就概括条款问题进行了专门介绍，如 1966 年维尔纳（Werner）所写的《法定的概括条款和法官法的关系》，该文先是介绍了概括条款与不确定法律概念之间的不同，接着区分了法律中存在的不同类型的概括条款，然后分析了各个类型概括条款与法官法之间的关系。[4]也有专门的著作论及立法意义上的概括条款，如乌舍（Wurche）1964 年的博士论文《概括条款和新的德国立法中的列举》，表明了概括条款与列举式条款的关系。[5]在概括条款具体适用上，更是有专著进行了介绍，如豪普特（Haubelt）于 1978 年所写的《概括条款具体化》一书，详细地分析了概括条款与相关概念的区别、无法具体化的情形以及具体化的程序。[6]但是对于概括条款最为全面系统的介绍是 20 世纪 90 年代之后的几篇论文，这几篇论文均是带有"总

---

[1] Vgl. Hedemann, Die Flucht in die Generalklauseln: eine Gefahr für Recht und Staat, Mohr, 1933.

[2] Vgl. Wieacker, Zur Rechtsthoretischen Prazisierung des § 242 BGB, 1956.

[3] Vgl. Teubner, Standards und Direktiven in Generalklauseln, Athenäum-Veh, 1971.

[4] Vgl. Werner, Zum Verhältnis von gesetzlichen Generalklauseln und Richterrecht, C. F. Müller, 1966.

[5] Vgl. Wurche, Generalklausel und Kasuistik in der neueren deutschen Gesetzgebung, O. Berenz, 1964.

[6] Vgl. Haubelt, Die Konkretisierung von Generalklauseln, 1978.

论"性质的介绍。

（一）韦伯

1992年时任海德堡大学的韦伯教授在《民法实务档案》发表《通过案例类型化对概括条款具体化的几点反思》，[1]该文除了第一部分导论之外，在第二部分先是简短介绍了概括条款的发展背景，即概括条款是在启蒙运动时期法典化理想与近世自由法运动的背景下而产生，同时也在赫德曼的基础上对于概括条款作出了反思，并认为这是一种不可或缺的立法技术。在第三部分简要介绍了概括条款的几种概念模式，认为对于概括条款并无共识性的认识。紧接着在该文的第四部分对于通过案例类型实现概括条款具体化进行了详细的介绍，认为这种方式可以克服概括条款在内容上的不确定，通过类型化实现法的安定性这一价值。在介绍完传统上对于概括条款的认识之后，作者接下来在该论文的第四部分以及第五部分，分别从教义学以及社会两大层面对于类型化方法提出了批评。

在教义学部分，作者分别从案例类型化的构成要件特征、漏洞填补、权力分立、法官法的法源特征以及授权性特征五个方面进行了批判。首先，作者认为并非所有构成要件中包含较高的不确定性、较高的抽象性或者需要价值填充的概念的规范都是概括条款。相反，在方法意义上的概括条款被描述为这样一种规范，立法者在构成要件层面使用内容上高度不确定的概念，以至于根本无法清楚地抓取其概念核。作者对于概括条款具体化过程中从无数个案事实中所抽取的大前提表示拒绝，因为案例群方法根本无法形成构成要件，在案例群中获取的判决标准并非是概括条款包含的思想中获取的，也就是说，案例群

---

[1] Vgl. Weber, Einige Gedanken zur Konkretisierung von Generalklauseln durch Fallgruppen, AcP1992 (1992), S. 517ff.

第二章　概括条款的缘起与发展

并非基于概括条款，而是个案中发展出来的概括条款仅仅是个工具。其次，就是案例群的不完整性。现实生活中实际新出现的案例很可能不被案例类型所包含。再其次，案例群方法与权力分立原则的相互矛盾。因为如此将会导致法官造法权力的扩张。法官法仅仅是以个案为基础。在一般情况下，法官对于判决的推导和论证都是基于立法者所创造的规范，仅仅在一些情况下才运用立法者通过概括条款所创造的空间进行适用。但是通过这种主观评价抽象形成的案例群，在个别案例的适用中，已不再包含对价值的援引；在这里，人们离开了法律发现的范围，已经突破了法律界限而进入了法律制定的范围，而法律制定专属于立法者所拥有。最后，案例群方法将会导致与传统法源理论相冲突的风险。因为案例群被描述为具有推定的约束力。

在社会层面也是最为重要的一点是类型化方法丢失了概括条款的法律和社会功能。因为概括条款存在的任务是由立法者故意创设的，就是用来援引社会伦理原则。借助概括条款，在非典型的案件中松动制定法的强约束，以便适应个案的需求。概括条款并非通过涵摄，而是通过必要的伦理和主观价值在个案中创设必要的正义。这种功能隐藏于通过故意降低概括条款构成要件的确定性之中，但是援引社会伦理价值的功能在案例类型化的方法中会变得空泛并最终丧失这种功能。

作者以此为概括条款的具体工作确立一个具体程序，尽管需要价值判断，并在非典型案例的情况下考虑个案正义，但是大可不必担心回到自由法运动时期的主张。相反概括条款的适用前提是必要的以及需要证实存在很多障碍，置入的事实规范并不会导致所追求的正当的决定。只有这样，当带来的法律结果公开，明确和比较牵强以及不充分，并且无法通过解释和类推加以纠正时，概括条款才有适用的余地。但是必须满足正义的要求。通常情况下，个案与立法规范之间较小的偏差范围必须被接受为一般规范的法律后果。

但是，如果给出了适用的前提条件，并且概括条款法律发现的方式也是合适的，那么该法律发现的实质便得到了评价。价值判断的论证在可验证性以及客观性上是不可能的。因此，不再需要证明该决定的正当性，而是要披露和证明所作出的判断及其理由。然后，这种判决本身可以且必须被另一种判决方式再次检验，从而开放于不断重复的论证理性对话中。隐藏在案例类型中所获取的结论，看似提供了一种论证的方法，其实是一种表面的论证，最终需要进行价值判断。诚实地正视这一过程，至少应该让出于法律确定性原因而倾向于案例类型的人进行反思。

（二）阿克塞尔

在韦伯的论文《通过案例类型化对概括条款具体化的几点反思》发表两年后，时任哥廷根大学的阿克塞尔教授针对此文于1994年在《民法实务档案》上发表了回应性文章。[1]

在该文导论部分，作者对于韦伯教授的观点进行了概要性介绍，他认为韦伯的主要观点是基于对概括条款的意义和目的；抽象的案例类型是法律制定，并不属于法官的权限范围。对于韦伯的回应主要通过如下三部分，第一部分是概括条款和法律续造；第二部分是概括条款和主观价值；第三部分是概括条款和法律安定性。

第一部分：概括条款和法律续造。针对韦伯所认为的概括条款旨在从一般化的抽象法律中忽略引出非典型特征的趋势。作者认为概括条款的意义和目的绝不能局限于这一个方面。概

---

[1] Vgl. Beater, Generalklauseln und Fallgruppen: (Erwiderung auf Ralph Weber), AcP194（1994），S. 516ff.

第二章 概括条款的缘起与发展

括条款具有使法律有序发展并使之适应不断变化的社会变迁的含义。这就需要案例类型。为此作者举例为证：第一个例子就是德民第 826 条以及《德国反不正当竞争法》第 1 条。在这两个条款中，法律发展和法律续造功能被明确表述。最重要的侵权法的更新功能，如一般人格权、企业经营权以及交易往来的安全保障义务均是通过德民第 823 条第 1 款的其他权利发展而来的，并非根据德民第 826 条发展而来。德民第 826 条所分配的任务并非填补功能，因为法律要求故意损害，此条法律续造所要求的前提太高。而《德国反不正当竞争法》第 1 条是立法者故意为了防止缺失而制定，因此是具有法律续造功能的条款。德国反不正当竞争法概括条款显示了案例类型方法的特殊之处，韦伯的考虑显然是不正确的。

事实上韦伯的评论仅仅着眼于德民第 138 条以及德民第 242 条。通常情况下，典型案例和非典型案例的区分都是针对规范来认识的，这些条款与许多个案决定紧密相关，并与不同法律价值相互交织的网络相适应。但是，当非典型的案件事实成为规则并且不存在典型的案件时，对典型规则和非典型例外情况的思考就会失败。德国反不正当竞争法中的概括条款并不涉及对个别案件中要满足典型案件所要求的严格的合法性评价。正是由于无法预见经济生活的多种变化和新发展，超出了法律规定，即使在没有任何特殊规定的情况下，法官有可能诉诸司法评价。竞争法是一门年轻的法律学科，不像民法一样可以追溯古老的渊源。它有序的形成和发展需要案例类型，以实现公开一致的评价。

针对此种情形有的人可能会有疑问——反不正当竞争法是一类特殊的法律规范，是否适合作为此处的例子。但是阿克塞尔教授认为这一条款与德民第 138 条、第 242 条并没有差别，这

· 059 ·

些规定依旧具有通过案件类型逐步发展法律的任务。并且韦伯接着以一般交易条件法中合同条款的内容控制为例，说明法官基于德民第138条、第242条以及第315条，特别是对于第242条这一"帝王式的概括条款"所发展出来的规则实现对于合同的内容控制。诚实信用不仅在民法中而且在其他法律领域均有适用。在民法中有重大意义的续造和进一步发展，比如提及地从合同义务、权利滥用以及交易基础丧失理论均基于此。因此没有案例类型，这根本无法实现。

另一个问题是，对于概括条款在过去反复通过案例类型进行法律续造这种方式不确定是否合法以及是否可允许。韦伯对此持批判态度，而阿克塞尔并不这么认为。阿克塞尔认为，在立法者无法填补的情况下，续造和发展的功能分配给法院，成为法官的权限。因为法典既不能预见未来的发展和变化，也不能在个案中提供帮助。甚至最优秀的法典编纂也将随着时间的流逝而落后并逐渐被取代。当概括条款成为后来特别法律的"引领者"时，法院和立法者将会以理想的方式一起发挥作用。

这种功能划分是广泛的并且被视为很自然的事情。正式的法律论证通常是指这样一个事实，即在新的法律出台之前，有待司法实践的进一步发展，或者反过来，新法律的通过应考虑司法实践的发展。司法和立法者之间的互动几乎很少碰到原则性矛盾。在有的时候会迫使法院被迫基于基本权、平等原则、最高价值和正义观念提出合法性的论证，从而使法律改革变得困难。但是基于此并不能得出相反的结论，如果合法的判决论证确实可行，那么立法机关就必须对事实予以衡量。

阿克塞尔教授认为如上所描述的功能划分恰恰是有利的，并且在处理时会促使"更好"的法律实现：立法者无需从一开始就制定一个适用范围较宽的规则，但立法之初可以将规定限

第二章 概括条款的缘起与发展

制在最低标准上，等待司法实践的进一步发展，而不必担心个案中的困难。尤其是在法律适用方面的相关流动性是立法者使用概括条款的主要原因。仓促制定的法律不仅无用，而且有害，在极端不好的情况下，它们有可能切断法律发展的机会。衡平的内容需要进行准备工作，案例类型方法是必不可少的。因此，韦伯从根本上是矛盾的。如果人们限缩了概括条款的功能和目的，那么对于相对个性化的开放性立法以及为非典型案件提供正义突破的功能将无法实现。相反，有必要赋予所有概括条款续造功能，而案例类型能够更好地实现这一功能。任何以其他方式高估法典编纂力量的人，都不得不接受它们越来越远离现实的这一事实，从而导致更大的不公正现象。

第二部分是阿克塞尔教授针对概括条款和主观价值问题的回应。根据韦伯的观点，概括条款的特殊性恰恰在于立法者对法律外价值判断标准多义性和主观性的故意接受。正如韦伯所建议的那样，从道德上对概括条款填充并非总是可能的。有时法官主观的个人决定可能导致判断特别的不公正。作者在此以情势变更为例说明了法官判断的任意性。因此，必要的客观化只能通过案例类型方法来实现。另外，根据韦伯的观点，法官的价值判断必须回到伦理或者道德标准。但是在反不正当竞争法中很少存在伦理或者道德标准。竞争者想消灭竞争并压榨顾客，但是自相矛盾的是，这种利己主义的集中将使竞争更有效而有意义。因此，竞争法的观点大相径庭也就不足为奇了。任何人将竞争法的概括条款留给法官的主观判断，并剥夺案例类型重要的和不可或缺的辅助性判断标准，就决定了不同种类的判决。

第三部分关于概括条款与法的安定性问题。韦伯在评估法律确定性与个案正义之间的关系时比其他人更倾向于个案正义。阿克塞尔教授的观点是完全不同的，他认为法的安定性与个案正义是完全不冲突的，法官在必要的时候可以偏离案件类型进行个案判断。

总而言之，阿克塞尔教授认为概括条款的目的并不限于从抽象阿尔塞克法律中获取在个案中被忽略的特殊性，它们还有助于法律续造并使之适应不断变化的社会。立法者非但没有能力对于变化多样的社会生活进行规定，反而可能由于不适当的规定而阻碍法律的创新和发展。因此，案例类型方法对于概括条款来讲是必不可少的。只有这样，法律才能进一步发展。司法和立法的结合是合理的，并且在过去已经多次证明了这一点。匆忙制定的法律不会使任何人受益。另一方面，案例类型的方法为法官提供了非常宝贵的判决标准。它们提供法律上的确定性，但是并不排除正义的个案判决。

（三）安斯加·奥利（Ansgar Ohly）

在进入 21 世纪之后，对于概括条款的阐述重点集中于如何适用上，也就是从方法论的角度对其进行深入阐述。例如，慕尼黑大学法学院奥利教授于 2001 年在《民法实务档案》上发表的《概括条款与法官法》一文，[1]虽然这篇论文的主题是在讨论先例在法源中的地位，但是就其中的内容而言，作者从传统法学方法论角度对概括条款进行了详细介绍，并提及了先例在概括条款适用所起的作用。

作者在第一部分就开门见山地提出，概括条款是一个远未解决的问题，并且致力于寻求解决此问题的中间方案。第二部分主要介绍了概括条款的概念与功能、概括条款具体化的方法以及在法的安定性与灵活性的紧张关系中的先例，从三个层面探讨了先例在概括条款适用中的意义。第三部分重点讨论了先

---

[1] Vgl. Ohly, Generalklausel und Richterrecht, AcP 201 (2001), S. 2ff.

例在德国法以及英美法上具有的不同含义,并最终证实了先例在大陆法系中也具有规范的约束力。最后一部分说明了先例在理论和实践中的应用,并重点围绕法官法、案件类型化方法、案例比较以及在什么条件下可以偏离先例进行了详细的介绍。综上,作者认为承认先例的规范推定力对于概括条款的具体化以及类型化具有重要意义。

(四) 苏达贝·卡玛纳布罗 (Sudabeh Kamanabrou)

在 2002 年,哥廷根大学教授卡玛纳布罗在《民法实务档案》上以《民法概括条款的解释》为题再一次从方法论的角度对概括条款进行了系统阐述。[1]

作者的观点可以总结如下:与其他规范相比,对于概括条款的解释在方法论上具有独特的地位。对于概括条款存在的共识是:概括条款的界定尚未有一致意见。一般的法律解释方法在概括条款中的适用并不能像在其他规范中一样通过涵摄得出法律结果。概括条款必须通过具体化的方法来适用,但是方式存在不同。存在争议的问题点是概括条款的具体化是法律解释还是法律续造以及概括条款的适用范围到底为何。

首先,关于概括条款的界定,作者认为概括条款需要具备三个特征,一是作为概括条款必须包含不确定概念或者需要价值填充概念作为必要的组成部分;二是必须是非列举式的条款;三是概括条款必须具有宽泛的适用范围。

其次,作者从方法论的角度出发,认为具体化是概括条款适用的适合方法,在具体操作程序上,作者一一分析了各个可以类比适用的个案以作为具体化的基础案例,如把无可置疑的案例(依据明确的规范依据得出的判决)作为比较的基础、把

---

[1] Vgl. Kamanabrou, Die Interpretation zivilrechtlicher Generalklauseln, AcP 202 (2002), S. 663ff.

已经判决的案例作为比较的依据；以及案件类型之外的个案判决等。

在关于概括条款是属于法律解释还是法律续造的问题上，作者持区分的观点。首先是法律解释的观点，根据法律漏洞是违反计划的不圆满性这一定义，概括条款是立法者故意为之，在此处立法机关已经放弃了价值判断，这就导致概括条款的具体化无所谓违反立法计划，因为这里仅仅是立法的授权，所以不存在漏洞填补。如果对概括条款的适用超出了立法者的意图，则为法律续造。在概括条款的适用范围上，作者对于概括条款的认识，既属于法律内的法的续造，同时在延伸的情况下也适用于法律创造，也就是超越法律的法的续造，这种类型的法律续造在适用上比较少，较常见的是前一种阶段的法律续造。

（五）魏德曼（Herbert Wiedemann）

近期德国学界对于概括条款的讨论均没有超越如上几位学者讨论的框架。如科隆大学的魏德曼教授在《新法学周刊》上以《法律续造》为题所发表的文章，[1]在谈到概括条款时，他认为诸如德民第138条、第242条、第307条、第826条等概括条款的具体化，在严格意义上是民法在日常的法律适用中最常见的工作。这同样适用于在制定法中需要考虑援引所有情形和相类似构成要件的不确定法律概念等无数的规范，这赋予了司法机构适当的自由裁量权。在这种情况下，法官会经常性地个案判决，当然其判决是受平等原则约束的，必须基于相同的基础作出判决。这比较类似于《瑞士民法典》第4条的规定。

经验表明，经常被使用的概括条款会形成"判例链"，也就是一系列案例，各法院以及法律实践都以此为基础。如果立法

---

[1] Vgl. Wiedemann: Richterliche Rechtsfortbildung, NJW (2014), S. 2410.

人员有意或无意地利用他们的知识或从一开始就为当代的法律发展留出空间，则要裁判的个别案件与当今情况就可以联系起来。法官甚至有义务重新考虑判决标准并在不断变化的情况下重新确立裁判标准。一个重要的原因就是失去了原来的特征，且被新的特征所取代。所有这些改变都会给法院带来负担，即权衡改革旧的法律判决的必要性和对旧判决观点的信赖保护。

（六）其他国家学者的观点

对于概括条款的研究，不仅在德国是一个非常重要的研究课题，在其他的德语区国家也同样如此。

例如，奥地利著名民法学者比德林斯基 1990 年在给维亚克尔教授的祝寿文集上以《当前概括条款具体化的可能性及界限》为题对于概括条款的诸问题做了非常全面的介绍，内容涉及概括条款的立法功能、概括条款的种类、概括条款具体化方法及其反思、概括条款的援引功能以及能够援引的材料及其相互之间的顺序、功能变迁背景下的概括条款、概括条款与违反法律的法的续造之间的关系、概括条款的体系以及与动态系统理论方法之间的关系等问题。[1]

再如奥地利著名民法学者克莱默教授在其著作《法律方法论》中对于概括条款也有专门的介绍。他的主要观点如下。[2]

首先，他认为构成法律规范核心的不确定法律概念是"概括条款"，如善良风俗以及诚实信用。作者从正反两个方面对概括条款进行了评价，一方面认为概括条款与分权模式构成紧张关系，把原本属于立法者的任务推脱给了法律适用者，这里凸

---

[1] Vgl. Bydlinski, Möglichkeiten und Grenzen der Präzisierung aktueller Generalklauseln, Rechtsdogmatiund praktische Vernunft, Symposion zum 80. Geburtstag von Franz Wieacker. Hrsg, von Okko. Behrends. , Göttingen：Vandenhoeck u. Ruprecht, 1990.

[2] ［奥］恩斯特·A. 克莱默：《法律方法论》，周万里译，法律出版社 2019 年版，第 35—46 页；242—250 页。

显的是概括条款的委托功能，并认为这是"象征性立法"以及"立法者逃脱政治责任"；另一方面又认为概括条款可以依据社会评价的视角，把立法与构成法律文化的社会基本评价联系在一起，对其持续性地解释，以适应不断变化的社会，因此具有法律续造的功能。

其次，作者认为在对于概括条款具体化时，法律适用者拥有很大的适用余地。在涉及漏洞填补以及通过法官法实现"补充立法"时，法官法具有空间。法官以何种导向为标准进行裁判，作者在该书的第四章第三节的客观化因素中有非常详细的介绍，总而言之，就是要求评价标准公开、理由通用，以及在内容方面法官利用对其衡量决定可能具有帮助的导向性观点。

第四节 小 结

在私法史上，无论是古代、还是中世纪、抑或是在近代，在历史发展的不同阶段，诚信一直被当作"衡平条款"加以处理，它常常融合"自然法"以及"正义"等不同因素，为法官自由创造空间。在 19 世纪的法典化时期，诚信已经频繁地出现在司法实践的论证之中，同时在法典制定时，也认识到德民第 242 条以及第 138 条这些条款具有缓解民法典僵化的功能，通过置入这种类型的条款以体现民法典的灵活性。这也体现出与制定法实证主义占主流地位的思潮不同的声音。与民法典立法者对于概括条款暧昧不清的态度相比，真正在立法上承认概括条款的反而是德国 1909 年修订的《反不正当竞争法》第 1 条。

与立法上的概括条款相比，德民第 242 条以及第 138 条逐渐发展成被我们普遍认知的概括条款是 20 世纪之后的事情。以诚信为例，通过第一次世界大战之后增值判决创立的"行为基础

第二章 概括条款的缘起与发展

丧失理论"、第二次世界大战时的"法律更新运动"以及第二次世界大战之后的"宪法的间接第三人效力"这三次发展，立法意义上的诚信由此产生了方法论意义上的诚信。在方法论意义上，诚信具备了补充以及修正两大核心功能。由此，诚信发展成了最为典型的概括条款。

当今概括条款所具备的一切功能以及方法论含义几乎全部来源于诚信，因此概括条款的产生发展基本上遵循一条"从特殊到普遍，以及从普遍到特殊"的路径。这一点从20世纪70年代之后越来越多地出现关于概括条款的系统阐释可以看出。这一时期对于概括条款的研究，已然是超脱于诚信等具体的概括条款，并且均尝试在更为一般化的层面对概括条款作基础理论式的探讨。

第三章 概括条款的分类式界定

梳理完域外关于概括条款的历史发展之后,接下来就是界定什么是概括条款,本章主要是围绕这一任务而展开。在民法学界,一般将我国《民法典》第 7 条规定的诚实信用、第 8 条规定的公序良俗称为典型的概括条款,[1]在比较法上亦复如是,[2]但是这并非概括条款的全部。在我国民法学界对于概括条款的认识存在多种观点,例如,有的学者将民法典侵权责任编第 1165 条规定的过错责任、第 1236 条规定的危险责任条款称为概括条款;[3]有的学者有时从立法技术的角度将某一条款的兜底性规定称为概括条款。[4]由此可知,我国对于民法典中的概括条款至少有如上三种认识,在此存在的问题便是到底应该如何认识

---

[1] 参见梁慧星:"诚实信用原则与漏洞补充",载《法学研究》1994 年第 2 期;于飞:"民法基本原则:理论反思与法典表达",载《法学研究》2016 年第 3 期;易军:"民法基本原则的意义脉络",载《法学研究》2018 年第 6 期。

[2] Vgl. Wiedemann, Richterliche Rechtsfortbildung, NJW Heft 33/2014, S. 2410; Palandt Kommentar/Grüneberg, 73. Aufl. , 2014, § 242, Rn. 2. 苏永钦:《寻找新民法》,北京大学出版社 2012 年版,第 317—338 页。

[3] 参见王利明:《侵权责任法研究》(第二版 上卷),中国人民大学出版社 2016 年版,第 137 页。

[4] 参见于是:"《反不正当竞争法》一般条款适用的泛化困局与绕行破解——以重构'二维指征下的三元目标叠加'标准为进路",载《中国应用法学》2020 年第 1 期;吴峻:"反不正当竞争法一般条款的司法适用模式",载《法学研究》2016 年第 2 期。

概括条款，这三类规范是否为同一事物，也就是说对于概括条款到底是应该作统一性的认识，还是应当将概括条款做层次化处理，民法学界对此未有体系化的认识。基于此，本部分要回答的问题便是在民法典的规范体系之中如何认识概括条款。本部分的行文结构为：首先，介绍概括条款的识别标准；其次，以此为标准——检视我国民法上被称为概括条款的法规范是否属于概括条款；最后，从微观、中观、宏观三个层次区分概括条款，分别称为小概括条款、中概括条款、大概括条款。

第一节 概括条款的识别标准

概括条款在法理论以及方法论上具有重要地位。虽然学界对于概括条款的认识已经取得一定的共识，但是对于如何定义与识别概括条款这一最低限度的共识仍然无法达成。[1]在概括条款的识别上唯一存在的认识就是，概括条款在规范表述上以不确定法律概念为基本特征，[2]内容高度抽象且需要价值评价。[3]例如，诚信、公序良俗等典型的概括条款均包含了不确定法律概念且需要价值评价。如果对于上述的识别标准进行细分，则分别对应概括条款的形式特征以及概括条款的实质功能。虽然对概括条款进行定义存在诸多困难，但是概括条款的形式特征

---

〔1〕 Vgl. Weber, Einige Gedanken zur Konkretisierung von Generalklauseln durch Fallgruppen, AcP 192 (1992), S. 523; Röthel, Normkonkretisierung im Privatrecht, Mohr Siebeck, 2004, S. 30; Kamanabrou, Interpretation zivilrechtlicher Generaklauseln, AcP 202 (2002), S. 663.

〔2〕 Vgl. Mahlmann, Rechtsphilosophie und Rechtstheorie, 2010, S. 247f., S. 261.; Müller/Christensen, Juristische Methodik I, 9. Aufl., Duncker & Humblot, 2004, S. 279f.

〔3〕 Vgl. Looschelders/Roth, Juristische Methodik im Prozeß der Rechtsanwendung, Duncker & Humblot, 1996, S. 135f.

和实质功能两个维度可以作为概括条款的识别标准以及与其他规范进行区分的依据。

(一) 基于形式特征的识别标准

研究概括条款不同的定义与识别方法，可以总结出一些共性特征。部分特征与所使用的概念相关，如不确定性、价值填充（Unbestimmtheit, Wertausfüllungsbedürftigkeit），部分特征在形式上与规范结构和制定法技术有关。[1]综合而言，关于概括条款的形式特征可以总结为四个层面：不确定性、价值填充性、不可涵摄性以及规范结构上的兜底性。

1. 不确定性

概括条款主要是通过语言上的模糊性、需要精确化以及不确定性来表述，也称为概括条款在规范文义上的不确定性。[2]因此，概括条款在需要补充的程度上与其他法律条款有所不同：它们特别模糊，特别抽象。[3]概括条款的特别模糊性在于其规范文本的抽象程度。

如果将民法典的规范体系理解为一段频谱，频谱的一端是诸如期限和年龄等最为固定的纯粹数字规定，另一端则是居于最大抽象层次的概括条款。而最大抽象层次的概括条款之所以不确定，是因为所使用的构成要件概念（Tatbestandsbegriffe）带有不可避免的不精确性，这一不精确性不仅体现在概念边缘（也称概念核，Begriffshof）部分，而且在概念核心（也称概念

---

[1] Vgl. Auer, Materialisierung Flexibilisierung Richterfreiheit, Mohr Siebeck, 2005, S. 127ff.

[2] Vgl. Canaris, Systemdenken und Systembegriff in der Jurisprudenz, 2. Aufl., 1983, S. 82.

[3] Vgl. Naucke: Über Generalklauseln und Rechtsanwendung im Strafrecht, ders. in: NS-Recht in historischer Perspektive (1981), S. 71ff; Bydlinski, Juristische Methodenlehre, 2. Aufl, 1991, S. 582.

第三章 概括条款的分类式界定

晕，Begriffskern）部分同样无法得到澄清，如此便使整个规范具有模糊性。[1]也就是说，在概括条款所使用的不确定概念之中，概念核心尚且无法辨明，更何况概念边缘。[2]某一概念除概念核心和概念边缘的区别外，从语言学上，还可以将某一概念区分为"三领域模型（Drei-Bereiche-Modell）"，分别为"肯定候选项（positive Kandidaten）""否定候选项（negative Kandidaten）"和"中性候选项（neutral Kandidaten）"。肯定候选项，就是对于某些对象能够明确适用于此概念；否定候选项，就是某些对象不能适用于此概念；中性候选项，就是无法确定是否适用于此概念。[3]如果采用此种区分标准，则可以说概括条款基本上处于中性候选项之下，属于积极候选者的情形趋近于零。这也同时说明了为什么文义解释难以适用于概括条款。

在这里，区分不确定法律概念与概括条款的标志是，不确定法律概念即使概念核心或肯定候选项很小，但是也具备概念核心；而概括条款则不存在概念核心或肯定候选项。[4]概括条款是立法者使用具有高度抽象性和内容上极度不确定的概念来指称无法详尽描述的大前提，而所使用的这一概念不仅概念边

---

[1] 概念核心和概念边缘的区分首先要追溯到黑克（Heck），他借助概念核心和概念边缘的区分清晰地介绍了法律概念的不确定性。在概念核心里，事实毫无疑问可以归属于该概念之下，也就是说事实可以直接涵摄于该概念。相反案件事实是否归属于概念边缘部分，则需要视情况一一检视。Vgl. Heck, Gesetzesauslegung und Interessenjurisprudenz, AcP112（1914），S. 173.；Röhl/Röhl, Allgemeine Rechtslehre, 3. Aufl, 2008, S. 34.

[2] Vgl. Weber, Einige Gedanken zur Konkretisierung von Generalklauseln durch Fallgruppen, AcP 192（1992），S. 524.

[3] 参见[奥]恩斯特·A. 克莱默：《法律方法论》，周万里译，法律出版社2019年版，第29页。

[4] Vgl. Esser, Vorverständnis und Methodenwahl in der Rechtsfindung：Rationalitätsgrundlagen richterlicher Entscheidungspraxis, Athenäum Verlag, 1972, S. 56.

缘无法澄清，概念核心也不存在。[1]

2. 要求价值补充

概括条款的另一个特征是需要价值填充（Wertausfüllungsbedürftigkeit）。诸如诚信、公序良俗等概括条款通常具有价值开放性，并且只能在具体个案中运用价值权衡的方法将其转化为具体的规范予以适用。概括条款的价值填充性主要是通过规范性概念予以实现。[2]在此一层面上，众多学者将规范性概念称为"价值概念（Wertbegriff）"或者是"需要价值补充的概念（wertausfüllungsbedürftigen）"，它包含了"价值授权（Wertungsermächtigung）"的暗示。[3]

3. 不可直接涵摄性

概括条款的另一项特征是不可直接涵摄性（Nichtsubsumierbarkeit）。概括条款不允许直接涵摄适用，因为其不具备直接涵摄的能力，也就是说，没有足够确定的大前提（Obersatz）。[4]这也就再次证明了以下事实，在概括条款中所使用构成要件概念的不确定性不仅存在于概念边缘，而且扩展到了概念核心。在概念核心部分，案件事实可以直接涵摄于某概念之下。但是由于概括条款缺乏清晰的概念核心，涵摄方法在概括条款中无法适

---

[1] Vgl. Weber, Einige Gedanken zur Konkretisierung von Generalklauseln durch Fallgruppen, AcP 192 (1992), S. 524.

[2] 规范性概念与描述性概念相对，详细参见[奥]恩斯特·A. 克莱默：《法律方法论》，周万里译，法律出版社2019年版，第27、33页。

[3] Vgl. D. Looschelders/W. Roth, Juristische Methodik im Prozess der Rechtsanwendung, 1996, S. 135f.; H.-J. Koch, Unbestimmte Rechtsbegriffe und Ermessensermächtigungen im Verwaltungsrecht, Metzner, 1979, S. 21ff.

[4] Vgl. Heinrich, Formale Freiheit und materiale Gerechtigkeit, Mohr Siebeck, 2000, S. 317；[德]罗尔夫·旺克：《法律解释》（第6版），蒋毅、季红明译，北京大学出版社2020年版，第15页。

用，传统的法律适用三段论方法对于概括条款是不适合的。[1]如果在"三领域模式"之下观察概括条款，中立候选项的数量占主导地位，而肯定候选项的数量则可以忽略不计，同样可以看出概括条款无法直接涵摄适用。这也同时表明不确定性和不可涵摄性是同一枚硬币的两面。

4. 结构上具有兜底性质

概括条款最后一个特征存在于立法技术领域。由于其普遍适用性，概括条款可以包含一大组事实，构成无漏洞和有适应能力的。[2]概括条款是与作为具体列举构成要件相对应的一种立法技术。这种立法技术可以满足两方面的要求，一方面列举规定可以满足法的确定性要求，另一方面概括条款也为个案正义以及未来法律发展提供了规范基础。[3]因此在概括条款的框架内，立法机关放弃了具体列举的构成要件，仅规定一个一般的案件领域。[4]立法者这样规定的目的是应对社会价值的快速变迁而引发的新型法律关系，因此选择具有兜底性质的概括条款，以实现较低程度的"规范密度"。虽然这种纯形式的特征有时候并不包含诸如不确定性、需要价值填充性之类的内容标准，[5]

---

〔1〕 Vgl. Ohly, Generalklausel und Richterrecht, AcP 201 (2001), S. 2.

〔2〕 参见［德］卡尔·恩吉施:《法律思维导论》，郑永流译，法律出版社2004年版，第152—153页。

〔3〕 Vgl. Schünemann, Generalklausel und Regelbeispiele, Juristenzeitung, JZ 6 (2005), S. 271ff.

〔4〕 Vgl. Werner, Zum Verhältnis von gesetzlichen Generalklauseln und Richterrecht, C. F. Müller, 1966, S. 7.

〔5〕 有的时候作为概括条款的兜底条款，包含不确定性以及需要价值填充的内容。如我国《民法典》第500条规定，当事人在订立合同过程中有下列情形之一，造成对方损失的，应当承担赔偿责任：①假借订立合同，恶意进行磋商；②故意隐瞒与订立合同有关的重要事实或者提供虚假情况；③有其他违背诚信原则的行为。还有纯粹形式意义上的概括条款，如《民法典》第527条第1款规定的不安抗辩权，应

但是，即使是不包含上述特征的立法技术意义上的概括条款，它的目的也是将那些未被法律所规制的情形涵摄到法律规范之内，而非仅仅是引致性规范所援引的其他规定。

也就是说，概括条款的表现形式，依据法条结构的形式来看，以是否为列举规定的部分，分为列举规定中的概括条款及非列举规定的概括条款两种。笔者在此将列举规定中的概括条款称为"补充性的概括条款"，因其在列举规定中，是作为补充列举事项的概括规定的部分。立法技术意义上概括条款与上述包含不确定性以及价值填充性之类的概括条款在适用方法以及功能担当上并无二致，只是表现形式存在差异。

（二）基于实质功能的识别标准

概括条款与其他法律条款的区分除了上述介绍的形式特征之外，另一种区分方法就是基于实质功能，即在法律体系内概括条款具备何种功能。概括条款的本质是转介条款。[1]详言之，概括条款作为转介条款，可以区分为三大功能群：接收援引功能（Rezeption，Verweisung）、灵活性和适应性（Flexibilität und Anpassung）、授权功能（Delegation und Ermächtigung）。

1. 接收援引功能

接收援引功能，概括条款的任务是充当法律体系的切入点（Einbruchsstellen），也就是说，对法外规范保持开放性，并通过

（接上页）当先履行债务的当事人，有确切证据证明对方有下列情形之一的，可以中止履行：①经营状况严重恶化；②转移财产、抽逃资金，以逃避债务；③丧失商业信誉；④有丧失或者可能丧失履行债务能力的其他情形。类似的在民法典中还有许多，如第39条、194条、195条、278条、414条、1033条等。

〔1〕参见苏永钦：《寻找新民法》，北京大学出版社2012年版，第277页。

第三章 概括条款的分类式界定

概括条款将其纳入法律体系之中。[1]根据奥利的观点，诸如诚信、公序良俗等典型的概括条款，具备援引结构特征，这些条款本身并不包含实质内容，而是根据其结构特征，援引法律以外的价值。[2]陶皮兹（Taupitz）认为，概括条款，甚至不确定法律概念是"窗口"或"制定法的阀门"（Fenster、gesetzliche Einfallstore），通过这些窗口，法典以外的价值评价和社会观点就会进入一个明显封闭的法典体系。[3]德雷尔（Dreier）认为，概括条款，甚至不确定的法律概念均具有将非法律方面，特别是伦理道德引入法律体系的功能。[4]比德林斯基认为，概括条款为在社会中直接占主导地位的价值开启了阀门。概括条款应理解为对不同具体化材料的引用，例如，法律内的宪法及其价值（Gesetzliche Grundwertungen einschließlich solcher der Verfassung）；法律公认的法伦理以及社会伦理原则规范（Anerkannte rechtsethische Prinzipien, die sozialethischen Anschauungen）等。[5]维亚克尔也认为，概括条款是对超实证法的社会道德的一种让步。

---

[1] 关于这种区分起始来源于托伊布纳对于概括条款的功能划分，他将概括条款区分为三大功能，接纳功能（Rezeptionsfunktion）、转移功能（Transformationsfunktion）、授权功能（Delegationsfunktion）。Vgl. Teubner, Standards und Direktiven in Generalklauseln, Athenäum-Verl, 1971, S. 39, 61, 65ff.；Bydlinski, Juristische Methodenlehre, 2. Aufl., 1991, S. 583；ders., Grundzüge der juristischen Methodenlehre, 2005, S. 91f.

[2] Vgl. Ohly, Generalklausel und Richterrecht AcP 201（2001）, S. 11.

[3] Vgl. Taupitz, Die Standesordnungen der freien Berufe, 1991, S. 1107.

[4] Vgl. Dreier, Rechtsphilosophische Standpunktprobleme, in: Brugger/Neumann/Kirste（Hrsg.）, Rechtsphilosophie im 21. Jahrhundert, 2008, S. 332.

[5] Vgl. Bydlinski, Möglichkeiten und Grenzen der Präzisierung aktueller Generalklauseln, Rechtsdogmatik und praktische Vernunft, Symposion zum 80. Geburtstag von Franz Wieacker. Hrsg, von Okko. Behrends., 1990, S. 203. 托依布纳也持类似观点 Vgl. Teubner, Standards und Direktiven in Generalklauseln, Athenäum-Verl, 1971, S. 61, 117f.

通过概括条款使得法典对于不断变迁的社会价值及其产生的新型社会关系始终保持开放，以此体现法典的与时俱进，从而也就无须立法者频繁地修正法典。因此，这也就是为什么在高速发展的现代社会，从立法技术角度越来越多的法典规定概括条款。

2. 灵活性和适应功能

此外，概括条款经常被描述为具备灵活性以及具有适应功能。这一功能的目的主要是促进个案正义。[1]正是由于概括条款极度抽象不确定，或者面临着具体列举的构成要件无法涵盖全部案件事实这一特征，法官才可以使用概括条款这一工具，面对不可预见的新情况，在无须更改规范文本的情形下，为非典型个案的公正裁判创造空间，并使法律能够不断适应社会的发展变化。[2]

3. 授权功能

除此之外，在概括条款授权功能的框架内，法官还被赋予了法律续造的功能。赫德曼除了提及概括条款特别的不确定和委托理念外，还将概括条款作为公开立法（offengelassener Gesetzgebung）的一部分。[3]比德林斯基将概括条款视为授权规范，使法官能够通过自我评价在个案中制定特定规则。[4]埃塞尔（Esser）认为，法官可以在概括条款框架内自行设计规范。[5]诺瓦克（Nowak）认为，立法机构已将需要制定规范的

----

[1] Vgl. Schwacke, Juritische Methodik, 5. Aufl., 2011., S. 49.

[2] Vgl. Beater, Generalklauseln und Fallgruppen, AcP 194（1994）, S. 86; Röthel, Normkonkretisierung im Privatrecht, Mohr Siebeck, 2004, S. 31.

[3] Vgl. Hedemann, Flucht in die Generalklauseln, 1933, S. 58.

[4] Vgl. Bydlinski, Grundzüge der juristischen Methodenlehre, 2005, S. 92.

[5] Vgl. Esser, Grundsatz und Norm in der Rechtsfindung: Rationalitätsgrundlagen richterlicher Entscheidungspraxis, 2. Aufl., 1972, S. 150f. 还有诸多学者也持类似观点，如Ohly, Richterrecht und Generalklausel, AcP 201（2001）, S. 249.；Teubner, Standards und Direktiven in Generalklauseln, Athenäum-Verl, 1971S. 61, 106ff.

权力授予司法机构。[1]根据塞尔曼（Seelmann）的说法，要求价值实现的概括条款包含立法者对于法律适用者的隐含授权。[2]吕特尔（Röthel）认为，由于接受和转介功能逐渐趋于授权功能，概括条款已成为法官自我评价和法律创造的主要授权规范。[3]概括条款的具体化就是授权法律发现。

总之，由于概括条款在概念界定上存在困难，必须从形式特征和实质功能两个层面与其他类型规范相区分，以此为识别标准可以判断出我国民法典中存在三种类型的概括条款，下文对其辨别同异，实现对概括条款的层次化认识。

第二节　微观层次的概括条款

虽然我国民法学界经常将某一条款的兜底性规定作为概括条款，[4]但是对于此类兜底条款的认识还较为粗糙，并且经常与引致性规定混为一谈，[5]因此某一兜底性规定是不是概括条款必须经过上述识别标准的系统检视。

（一）引致性的兜底条款不是概括条款

引致性规范（Verweisungsnorm），是指规范本身没有独立的内涵，甚至不具有解释规则的意义，单纯引致到某一具体规范，法官需要从所引致的具体规范的目的去确定其效果的法律

---

〔1〕 Vgl. Nowak, Die praktische Bedeutung der Generalklauseln und unbestimmten Rechtsbegriffe in den großen Kodifikationen der Deutschen Demokratischen Republik, 1993, S. 4.

〔2〕 Vgl. Seelmann, Rechtsphilosophie, 2. Aufl., 2001, S. 127.

〔3〕 Röthel, Normkonkretisierung im Privatrecht, Mohr Siebeck, 2004, S. 49, 59.

〔4〕 参见王利明：《法律解释学导论——以民法为视角》（第2版），法律出版社2017年版，第512—513页。

〔5〕 参见江平主编：《中华人民共和国合同法精解》，中国政法大学出版社1999年版，第80页。

条款。[1]《民法典》第68条第1款法人清算的原因第3项规定的"法律规定的其他原因";《民法典》第69条法人解散事由第5项规定的"法律规定的其他情形";《民法典》第106条非法人组织解散事由的第3项"法律规定的其他情形";《民法典》第123条第2款对于知识产权客体的规定第8项"法律规定的其他客体";《民法典》第175条关于法定代理终止事由第4项所规定的"法律规定的其他情形";《民法典》第261条第2款集体成员决定事项第5项"法律规定的其他事项";《民法典》第393条担保物权消灭事由第4项"法律规定担保物权消灭的其他情形";《民法典》第423条抵押权人的债权确定第6项"法律规定债权确定的其他情形";《民法典》第557条第1款债权债务终止第6项"法律规定或者当事人约定终止的其他情形";《民法典》第563条第1款合同解除第5项"法律规定的其他情形";《民法典》第570条第1款提存规则第4项"法律规定的其他情形";《民法典》第1186条法定补偿条款按照法律规定由双方分担损失等等均属于引致性规定。[2]

以《民法典》第563条第1款第5项为例,"法律规定的其他情形"涵盖两种情形:一是《民法典》在第563条之外规定的合同解除,例如,在民法典合同编分则部分规定的买卖合同

---

[1] 参见苏永钦:《私法自治中的经济理性》,中国人民大学出版社2004年版,第35页;王雷:"民法典中参照适用条款的方法论意义",载《现代法学》2023年第2期。

[2] 在本书中,引致性规定主要是指开放引致性规定,可以分为常态开放引致条款和例外开放引致条款。所谓常态开放引致条款,即《民法典》有意预留的,由其他法律进行规定的内容,通过在《民法典》法条中进行叙述达到引用的目的。所谓例外开放引致条款,即《民法典》作出了一般性规定,但例外的允许其他法律对该问题作出特别规定,通过"法律另有规定"的导语,达到引致的目的。具体参见王竹:"论实质意义上侵权法的确定与立法展望",载《四川大学学报(哲学社会科学版)》2011年第3期。

第三章 概括条款的分类式界定

的解除、租赁合同的解除以及委托合同的解除等；二是在民事特别法中规定的合同解除，如《中华人民共和国保险法》中保险合同的解除。[1]按照上文对于概括条款形式特征以及实质功能的理解，《民法典》第 563 条第 1 款第 5 项的内容虽然是合同解除的兜底条款，但是并不符合上文关于概括条款的识别标准，因为在此意义上的兜底条款，仅仅具有引致其他法律规范的功能，而不具备将那些未被法律所涵盖的情形涵摄到法律规范之内这一功能。因此，《民法典》第 563 条第 1 款第 5 项并非合同解除的概括条款。

(二) 具有裁量性质的兜底条款是概括条款

裁量条款（Ermessenklauseln）由法律所承认。裁量条款取决于个人信念（如法官）在具体案件中的正确性决定。被委托和托付给能胜任具体决定的个人，不仅是因为理性人不能通过更加具体的规则排除不确定性的剩余，而且在一定的活动余地内，一个被认为有责任意识的人，使自己观点发挥作用是更好的安排。因此，具体案件的客观独立性和判断者的主观独特性彼此相遇。[2]裁量条款具有产生新的案例群或构成要件特征的功能，完全符合概括条款所具备的形式特征和实质功能。

对于裁量条款的司法适用，就是法院在具体案件中将当前法律所体现的公平正义在个案中体现出来。这时候法官虽然存在多种选择的可能性，必要时可以依据自己个人的观点做出选择。但是也要注意裁量必须紧贴所要裁判的案件事实以及立法者已经明示和暗示的价值取向。《民法典》中存在大量的裁量条

---

[1] 参见杜景林：" 合同解除的体系建构"，载《法商研究》2020 年第 3 期，第 95 页。

[2] 参见 [德] 卡尔·恩吉施：《法律思维导论》，郑永流译，法律出版社 2004 年版，第 145 页。

款。[1]具体可以区分为两类,一类是与列举性规定一致的裁量条款;另一类是没有具体列举规定,而仅仅是给出了一些供法官参考的因素。

属于前一类的与列举性规定一致的裁量条款,如我国《民法典》第36条第1款撤销监护人资格第3项"实施严重侵害被监护人合法权益的其他行为";《民法典》第39条第1款监护关系终止的第4项"人民法院认定监护关系终止的其他情形";《民法典》第194条第1款诉讼时效中止的第5项"其他导致权利人不能行使请求权的障碍";《民法典》第278条第1款业主共同决定的事项第9项"有关共有和共同管理权利的其他重大事项";《民法典》第500条缔约过失责任第3项"有其他违背诚信原则的行为";《民法典》第527条第1款不安抗辩权第4项"有丧失或者可能丧失履行债务能力的其他情形";《民法典》第1015条第1款在父姓和母姓之外选取姓氏第3项"有不违背公序良俗的其他正当理由";《民法典》第1033条第6项"以其他方式侵害他人的隐私权";《民法典》第1036条处理个人信息不承担责任的第3项"为维护公共利益或者该自然人合法权益,合理实施的其他行为";《民法典》第1079条判决离婚时第3款第5项"其他导致夫妻感情破裂的情形";等等。

属于后一类的没有具体列举规定的,如《民法典》第998条,"认定行为人承担侵害除生命权、身体权和健康权外的人格权的民事责任,应当考虑行为人和受害人的职业、影响范围、过错程度,以及行为的目的、方式、后果等因素";最高人民法院《关于当前形势下审理民商事合同纠纷案件若干问题的指导

---

[1] 有的学者具体分析了我国《民法典》中存在大量裁量规范的五种原因。具体参见王成:"《民法典》与法官自由裁量的规范",载《清华法学》2020年第3期。

意见》中在调整违约金数额部分就要求各级法官充分考量国家宏观经济形势以及企业的经营状况。

总之，对于裁量条款，虽然法律会通过例示规定或要考虑的因素给出一些参考，如前一类裁量性概括条款的适用总是要受到例示性规定所蕴含的价值取向束缚，而后一类裁量性概括条款虽然没有前一类明确的价值判断结论作为依据，但立法者也给出了可以参考的动态因素。必须要注意的是上述参考因素并不构成对法官的束缚，恰恰相反，仅仅是法官思考的出发点，概括条款的实质功能就在于适应社会关系的发展，因此法官的造法因素在概括条款中尤为重要。更有学者将此处的兜底性概括条款称为法内漏洞，在方法论中属于授权式类推适用。[1]

（三）裁量性的兜底条款是微观层面的概括条款

"在立法上常常会遭遇对拟规范的事项难于穷尽列举，或者穷尽列举太繁琐，但是又不愿挂一漏万地加以规定的难题。"因此在例示规定中加入概括条款。在抽象规范当中，立法者虽然制定许多个别的构成要件予以列举，但是不确定是否已将所有可能的情况予以规定，故决定在所有的个别构成要件之外附加一个概括条款，以减少漏洞的发生。裁量性的兜底条款与前面的例示属于同一规范内容，理论上认为具有法内漏洞的性格，在司法适用上属于授权式类推适用，在解释及适用时应取法意旨及价值。[2]

针对某一条款或某一制度的概括条款，本书将其称为微观层面的概括条款，或小概括条款、补充性的概括条款。因为它

---

〔1〕 参见黄茂荣：《法学方法与现代民法》（第五版），法律出版社2007年版，第392页。

〔2〕 参见李军："兜底条款中同质性解释规则的适用困境与目的解释之补足"，载《环球法律评论》2019年第4期。

的适用范围较窄，仅适用于某一制度或规范。但是在适用这种类型的概括条款时也同样会牵涉到互相冲突的利益权衡问题，只不过这些判断必须以某一条款或制度所体现出来的价值观点或标准为基础。例如，在判断《民法典》第500条第3项规定的"有其他违背诚信原则的行为"时，需要权衡的价值就是在缔约阶段缔约人的缔约自由与相对人的信赖保护之间这一基本矛盾，这也是这一制度设计必须始终处理的矛盾。虽然立法者已经明确承认第500条前两项以及第501条确立的违反先合同义务的行为（诚信缔约义务、告知义务、保密义务），但这仅仅是缔约过失责任所要平衡的基本矛盾的当前思考。随着社会的发展，先合同义务的内涵也会不断发展，日益丰富。因此就需要法官结合具体时空，面对不断涌现出的需要处理的个案逐个提炼，随着个案的不断增多，运用案例群方法，发展成为新型的案例类型或者形成新的例示规定。在此也可以说明，概括条款的真正意义在于立法技术领域。基于其普遍适用性，概括条款可以涵摄诸多未来不确定的事实，并且未这些事实预先规定明确的法效果。既能减少漏洞又能顾及追求法律的明确和安定性这一目标。[1]

需要提及的是有的学者未雨绸缪，从理论上为《民法典》第500条第3项的司法适用构想出恶意磋商行为、胁迫行为、未按规定约定办理申请批准或申请登记的行为、以法定书面形式为手段实施的欺诈行为等先合同义务类型，[2]但是是否适当还需要法官在具体的司法实务中进行检验。

总之，微观层次的概括条款是着眼于某一制度、某一条具

---

[1] 参见韩世远：《合同法总论》（第四版），法律出版社2018年版，第183页。
[2] 参见朱广新：《合同法总则》（第二版），中国人民大学出版社2012年版，第171—172页。

体规范的发展，需要权衡的价值较为具体，适用的范围较为狭窄，从这个意义上来讲，微观层次的概括条款在我国民法典上应该被称为小概括条款。

第三节 中观层次的概括条款

在我国民法学界，经常将原《侵权责任法》第 6 条，现《民法典》第 1165 条的过错责任、第 1236 条所规定的危险责任[1]称为侵权法上的大概括条款，本书认为应称为中观层次的概括条款，因为其适用范围仅限于民法典侵权责任编，其权衡的价值也仅限于成立侵权责任所要处理的基本矛盾。除了学界谈论较多的过错责任外，能够称为中观层次概括条款的法规范在我国《民法典》中还有很多，例如，《民法典》合同编第 153 条控制合同效力的善良风俗条款、人格权编第 990 条第 2 款规定的一般人格权条款皆可称为中观层次的概括条款。[2]中观层次的概括条款主要是针对民法典的某分编，处理民法典某一分编所要协调的法律关系的基本矛盾。[3]这里唯一可能存在的疑问是，中观层次的概括条款在司法实践中似乎也可以直接涵摄适用，如此便不符合上文第一部分关于概括条款形式特征中的不可直接涵摄性。需要澄清的是，虽然从表象上法官是以诸如过错责任、危险责任、善良风俗、一般人格权等作为裁判依据，

---

[1] 参见朱岩："危险责任的一般条款立法模式研究"，载《中国法学》2009 年第 3 期。

[2] 参见朱晓峰："论一般人格权条款与具体人格权条款的规范适用关系"，载《比较法研究》2021 年第 3 期。

[3] 由于物权编实现严格的物权法定，不容许当事人创设法律以外的物权，在物权编领域不存在中观意义上的概括条款。至于婚姻家庭以及继承编，在我国民法典上也缺乏中观层次意义上的概括条款。

但是实质上均需要法官对这些抽象概念运用各种方法进行具体化之后才能适用，这才是不可直接涵摄性的真正意义所在。[1] 所以民法典中的这类条款完全符合概括条款的识别标准。

（一）合同编领域的概括条款

在意思自治的合同领域，根据所协调的利益关系是处于当事人之间还是处于当事人与社会公共利益之间，可以将民法典合同编的概括条款区分为两个，一个是协调当事人之间或私人利益之间的兜底条款——诚实信用；另一个是协调当事人利益与社会公共利益或私人利益与社会公益的兜底条款——公序良俗。[2]

诚信规制权利的产生以及行使，要求双方之间存在一定的接触信赖关系，贯彻于合同双方从缔约接触到合同的履行、合同履行的障碍以及合同履行完毕之后的全过程，由此产生一系列的已被民法典所实证法化的缔约过失、格式条款的控制、情势变更、权利滥用等制度均是通过合同行为"不存在""可撤销"或者《民法典》第466条第2款合同解释这些制度安排，矫正因意思表示不真实或不自由而导致的当事人之间的利益失衡，其并不涉及合同的有效性。所以，此概括条款的目的是保护私益。[3]当然在此处适用诚信这一概括条款，也必须是穷尽上述所有的实证法化的制度安排之后。

公序良俗规制权利行使的内容，此概括条款设定了私法自治的基本框架，将合同双方违反社会公共秩序和公共利益的行

---

[1] 参见王利明：《法律解释学导论——以民法为视角》（第2版），法律出版社2017年版，第520页。

[2] 参见董学立："诚实信用原则与公序良俗原则的界分"，载《法学论坛》2013年第6期。

[3] 参见于飞："公序良俗原则与诚实信用原则的区分"，载《中国社会科学》2015年第11期。

为作为限制法律行为效力的消极要件,通过赋予人格主体均可以主张绝对无效的制度安排,彻底否定合同的效力,以维护公共利益。[1]当然在此处与诚信的适用一样,必须检索是否有《民法典》第 153 条第 1 款"违反法律、行政法规的强制性规定的民事法律行为无效。但是,该强制性规定不导致该民事法律行为无效的除外"的适用余地。如果没有第 153 条第 1 款的适用,方可适用公序良俗这一兜底性规定。针对公序良俗这一概括条款,我国学者立足本土司法实践总结出一系列案例群,如请托行为、违反性道德而为的赠与等。[2]

(二) 人格权编领域的概括条款

滥觞于德国民法的一般人格权在我国《民法典》第 109 条、第 990 条第 2 款予以实证法化,其实质是作为人格权的概括条款。[3]综合《民法典》总则编第 110 条以及人格权整编对于具体人格权的列举性规定,形成"一般人格权概括条款+具体人格权"的民法典人格权构造体系。[4]

---

[1] 参见王利明:"论公序良俗原则与诚实信用原则的界分",载《江汉论坛》2019 年第 3 期。

[2] 关于公序良俗的案例群,各位学者的总结有所不同。具体参见李岩:"公序良俗原则的司法乱象与本相——兼论公序良俗原则适用的类型化",载《法学》2015 年第 11 期;蔡唱:"公序良俗在我国的司法适用研究",载《中国法学》2016 年第 6 期;黄喆:"合同效力之判定与公序良俗",载《南京社会科学》2014 年第 4 期。

[3] 参见朱晓峰:"民法一般人格权的价值基础与表达方式",载《比较法研究》2019 年第 2 期;房绍坤、曹相见:"论人格权一般条款的立法表达",载《江汉论坛》2018 年第 1 期;叶金强:"《民法总则》'民事权利章'的得与失",载《中外法学》2017 年第 3 期;尹志强:"论人格权一般保护之民法实现——兼评《中华人民共和国民法总则》第 109 条",载《新疆社会科学》2017 年第 4 期;易军:"论人格权法定、一般人格权与侵权责任构成",载《法学》2011 年第 8 期。

[4] 参见梁慧星:《民法总则讲义》,法律出版社 2018 年版,第 97 页;张新宝:《〈中华人民共和国民法总则〉释义》,中国人民大学出版社 2017 年版,第 215 页;杨立新主编:《中华人民共和国民法总则要义与案例解读》,中国法制出版社 2017 年版,第 404 页;陈甦主编:《民法总则评注》(下册),法律出版社 2017 年版,第 750 页。

一般人格权作为民法典人格权编的概括条款，以人格尊严、人格自由等法秩序内涵的基本价值为基础，这也就决定了一般人格权并非像列举的具体人格权一样具体确定可以直接涵摄适用，而是一个非常广泛难以界定、非终局性与待具体化的条款。[1]同时也表明一般人格权具有极强的包容能力、巨大的扩展和伸缩功能，以便法官能够以此为基础利用一般人格权这一概括条款补充生成民法具体人格权，[2]从而适应社会的不断发展对于人格权发展造成的新挑战新要求。

作为概括条款的一般人格理论没有确定内涵，是一种框架性权益，[3]虽然赋予法官根据具体情况弹性运用是否对某项利益进行保护的自由裁量权，但是法官也并非随意发挥，而是应该基于人格权编最为基本的价值取向作出决定，具体来讲就是某一项人格利益是否具有保护的必要性。这里所调和的人格权编的基本矛盾是：充分为人格利益遭受侵害的权利主体提供救济，充分实现人之尊严和人格自由，尽可能地将涉及该领域的人格利益纳入人格权法保护体系。一般人格权所包含的人格利益并没有明确的界限，如果对其保护过于宽泛，则难免会有侵蚀其他主体行为自由及社会公共利益之嫌。[4]

例如，有学者基于我国的司法实践，对于一般人格权这一概括条款的适用归纳出如下类型：一是对生命周期的破坏行为、

---

[1] 参见冉克平："一般人格权理论的反思与我国人格权立法"，载《法学》2009年第8期；韩强："人格权确认与构造的法律依据"，载《中国法学》2015年第3期。

[2] 参见刘召成："民法一般人格权的创设技术与规范构造"，载《法学》2019年第10期。关于一项权利如何生成的过程，详见方新军："一项权利如何成为可能？——以隐私权的演进为中心"，载《法学评论》2017年第6期。

[3] 参见鲁晓明："论一般人格理论的摒弃及替代"，载《法律科学（西北政法大学学报）》2013年第4期。

[4] 参见朱晓峰："作为一般人格权的人格尊严权——以德国侵权法中的一般人格权为参照"，载《清华法学》2014年第1期。

二是欺诈性抚养行为、三是严重侮辱他人的行为、四是非法剥夺人身自由的行为、五是侵犯他人信用的行为等。[1]虽然这些类型的合理性有待考察，但是毕竟这是我国本土司法实践对于一般人格权创新发展作出的有益尝试，为我国新型具体人格权的创设奠定了实践基础。

因此，一般人格权作为人格权编的概括条款是整个人格权编的兜底条款，不仅弥补了各具体人格权列举不足的缺点，还是各具体人格权权利生成的规范基础。

（三）侵权编领域的概括条款

传统上侵权行为法均以过错归责作为侵权行为的概括条款，然后对一些比较典型的类型作出列举式的规定，如我国《民法典》侵权编分则部分对于各种特殊侵权行为的调整。当这种列举式所规定的侵权类型，随着经济社会的发展滞后时，过错归责的概括条款就会起到兜底的作用。[2]

德国侵权行为过错归责是通过细化为德国民法典第 823 条以及第 826 条来予以调整，这就是著名的"三个小概括条款（drei kleine Generalklausel）"。[3]从法条上看，德民第 823 条以及第 826 条均是具有完整构成要件的完全法条，但是为什么会被称为概括条款呢？德国民法学的主流观点认为，德民第 823 条所保护的对象是"法益"以及"所有权和其他权利"，[4]法益具体是指生命、身体、健康、自由，所有权就是指那些符合

---

〔1〕 参见李岩："一般人格权的类型化分析"，载《法学》2014 年第 4 期。

〔2〕 参见王利明：《侵权责任法研究》（第二版 上卷），中国人民大学出版社 2016 年版，第 134 页。

〔3〕 Vgl. Medicus /Lorenz, Schuldrecht II Besonderer Teil, 17. Aufl., C. H. Beck, 2014, Rn. 1236, S. 454f.

〔4〕 Vgl. Esser /Weyers, Schuldrecht, Band 2, Besonderer Teil, Teilband 2, 8. Aufl., 2000, S. 151ff.

"归属效能、排除效能和社会典型公开性"特征的权利,立法者将这两类对象运用过错原则予以保护。[1]在近几十年关于"其他权利"的司法适用上,已经呈现出了非常成熟的、教义学化的"一般人格权""企业框架权"等"其他权利",正是在此意义上德民第823条被称为概括条款。[2]"其他权利"同时也是利益发展成为权利并与"法益以及所有权"同等保护的通道。[3]上述第823条第1款是针对权利保护的条款。但是对于利益的保护,主要是以德民第826条作为规范依据。

如上文所述,从历史上看德民第826条是最早应用于德国反不正当竞争法对于利益进行保护的条款,在司法适用上德民第826条的"故意以违反善良风俗的方式"应该算是最早被司法适用的概括条款。[4]由于利益的内涵和外延均极度不确定,立法者对于利益的保护明显要严于权利的保护,比如在德民第826条就增加了"故意"以及"善良风俗"作为特别的构成要件。这一条款是对所有利益进行保护的规范基础,至于哪些利益应该受到保护,这取决于社会的发展,并未有固定的标准,这也就是这个条款被称为概括条款的原因。[5]在《德国反不正

---

〔1〕 具体参见于飞:"侵权法中权利与利益的区分方法",载《法学研究》2011年第4期。

〔2〕 Vgl. Thomas Zerres, Bürgerliches Recht: Eine Einführung in das Zivilrecht und die Grundzüge des Zivilprozessrechts, 7. Aufl., 2013, S. 336.

〔3〕 这里的处理方式,在我国已经通过人格权编的一般人格权条款予以取代。

〔4〕 在之前的《德国反不正当竞争法》第3条被认为是列举性条款,它将"疏忽"的定义与下列事实构成联系在一起:"凡在以竞争为目的的交易行为中,对交易关系,尤其是对具体的商品或产品性能或总的供给的性质,原产地、制造方式或价格安排,对价格清单……作出欺骗的说明的……"而没有现在该法第1条规定的概括条款:"凡在在以竞争为目的的交易行为中作出有违善良风俗的……"参见〔德〕卡尔·恩吉施:《法律思维导论》,郑永流译,法律出版社2004年版,第150页。

〔5〕 Vgl. Maximilian Fuchs/Wener Pauker, Delikts- und Schadensersatzrecht, 8. Aufl., 2012, S. 3.

第三章　概括条款的分类式界定

当竞争法》修改之后补充了概括条款（现行《德国反不正当竞争法》第3条），且包含了善良风俗这一价值判断标准。[1]民法典的立法者意识到概括条款在法律适用时，为法官提供了较大的自由裁量空间。善良风俗的内涵不断地改变，特别是在一战以及以后的经济领域中，借助同样的方式，政治变革也很快得以完成。[2]当然对于德民第823条第2款，虽然名义上被笼统地称为概括条款，但是它与真正的概括条款有所不同，本款所援引的"保护性法律"依然在法律之内，因此它属于上文所介绍的"引致性规定"。

我国侵权法采取的模式是"全面的概括条款+全面列举"，即我国《民法典》第1165条规定过错责任的大概括条款，在保护范围上采取的是"权益一体保护"模式，二者结合构成了我国侵权法不区分权利与利益的"大概括条款（eine große Generalklausel）"模式。[3]在分则部分针对特殊主体以及特殊行为的侵权全面加以列举。[4]从法律文本上来看，对于"权利与利益"的侵害认定采用一套标准，虽然被侵害的民事主体得到了全方位的保护，但是其缺点也显而易见，就是保护的范围过于宽泛，过度限制行为人的行为自由。[5]这也无怪乎诸多学者还

---

[1] 参见［奥］恩斯特·A.克莱默：《法律方法论》，周万里译，法律出版社2019年版，第43页。

[2] 参见［德］伯恩·魏德士：《法理学》，丁小春、吴越译，法律出版社2003年版，第83—84页。

[3] 参见王利明："我国侵权责任法的体系构建——以救济法为中心的思考"，《中国法学》2008年第4期；杨立新："论埃塞俄比亚侵权行为法对中国侵权行为法的借鉴意义"，载《扬州大学学报（人文社会科学版）》2005年第5期。

[4] 参见张新宝："侵权行为法的一般条款"，载《法学研究》2001年第4期；张新宝："侵权法立法模式：全面的一般条款+全面列举"，载《法学家》2003年第4期。

[5] 之所以造成这种适应不清楚的情况，完全是保护范围中囊括了本应该由一般人格权这一概括条款所起的功能。

是运用解释论作业将我国立法上所规定的"大概括条款"解释为德国式的"三个小概括条款"进行司法适用。[1]

德国民法典的三个小概括条款模式相比于我国侵权法上的大概括条款，概括程度显然更低，但两者也并非质上的区别，而是程度的差异。二者都为陌生领域的行为提供了最低限度的标准——过错归责，只是德国法的标准在判断上更为细致清晰，而我国侵权法的标准更为概括。[2]

传统大陆法系侵权法中所规定的危险责任非常有限，即"动物侵权"以及"建筑物侵权"两类，在民法典中并没有规定所谓的"危险责任概括条款"，也就是说，危险责任并没有与过错责任等量齐观的地位，仅仅是例外规则。但是侵权法发展至当代，早已突破了传统过错归责的范畴，危险责任正在慢慢地走向概括条款化。[3]当然，在侵权编中危险责任是否能够成为与过错归责并驾齐驱的概括条款，还有待理论的进一步发展观察。[4]

侵权法的过错责任条款作为民法典侵权编的大概括条款，像一般人格权条款一样具备发展功能，兼顾权利救济与行为自

---

[1] 参见王成："侵权之'权'的认定与民事主体利益的规范途径——兼论《债权责任法》的一般条款"，载《清华法学》2011年第2期；葛云松："《侵权责任法》保护的民事权益"，载《中国法学》2010年第3期；陈现杰："《侵权责任法》一般条款中的违法性判断要件"，载《法律适用》2010年第7期。

[2] 关于大小概括条款写讨论，详细参见李承亮："侵权责任的违法性要件及其类型化——以过错侵权责任一般条款的兴起与演变为背景"，载《清华法学》2010年第5期。

[3] 参见朱岩："危险责任的一般条款立法模式研究"，载《中国法学》2009年第3期；王利明：《侵权责任法研究》（第二版 上卷），中国人民大学出版社2016年版，第137页。

[4] 侵权法的理念主要着眼于"矫正正义"，因此过错归责可以成为侵权法的概括条款，但是危险责任着眼于"分配正义"，这明显与侵权法的基本理念相矛盾，因此将其作为例外尚能接受，如果将其一般化，则不甚妥当。

由，在二者之间实现动态平衡。在此意义上，无论是人格权编的一般人格权抑或是侵权责任编的过错制度均是筛选机制，通过此筛选机制，将利益区分为两个层次，要么将部分利益认定为可赔偿的利益，要么将部分利益的损失认定为受害人自行承担。因此，过错责任以及一般人格权均构成了各自分编的兜底条款。

第四节 宏观层次的概括条款

民法所调整的市民社会生活不外乎两大类，一类是陌生人领域，彼此之间不存在任何法律关系；另一类就是特别关联领域，民事主体之间会发生各种关联，建立各种法律关系。[1]所有的民事法律规范都是围绕着这两个领域的关系进行调整。宏观意义上的概括条款可分别作为这两大领域的兜底条款，即作为所有民事法律制度的兜底条款。总则编一般规定部分规定的概括条款是第7条的诚信以及第8条的公序良俗。[2]由于我国属于法律继受国家，在概括条款的体系安排上，具有不同于其他国家的一些特色。在后民法典时代，民法学的研究重点将转向解释论的研究，届时对于诸如诚信以及公序良俗等概括条款的评注书既要看到民法典一般规定的部分，同时也要紧密结合分则的这些提示性规定的司法适用，以期能够全面反映出概括条款这一类条款在我国的发展。

---

〔1〕 关于"陌生领域"与"特别关联领域"的区别，详见于飞："公序良俗原则与诚实信用原则的区分"，载《中国社会科学》2015年第11期。
〔2〕 诚信和公序良俗与平等、自愿、公平、绿色不同，前者对于民事交往具有消极控制的意义，而其他的均是私法的基本理念，并不能被直接援引为裁判依据，不具有适用性。详见朱庆育：《民法总论》（第二版），北京大学出版社2016年版，第32页。

但是这时候面临的问题就是一般规定部分中这两个概括条款与中观层次意义的诚信和公序良俗有何不同。如果相同，为什么要重复规定两次；如果不同，有何实质差异。民法学界其实已经注意到这一问题，于飞教授就认为，《民法典》第7条是诚实信用原则、第8条是公序良俗原则，其后诸多包含诚实信用、公序良俗的条文为概括条款。观念上可以认为，诚实信用原则、公序良俗原则是从相关概括条款之中整体类推产生的，而我国民法将这些基本原则制定法化了。概括条款是一种特殊的规则，是裁判依据；基本原则不是规则，不能直接作为裁判依据充当司法三段论大前提，法官基于基本原则裁判时有提出规则的义务。基本原则虽非裁判依据，但在司法裁判中具有解释功能、补充功能及修正功能，仍具重要实践意义。[1]在此笔者的疑惑是，为什么从诚信以及公序良俗等概括条款中抽象出来的东西仍然称为诚信、公序良俗，并且这里的诚信与公序良俗被称为基本原则？

在此，笔者试图在解释论上提出一个新的构造，一个基本的结论就是二者构成"一般与特殊"的关系，在合同编等分编中需要适用概括条款时，直接适用合同编等分编中所规定的概括条款，而无须援引一般规定部分的概括条款。这也就是将一般规定部分的概括条款称为宏观层次概括条款的原因。总则编一般规定部分的概括条款作为宏观层次的概括条款，主要体现在两个层面，一是适用领域较广，主要承担补漏作用，如《民法典》第8条的公序良俗条款也可以用于侵权领域，用来调节对于利益的保护程度；二是所调节的私法基本矛盾更为根本，辐射的利益更为广泛。因此这两个条款可以称为整个民法典的

---

〔1〕 具体详见于飞："基本原则与概括条款的区分：我国诚实信用与公序良俗的解释论构造"，载《中国法学》2021年第4期。

兜底条款。

(一) 适用领域的广泛性

诚信作为帝王条款适用领域宽泛，自不待言。[1]这里着重以公序良俗为例来谈宏观层次概括条款适用领域的广泛性。[2]在比较法上，大多数国家和地区的侵权法均采取"权益区分保护"的思路，因此均在侵权法中规定善良风俗条款作为利益保护的调节器，如德民第826条规定了"故意以背于善良风俗之方法损害他人"的情形。但是我国民法典侵权编继续沿袭原《侵权责任法》"权利与利益一体保护"的思路，在形式上并没有如比较法上直接规定违反善良风俗这类侵权行为。

但是这种形式上不区分权利利益进行一体保护的思路，并不意味着在司法实务上遵循相同的方法论。恰恰相反，为了避免对于行为自由、市场竞争等价值造成过度侵害，[3]我国学界的主流意见还是主张对利益进行有限度的保护，在解释论上均主张借鉴比较法上的经验，进行限缩。[4]在目标设定上，理论界将立法上的"权益一体保护"转向司法适用上的"权益区分保护"，但是这一目标达成，还需要考虑在我国是否具有可行性。显然，合同编领域的善良风俗无法在我国法律中适用，能够起作用的只有总则编一般规定部分第8条所规定的公序良俗条款，从这个意义上来讲，公序良俗条款也同样适用于民法典

---

〔1〕 参见梁慧星：《民法总论》（第五版），法律出版社2017年版，第274—275页。

〔2〕 公序良俗可以区分为公共秩序和善良风俗，在本书中不严格区分二者，在同一意义上适用。

〔3〕 参见陈忠五：《契约责任与侵权责任的保护客体："权利"与"利益"区别正当性的再反省》，北京大学出版社2013年版，第102页。

〔4〕 参见于飞：《权利与利益区分保护的侵权法体系之研究》，法律出版社2012年版，第245页；葛云松："《侵权责任法》保护的民事权益"，载《中国法学》2010年第3期；王利明："侵权法一般条款的保护范围"，载《法学家》2009年第3期。

侵权编。另外遍观我国民法典的规定，可以发现公序良俗条款还适用第 10 条法源条款用来限制习惯，第 979 条第 2 款无因管理中限制受益人的真实意思，第 1012 条姓名权不得违反公序良俗，第 1015 条姓氏选取上不得违反公序良俗等。因此总则编一般规定部分的公序良俗起到补漏的作用，适用范围宽广，但是在适用上具有劣后性。

（二）调节利益的根本性

民法调整的关系为私人与私人之间的关系、私人与公共利益之间的关系。[1] 虽然传统的民法理论倾向于将私法的价值基础作为统一和无矛盾的一致的原则体系或内在体系，[2] 但是随着传统民法向现代民法的转变，民法的基本理念也在从传统的形式正义、法的安定性向现代民法的实质正义和社会妥当性转变，[3] 私法基本价值之间存在冲突需要动态平衡。针对整个民法典，宏观层次的概括条款需要权衡的价值也是民法最为基本的价值。[4]

总之，宏观层次的概括条款不仅适用范围广泛，而且协调的私法利益更为根本，宏观层次的概括条款明确地揭示出民法本身所蕴含的价值冲突。在此基础上宏观层次的概括条款通常被称为"实质性价值的阀门""考虑个案正义的开放式条款"或"立法者对司法者的授权规范"。

---

[1] 参见王轶："民法典物权编规范配置的新思考"，载《法学杂志》2019 年第 7 期。

[2] 参见［德］卡尔·拉伦茨：《法学方法论》，陈爱娥译，商务印书馆 2003 年版，第 348 页以下。

[3] 参见梁慧星："从近代民法到现代民法法学思潮"，载梁慧星主编：《从近代法学到现代民法》，中国法制出版社 2000 年版。

[4] Vgl. Auer, Materialisierung, Flexibilisierung, Richterfreiheit, 2005, S. 10ff.

第三章 概括条款的分类式界定

第五节 小　结

综上，民法学界对于概括条款的概念界定至今仍未达成共识。在民法中笼统地谈论概括条款并不精确。虽然不同层次的概括条款都使用"概括条款"这一表述，但是各自的适用场域、承担功能均存在明显不同，因此在以后的学术研究、司法适用中必须仔细甄别，防止误用、滥用。

本书认为概括条款是一类条款的统称，在适用上必须精确。在民法典中必须综合形式特征以及实质功能两方面因素精准识别概括条款。在此识别标准之下，我国民法典中存在三个层次的概括条款。微观层次的概括条款可称为小概括条款，它所调整的是民法中的某一条规范，作为某一条款的兜底条款；中观层次的概括条款可称为中概括条款，它所调整的是民法典中的某一分编，作为某一分编的兜底条款；宏观层次的概括条款可称为大概括条款，作为整个民法典的兜底条款。三者均是转介条款，但是某一条款、某一分编、整部法典各自存在的目的不同，要转介的基本矛盾就会存在差异。三个层次的概括条款这一立法技术的安排，代表民法典的某一规范、民法典某一分编、整个民法典三种类型由内及外的渐次开放性，这也同时表明我国民法典立法并不拘泥于单一价值，而是秉持开放多元的立法理念，积极回应时代变迁，努力实现"以不变应万变"的法典理念。

第四章 概括条款与相关概念的界分

在罗马法中，在"严格法（ius strictum）"的要求下，法律规定极为刚性。但随着政治经济的发展，原有极为刚性的法律很快就无法适应当时的需求，形式上明确的具体规定渐渐被诚信等包含弹性的概念所取代。除此之外，随着衡平观念的确立，对于严格法律制度的落后性、保守性能够加以补充及修正。如果说在罗马法时期，注重的是立法技术的调整，那么在近代法典化遵循的法无漏洞的理想之下，则更加注重法律与法官的关系。虽然在当今社会，法官依立法者制定的成文法裁判依旧是裁判理论的核心，但是法官偶尔居于立法者的地位而为独立评价也是不争的事实。

如图4-1所示，在当今的制定法中，可以发现不同的规范表达形式。如果依照前一种裁判方式，法官依法裁判依据的是法典中的确定概念；那么依据后一种裁判方式，法官的裁判依据就是法典中的弹性概念，比如法典中的不确定法律概念、规范性概念、裁量规范以及概括条款等。[1]基于此，本章的任务就是从民事法律规范类型的角度认识概括条款的含义，相对于第三章的内部界定，本章的内容将着眼于外部界定。本章要回

---

[1] 参见［德］卡尔·恩吉施：《法律思维导论》，郑永流译，法律出版社2004年版，第129页以下。

第四章 概括条款与相关概念的界分

答的问题是：概括条款与民法中其他类型的概念与条款处于何种关系？

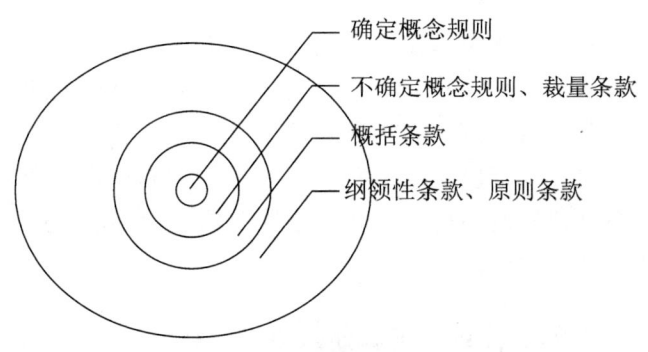

图 4-1 不同规范的表达形式

（由内至外）确定概念规则；不确定概念规则、裁量条款；概括条款；纲领性条款、原则条款

第一节 概括条款的规范定位

法由法律规范组成，法律规范被学者喻为法律制度的基本粒子，是法律的基本单位。[1]就民法学而言，服务于不同的目的，存在着对法律规范进行类型区分和体系建构的不同路径。[2]从法律规范内容的强制性与任意性角度区分，主要有任意规范与强制规范，强行规范、许可规范与授权规范，行为规范与裁判规范等分类。[3]当然针对传统分类的模式，一些学者相继提出了不同的分类，比如王轶教授认为根据法律协调的利益关系，可以

---

[1] 参见［德］伯恩·魏德士：《法理学》，丁小春、吴越译，法律出版社2003年版，第48页。

[2] 参见王轶："民法典的规范类型及其配置关系"，载《清华法学》2014年第6期。

[3] 参见朱庆育：《民法总论》（第二版），北京大学出版社2016年版，第51—61页。

将民事法律规范划分为任意性规范、倡导性规范、授权第三人规范、强制性规范以及混合性规范等。[1]钟瑞栋教授认为依据规范的效力可以将民事规范划分为五种类型：任意性规范、授权一方当事人的规范、授权特定当事人的规范、半强制性规范和强制性规范。[2]许中缘教授认为，可以将民事规范的类型按照行为效果、规范逻辑、规范目的划分为强行性规范、任意性规范、许可性规范以及宣示性规范等。[3]但是就本书而言，着眼于民事法律规范类型的形式，采取在法理学界较为广泛接受的规则与原则之分。[4]

一、"规则-原则"的二元区分

对于法律规范、法律原则以及法律规则这三个概念，埃塞尔认为，法律原则并不包含对于特定案件类型如何作出处置的明确指示，这需要由司法或立法进行界定，因此法律原则不是法律规范，二者的关系是法律原则之于法律规范，有如内容之于形式。[5]拉伦茨认为规范基本等同于规则，它们都是原则的对立物。[6]但是美国学者罗纳德·德沃金（Ronald Dworkin）以及德国学者阿列克西主张"法律规则-法律原则"二元区分的

---

[1] 参见王轶："法律规范类型区分理论的比较与评析"，载《比较法研究》2017年第5期。

[2] 参见钟瑞栋：《民法中的强制性规范——公法与私法"接轨"的规范配置问题》，法律出版社2009年版，第23页。

[3] 参见许中缘："民法规范类型化之反思与重构"，载《人大法律评论》2010年第1期。

[4] 参见雷磊：《规范、逻辑与法律论证》，中国政法大学出版社2016年版，第106页。

[5] Vgl. Esser, Grundsatz und Norm in der richtlichen Fortbildung des Privatrechts, 2. Aufl., 1964, S. 50.

[6] 参见[德]卡尔·拉伦茨：《法学方法论》，陈爱娥译，商务印书馆2003年版，第293—298页。

第四章　概括条款与相关概念的界分

强分离命题，认为法律规范包含了法律规则-法律原则二层架构。[1]在本书中也将采用此种观点。法律规则是以一种"全有或者全无"（all-or-nothing）的方式被适用，是确定性命令（definitive Gebote），其要么被满足，要么不被满足。法律原则在适用时并不具有全无全有的性质，其仅仅是为某种解决办法提供了理由，并不一定决定案件的判决结果；其仅是一种最佳化命令（Optimierungsgebot），要求在法律或者事实上可能的范围内尽最大可能地被实现。[2]

法律规则与法律原则之间具有质的或者说逻辑结构方面的差别，具体表现为法律规则的逻辑结构是由明确的构成要件和法律后果组成，而法律原则既没有明确的构成要件也没有明确的法律后果。毋庸置疑，民法典中法律规则占绝大多数，民法典的规范配置首先要解决的问题就是给待解决的民事纠纷提供裁判依据，提供科学明确清晰的法律规则是民法典的首要任务。如此，法律的安定性以及可预测性方能得到维护，即清晰明确的法律规则是法典的首要体现。但是，除非立法者刻意从法典为已无漏洞的封闭体系出发，否则面对迅速变迁的社会，就不能预设民法典的体系已无漏洞。如此，法典还必须制定一些弹性条款，以便"法官不得拒绝裁判"有切实的落脚点。

---

[1]　参见于飞："民法基本原则：理论反思与法典表达"，载《法学研究》2016年第3期。

[2]　对于规则与原则的区分主要参见如下作品：[美]罗纳德·德沃金：《认真对待权利》，信春鹰、吴玉章译，中国大百科全书出版社1998年版，第43页以下；[德]罗伯特·阿列克西：《法：作为理性的制度化》，雷磊编译，中国法制出版社2012年版，第148页以下。中文著作可参见雷磊：《规范、逻辑与法律论证》，中国政法大学出版社2016年版，第105—131页；彭诚信："从法律原则到个案规范——阿列克西原则理论的民法应用"，载《法学研究》2014年第4期；舒国滢："法律原则适用的困境——方法论视角的四个追问"，载《苏州大学学报》2005年第1期。

如上所述，在承认成文法体系存在漏洞的情况下，传统民法典的做法是设置法源条款，特别是把法理作为第三位阶的补充性法源，以便填补法律漏洞。虽然我国《民法典》在其第10条没有规定法理的法源地位，但是规定了民法的基本原则，这是其他国家和地区的民法典所不曾有的。如果我们不想让民法典中的这些条文成为具文，就应该去激活它，使其成为可供裁判的法律规范。反观那些明文规定法理为法源的地区，对于怎么界定这里的法理仍是莫衷一是。作为内在体系价值外显的民法基本原则反而更具有一定程度的确定性，[1]某种意义上来讲就是确定的法理。[2]

《民法典》第一章基本规定的第3条"合法权益受保护原则"、第4条"平等原则"、第5条"自愿原则"、第6条"公平原则"、第9条"绿色原则"均对应于没有明确构成要件与法律效果的法律原则。民法典总则编以及各分编的主要内容如法律行为、合同效力、物权变动、侵权行为及损害赔偿等有明确构成要件及法律效果的规则均对应于法律规则。《民法典》第10条中的法律以及习惯构成民法的法源条款，对应于具体法律规则的适用。

二、概括条款的体系定位

在民法典中，最为典型的概括条款便是诚实信用与公序良俗。首先需要澄清的是，民法学界存在的主流性观点是把概括条款也当做民法的基本原则来看待，有的学者认为概括条款是

---

[1] 参见方新军："内在体系外显与民法典体系融贯性的实现：对《民法总则》基本原则规定的评论"，载《中外法学》2017年第3期。

[2] 不同意见，参见易军："论作为民法法源的'法理'"，载《现代法学》2022年第1期。

第四章　概括条款与相关概念的界分

法律原则，并且是次级法律原则。[1]但是也有的学者认为概括条款是法律规则，其只需要在构成要件部分进行权衡，只要构成要件权衡完毕，则法律效果必然发生。[2]

但是基于本书的认识框架，二者应分开处理。民法的基本原则是民法的基本理念，如我国《民法典》第3条、第4条、第5条、第9条等，皆不能直接作为裁判依据；而概括条款是民法的基本原则或理念进行司法适用的规范依据。例如，前文一再提及的行为基础丧失理论，虽然是基于社会化以及个案正义的理念而修正合同，但是在具体的规范适用上依据的是德民第242条的诚实信用条款。

其实，概括条款既不同于有明确构成要件及法律效果的法律规则，又不同于民法的基本原则，其仅仅具有明确的法律后果，在构成要件上需要法官在面对具体案件时进行类型化适用。概括条款是"多次无限地援引社会价值"，基于社会规范（接收功能，Rezeptionsfunktion）、价值观的转化（转换功能，Transformationsfunktion）将规范形成，完全授权给法官（授权功能，De-

---

〔1〕　如耿林教授认为：一般条款与一般原则有联系也有区别。我国法律直接使用的是"一般规定"或者"基本原则"的提法。原《合同法》第3条至第7条，甚至到第8条，学说上均称为合同法的"基本原则"。这与原《民法通则》将类似内容直接称为"基本原则"是一致的。一般条款是从规则抽象角度提炼出来的技术性原则，而基本原则是更多地带有价值性、观念性。作为技术性的原则，其适用范围、大小有别，比如有所谓大一般条款和小一般条款，因此，其可能有不同适用层次的"原则"。就这一意义而言，所谓"基本原则"则可以是最大一般条款的基本价值观念。但同时它（它们）也可以是一般条款本身，当然是最高层次的那种。参见耿林："民法典的规范表达研究"，载《清华法学》2014年第6期；方新军："内在体系外显与民法典体系融贯性的实现：对《民法总则》基本原则规定的评论"，载《中外法学》2017年第3期。

〔2〕　参见于飞："民法基本原则：理论反思与法典表达"，载《法学研究》2016年第3期。

legationsfunktion）来具体化，[1]属于法律规则和法律原则的过渡阶段，它既不具有法律规则的刚性，也不具有法律原则的柔性。

法律规则、法律原则以及概括条款分别代表法典之内、法典之外、连接法典内外的规范依据，由此民法典由内及外实现开放及多元。关于法律概念与法律规范之间的关系，可以用表4-1来表示。

表 4-1

法律规范的类型	法律概念的类型	示例
法律规则	描述性确定概念	如《民法典》第17条、《民法典》第10章等[2]
	描述性不确定概念	如《民法典》第13条等[3]
	规范性确定概念	如《民法典》第14条、第115条等[4]
	规范性不确定概念	如原《中华人民共和国物权法》第243条的"必要费用"[5]以及原《合同法》中众多的"合理""适当""酌情"等概念
法律原则	规范性不确定概念	如《民法典》第3条、第4条、第5条、第6条、第9条等
概括条款		如《民法典》第7条的诚信、第8条的公序良俗等

---

[1] Vgl. Günther Teubner, Standards und Direktiven in Generalklauseln, Athenäum-Verl, 1971, 65ff.

[2] 《民法典》第17条："十八周岁以上的自然人为成年人。不满十八周岁的自然人为未成年人。"

[3] 《民法典》第13条："自然人从出生时起到死亡时止，具有民事权利能力，依法享有民事权利，承担民事义务。"

[4] 《民法典》第14条："自然人的民事权利能力一律平等。"

[5] 至少包括修理费用、运输费用、财产花费等。Vgl. Münchener Kommentar/Baldus, BGB, 6. Aufl., 2012 §994, Rn. 10-23.

第四章　概括条款与相关概念的界分

第二节　概括条款与相关概念规范的区别

概括条款包含规范性不确定法律概念，具有相当的不确定性、较高抽象性及普遍性，在适用上，需要法律适用者参考法律以外的其他价值观念以及利益关系进一步权衡具体化的法律规定。但是民法中大多数的法律规范是由规范不确定法律概念所组成；且能够与概括条款发生联系的只有规范性不确定法律概念，规范性不确定法律概念仅仅是界定概括条款的必要而不充分条件，规范性不确定法律概念同时也可能是法律规则、法律原则的组成部分。因此，接下来的任务就是基于外部视角在概括条款与规范性不确定法律概念本身以及由它所组成的法律规则、法律原则、《民法典》第1条的目的条款之间进行区分。

一、概括条款与包含规范性不确定法律概念的法律规则

（一）规范性不确定法律概念的分类

1. 规范性概念

描述性（经验性概念，Deskriptive Begriffe，Erfahrungsbegriffen）与规范性（价值概念，Normative Begriffe，Wertbegriffen）之间的区分现在可以算作一般法律问题，[1]任何一个法律部门都可能涉及它。描述性的法律概念，他们的内容可以成为事实调查的对象。[2]他们指的是现实生活中实际存在的物体和事件，并被

---

〔1〕参见［德］伯恩·魏德士：《法理学》，丁小春、吴越译，法律出版社2003年版，第85页；［奥］恩斯特·A. 克莱默：《法律方法论》，周万里译，法律出版社2019年版，第27、33页。

〔2〕Vgl. Engisch, Die normativen Tatbestandselemente im Strafrecht, in: FS für E. Mezger, S. 127 (143).

描述为"真实的或现实的，基本上可感知的或其他有形物体"。其作用在于描述事实行为或者抽象地确立法定的事实构成，例如，民法中的"动物""建筑物""期间""死亡"等概念；从日常语言中借用，通过法律上的定义获得，或者套用一个具体的法律内容，在本质上仍然是描述性的概念，如"生产商、经销商、产品和消费者等"。综上可以看出，描述性概念多出现在民法总则、物权法部分以及一些民事特别法中。

在民法中，纯粹的描述性概念实际上仅具有从属的地位。民法的核心是规范性概念。规范性概念分散在民法典的所有部分。对于规范性概念，民法学界既不关注它的起源，也不关注它的具体内容，相反关注较多的是在法律适用时的价值评价。[1]在此层面上，众多学者才将规范性概念称为"价值概念（Wertbegriff）"或者是"需要价值补充的概念（wertausfüllungsbedürftigen）"，[2]它包含了"价值授权（Wertungsermächtigung）"的暗示。[3]除了"重要原因"或"正当利益"以及各种衡平和严苛排除条款（Härteklauseln）之外，在民法典和特别私法中还经常使用"必要""重要""比例""可预期"等法律概念。[4]

2. 不确定概念

长期以来，在法学理论的讨论中，法学或法律的确定和不确定（bestimmter und unbestimmter Rechts-bzw. Gesetzesbegriff）

---

[1] Vgl. Schapp, Methodenlehre des Zivilrechts, Mohr, Siebeck, 1998, S. 102.

[2] Vgl. Esser, Vorverständnis und Methodenwahl in der Rechtsfindung: Rationalitätsgrundlagen richterlicher Entscheidungspraxis, Athenäum-Verl, 1972, S. 54f.; D. Looschelders/W. Roth, Juristische Methodik im Prozess der Rechtsanwendung, 1996, S. 135f.

[3] Vgl. H.-J. Koch, Unbestimmte Rechtsbegriffe und Ermessensermächtigungen im Verwaltungsrecht, Metzner, 1979, S. 21ff.

[4] Vgl. Röthel, Normkonkretisierung im Privatrecht, Mohr Siebeck, 2004, S. 39ff.

第四章 概括条款与相关概念的界分

被视为对立面,确定和不确定性似乎是严格区分的。[1]由于语言固有模糊,特别是在交际的口语中,现在对于法律概念已经形成了一般性的理解:每个法律概念都"或多或少不确定的"。[2]法律概念的固有特征可以用黑克的概念核心和概念边缘来表示,[3]概念核心包括明确的事实构成要件,可以将事实明确地归属于其下,这也是无可争议的案件;而概念边缘构成了概念含义比较宽泛的领域,在这一领域,明确的归属不再是可能。在这一背景下,构成了不确定法律概念的特征,概念边缘是特别模糊以及宽泛的,而与之相比概念核心是相当小的。不确定法律概念的语言表达就是它的模糊性。[4]

当然,无论是描述性概念还是规范性概念均存在确定与不确定的可能性。虽然在大多数情况下,描述性概念都是确定的法律概念,如民法中的物的概念、期间、年龄等,但是也存在一些描述性概念属于不确定的法律概念,称为"描述性不确定概念",[5]如民法中的出生以及死亡等概念均存在多种不同的学说。规范性概念也不全是不确定法律概念,如民法中的权利能力、婚姻、未成年人等概念就是确定的。在这里只能得出一个

---

[1] Vgl. Fikentscher, Methoden des Rechts in vergleichender Darstellurg, Bd. IV, Mohr Siebeck, 1977, S. 316.

[2] 参见[德]卡尔·恩吉施:《法律思维导论》,郑永流译,法律出版社2004年版,第133页。

[3] Vgl. Heck, Gesetzesauslegung und Interessenjurisprudenz, 1914, S. 107. 对于此种区分,罗歇尔德斯与罗特将其称为规范核心(Normkern)和规范边缘(Normhof),Vgl. D. Looschelders/W. Roth, Juristische Methodik im Prozess der Rechtsanwendung, 1996, S. 23.

[4] Vgl. Koch, Unbestimmte Rechtsbegriffe und Ermessensermächtigungen, 1979, S. 33ff.

[5] 参见王利明:《法律解释学导论——以民法为视角》(第2版),法律出版社出版社2017年版,第500页。

盖然性的结论，即描述性概念大多是确定的法律概念，规范性概念大都是不确定法律概念，在适用时需要解释等法学方法来确定。

关于民法中的概念谱系可以用表4-2来表示。

表4-2

民法中的概念			
描述性概念	确定概念	如物、动物、期间、年龄等	常见
	不确定概念	如何时出生、何时死亡等	
规范性概念	确定概念	权利能力、婚姻等概念	
	不确定概念	如必要、重要、比例、合理等	常见

规范性不确定法律概念由于表达方式的多样性以及缺乏严格的界限，[1]无论是在概念内容上还是在范围上都非常不确定。[2]一般认为，规范性不确定法律概念主要可以分为三种类型。[3]

第一，概念歧义，即这个概念在不同的语境下具有不同的含义，[4]适用的重点就是澄清不同的适用场域。

---

〔1〕 Vgl. Looscheiders/ Roth, Juristische Methodik im Prozeß der Rechtsanwendung, 1998, S. 131ff.

〔2〕 参见[德]卡尔·恩吉施：《法律思维导论》，郑永流译，法律出版社2004年版，第133页。

〔3〕 参见雷磊：《类比法律论证——以德国学说为出发点》，中国政法大学出版社2011年版，第164—165页。

〔4〕 如原《中华人民共和国物权法》第5章所规定的"国家所有权"与宪法上"国家所有"的争论。有学者认为宪法上的国家所有就是民法上的国家所有权，只是前者具有不能为国家或政府的私利存在之特殊性，参见程雪阳："中国宪法上国家所有的规范含义"，载《法学研究》2015年第4期，第105页以下；有学者则认为宪法上的国家所有权不同于物权法上的所有权，而是参照私有制——私人所有权模式而从国家所有制导出国家所有权的法学原理并未真正形成，参见谢海定："国家所有的法律表达及其解释"，载《中国法学》2016年第2期。

第四章　概括条款与相关概念的界分

第二，概念模糊。如果使用语言分析理论的专业术语来表达此种概念，可以区分为三种情况：一是肯定候选项，能够明确被包含进去的对象。二是否定候选项，这一概念明确不适用于此概念。三是中性候选项，即无法确定是否适用此概念。这个"三领域模式"有助于让核心的方法论角色得以被相对明确地界定。如果处于概念边缘地带的候选项不被涵摄，也就是概念限定在肯定候选项（概念核心）的范围之中，就是限缩解释；如果中性候选项被包含在概念之内，则是扩张解释。[1]例如，如何认定物权法中的"必要费用"。[2]

第三，价值开放。民法中存在大量的价值开放而需要价值判断的条款，其可以区分为两类规范，一类是本书所说的概括条款，如诚实信用以及公序良俗，另一类是被恩吉施称为"裁量条款（Ermessensklauseln）"的规范，[3]如前文在规范性概念部分所提及的"显著的""根本的""可预期的""合理的"以及"酌情"等不确定法律概念、我国原《合同法》及其司法解释中对于损害赔偿数额的裁量、原《侵权责任法》第24条在公平责任下对于补偿数额的规定等。[4]下文详述，在此首先说明概括条款与规范性不确定法律概念的区别。

(二) 概括条款与规范性不确定法律概念

概括条款与规范性不确定法律概念，有时将这两者等同视

---

[1] 参见[奥]恩斯特·A. 克莱默：《法律方法论》，周万里译，法律出版社2019年版，第29—33页。

[2] 至少包括修理费用、运输费用、财产花费等。Vgl. Münchener Kommentar/Baldus, BGB, 6. Aufl, 2012 §994, Rn. 10-23.

[3] 参见[德]卡尔·恩吉施：《法律思维导论》，郑永流译，法律出版社2004年版，第137页。

[4] 再如原《合同法》第68条"经营状况严重恶化"，第110条第2款后段"履行费用过高"，第195条"赠与人的经济显著恶化，严重影响生产经营及家庭生活的"；等等。

· 107 ·

之，二者互有重叠，二者均需要填补。[1]立法者在法律规范用词上使用的诸如"重大误解""胁迫""欺诈"和"适当的""显著的"以及"合比例的"等裁量性不确定法律概念与"诚信""善意"之类的概念还是存有不同的考量的。前两类注重法律技术层次的考量，而后者注重的是法律哲学以及法律伦理学的考量。

概括条款一般是创造性的法律构成要件，而规范性不确定法律概念是法律规范内构成要件要素，即规范性不确定概念通常是在构成要件或是构成要件的部分；而概括条款是超乎单一构成要件之上的。[2]

在关系上，概括条款只是"不确定概念"的下位概念，[3]二者之所以重叠，是因为有的概括条款运用了不确定概念作为构成要件要素，故在内涵上不确定、在适用上均需进一步具体化是其共同点。概括条款属于不确定概念这一框架内，但并非所有存在不确定概念的法律规范都是概括条款。因此，概括条款与不确定法律概念二者虽然密切相关，如在内涵上不确定，在适用上均需进一步具体化，但二者并非处于同一层次。

另外，就法律条文的结构表现上，规范性不确定概念可能存在于构成要件，也可能规定在法律效果，甚至在构成要件与法律效果上同时出现。[4]相较于此，概括条款一般皆存在于构

---

[1] Vgl. Werner, Zum Verhältnis von gesetzlichen Generalklauseln und Richterrecht, C. F. Müller, 1966, S. 6.

[2] Vgl. Hedemann, Die Flucht in die Generalklauseln: eine Gefahr für Recht und Staat, Mohr, 1933. S. 3.

[3] Vgl. Esser, Vorverstandnis und Methodenwal in der Rechtsfindung. 1972, S. 59.

[4] 如《民法典》第181条，因正当防卫造成损害的，不承担民事责任。正当防卫超过必要的限度，造成不应有的损害的，正当防卫人应当承担适当的民事责任。第182条，因紧急避险造成损害的，由引起险情发生的人承担民事责任。危险由自然原因引起的，紧急避险人不承担民事责任，可以给予适当补偿。紧急避险采取措施不当或者超过必要的限度，造成不应有的损害的，紧急避险人应当承担适当的民事责任。

第四章　概括条款与相关概念的界分

成要件或列举规定，而不存在于法律效果上。虽然概括条款可能使用规范性不确定概念作为其要素，但概括条款具有完整的规范内容、一定的价值取向以及较高的普遍性、抽象性，在民法中属于"陌生人领域"和"特别关联领域"的兜底性规定，并非仅是在外观上作为不确定概念的集合。

二、概括条款是特殊的裁量条款

本书在前一章已经提及裁量条款属于微观层次的概括条款，裁量条款由法律以及制定法所承认。取决于个人信念在具体案件中的正确性（公正、目的、合适）的最终决定。被委托给能胜任具体决定的个人，因为人们不能通过更加具体的规则排除不确定性的剩余，而且在一定的活动余地内，一个被认为有责任意识的人使自己的观点发挥作用是最佳的。因此，具体案件的客观独立性和判断者的主观独特性彼此相遇。[1]

对于裁量条款的司法适用，就是法院在具体案件中将当前法律所体现的公平正义在个案中实现出来。[2]这时候法官存在多种选择的可能性，可以依据自己个人的观点做出选择。裁量必须紧贴所要判决的案件事实，对于争议的案件事实有自己之见解。当然有时候法律也会给出一些参考因素，例如，最高人民法院《关于当前形势下审理民商事合同纠纷案件若干问题的指导意见》在调整违约金数额部分就要求各级法官充分考量国家宏观经济形势以及企业的经营状况；在原《侵权责任法》第24条关于公平责任补偿数额的部分，要充分考量无过错的双方

---

〔1〕　参见［德］卡尔·恩吉施：《法律思维导论》，郑永流译，法律出版社2004年版，第145页。

〔2〕　对于裁量条款的详细介绍，可以参见［德］卡尔·恩吉施：《法律思维导论》，郑永流译，法律出版社2004年版，第137页以下。

的经济状况。总之,对于裁量条款,法官的主观性起主导作用。在民法中诸如此类的条款还有很多,凡是在法律规范中有诸如"适当的""显著的"以及"合比例的"等弹性概念均可以被称作裁量条款。在立法例上对这些条款作出总括性规定的是《瑞士民法典》第4条。[1]

概括条款与裁量条款都是弹性规定,后者赋予裁判者就法效果之发生与否及其范围以裁量余地。裁量条款的主要特点是完全取决于法官个人的取舍。概括条款则是将法律效果置于包含有不确定法律概念的构成要件中,是在一定范围内,授予法律适用者依理性作目的判断,法官在概括条款具体化适用时具有判断余地。二者在本质上并无不同。无论是裁量条款还是概括条款,法官所作的评价本质上并不算是"自由裁量",仍受该规范之规范目的及衡量思想所拘束。适用概括条款时,由于其渗入开放的价值观点及未实证化的价值标准,仍需规范的解释以确定其裁量范围是合目的性及有理性的基础,[2]裁量条款亦复如是。也就是说,在裁量条款和概括条款的适用上,均对法官提出了方法论要求。

三、概括条款与法律原则的区别

在前文中,对于概括条款与不确定法律概念以及裁量条款进行了介绍,但是对于概括条款与民法的基本原则之间的关系尚未得到澄清。首先需要厘清概括条款与民法基本原则之间关系的既

---

[1]《瑞士民法典》第4条(法院的衡量):如果法律指示法院进行衡量、对具体情形进行评价或指示到重大理由,其应根据公平正义作出裁判。

[2] 参见[德]卡尔·恩吉施:《法律思维导论》,郑永流译,法律出版社2004年版,第162页。

第四章 概括条款与相关概念的界分

有讨论。大多数学者认为，概括条款就是民法的基本原则，[1]并且进一步认为是次级原则。[2]但是也有学者认为即使把概括条款当做基本原则，也应该与那些自愿、平等、公平等价值理念性的基本原则区分开，因为概括条款是可以直接司法适用的，但是这些价值理念性的基本原则只能转化成基本原则所产生的规则进行适用。[3]所以对于概括条款与基本原则实有辨明的需要。

法律原则本身并非规范，不能直接适用，因为不能借涵摄事实而直接自法律原则得出个案的裁判，而是借由立法以及司法的作用不断地转化为规则，或者说法条式的规定。[4]从位阶顺序而言，一般法律原则系根本的法律规范，具有较诸其他法源为高的位阶，对立法起到监督的功能。其效力基础不仅在制定法规范，甚至超乎其上。

从理论上讲，法律原则与实证法的关系有三种类型：存在于法律明文，存在于法律基础，存在于法律之上。[5]第一种类型直接规定于法律中。这种原则往往表现为法律规定。这一规范适用的情形可以超出其本身而适用于其他情形。在损害赔偿

---

〔1〕 参见易军："原则/例外关系的民法阐释"，载《中国社会科学》，2019年第9期；易军："民法基本原则的意义脉络"，载《法学研究》2018年第6期；方新军："内在体系外显与民法典体系融贯性的实现：对《民法总则》基本原则规定的评论"，载《中外法学》2017年第3期；龙卫球："我国民法基本原则的内容嬗变与体系化意义——关于《民法总则》第一章第3—9条的重点解读"，载《法治现代化研究》2017年第2期。

〔2〕 参见方新军："内在体系外显与民法典体系融贯性的实现：对《民法总则》基本原则规定的评论"，载《中外法学》2017年第3期。

〔3〕 参见于飞："民法基本原则：理论反思与法典表达"，载《法学研究》2016年第3期。

〔4〕 Vgl. Esser, Grundsatz und Norm in der richterlichen Fortbildung des Privatrechts, 4. Aufl., 1990. S. 50ff.

〔5〕 参见黄茂荣：《法学方法与现代民法》（第五版），法律出版社2007年版，第473—478页。

法中，德民第254条"与有过失（Mitverschuldens）"的规定并非一条技术性的条款，它往往被视为法律原则。"任何人，除了实际造成的损害之外，如果由于自身的过失而造成自身利益的损害，自负其责。"针对自身行为的归责，如果要求完全损害赔偿，则是违反规则的（treuwidrig）。这种类型的规定同样存在于危险责任（Gefährdungshaftung）。除了损害赔偿法之外，德民第906条第2款第2句所规范的相邻关系的补偿请求权，或者是德民第1004条去除妨碍请求权，均可以回溯于德民第254条。[1]在我国《民法典》第一章的基本规定部分，分别规定了自愿、平等、公平以及绿色等原则，这些原则是很多国家民法典未加以规定的。第二种类型的原则多未见于法律明文，但是被当做法律规定的立法意旨，如私法上信赖责任、比例等原则，虽未在条文上明确加以宣示，但其为民事法律之立法基础。[2]第三种类型为存在于法律之上的法律原则，为正义及与正法相关的基本价值，通常以正义（die Gerechtigkeit）或法理念（die Rechtsidee）称之。这些原则常被认为系超乎实证法之上，为实证法的目标及准绳。它们需要借学说来进一步研究及阐明始能落实于实证法。这些法律原则之效力基础，来自法治国家原则对于正义或与正法相关之基本价值的肯认。

在民法中直接规定的原则，可以视为民法的正式法律规范，具有实证法的拘束力；而其他未体现于民法的原则必须受法律补充方法的约束。与概括条款相关的就是第一种，存在于法律明文的原则。概括条款也就是在这一意义上被称为民法的基本原则。事实上，概括条款仅仅是法律原则的最佳表现，透

---

[1] 参见［德］托马斯·M.J.默勒斯：《法学方法论》（第4版），杜志浩译，北京大学出版社2022年版，第496页。

[2] 在本书第六章第二节的第一部分还将详细介绍。

第四章　概括条款与相关概念的界分

过概括条款，制定法就能够认识并继续发展其背后的法律原则。但是这种以制定法以及法律原则为基础的法律，则需要由裁判加以实现。正是在此意义上，概括条款的适用被称为法律解释。

这一问题，在我国《民法典》中尤为突出，因为在第一章基本规定部分，不仅把大陆法系许多国家所认同的民法基本理念予以成文化，还集中规定了诚实信用、公序良俗等概括条款，并将其并列。这是我国民法的特殊之处。而反观其他的大陆法系国家，如德国并未在其总则部分统一地作出安排，而是分别在各分则部分作出规定，并且在司法适用时直接引用作为裁判依据。而那些价值理念仅仅是法官在价值判断时所参考的要素，并不能直接作为裁判依据，能作为裁判依据的是依据基本原则所创立的规则。

在我国民法典中，第 10 条是法源条款，通说认为我国《民法典》第 10 条仅仅规定了"法律—习惯"二位阶的民法法源，[1]缺失"法理"作为第三位阶的民法法源，诸多学者认为在此存在弊端，并提出各种方案予以弥补，例如，通过目的性扩张的方法论路径，在解释论上产生第三位阶的补充性法源；[2]或者将法理的范围限缩为民法基本原则，规定法官应将基本原则具体化为规则，辅以参照学说之义务；[3]或者直接在立法时增加

---

[1] 参见梁慧星："《民法总则》重要条文的理解与适用"，载《四川大学学报（哲学社会科学版）》2017 年第 4 期；于飞："民法总则法源条款的缺失与补充"，载《法学研究》2018 年第 1 期；汪洋："私法多元法源的观念、历史与中国实践——《民法总则》第 10 条的理论构造及司法适用"，载《中外法学》2018 年第 1 期；贾翱："《民法总则》中二元法源结构分析及改进对策"，载《辽宁师范大学学报（社会科学版）》2018 年第 2 期。

[2] 参见于飞："民法总则法源条款的缺失与补充"，载《法学研究》2018 年第 1 期。

[3] 参见李敏："论法理与学说的民法法源地位"，载《法学》2018 年第 6 期。

法源类型；等等。[1]虽然针对此缺陷提出了多种解决方案，但是依旧不可改变缺失的这一事实。

本书认为，在对《民法典》第一章作整体解释的时候，必须要看到相互之间的关系，基于一些基本理念性的基本原则已经文明化，但是并未像《瑞士民法典》第1条那样，明确规定"基本原则创立的规则"作为补充性法源。在此种情况下贯彻民法的基本原则，应该充分借助概括条款，即概括条款是民法基本原则具体化的规范依据。因此，基本原则的范畴要远远大于概括条款，基本原则与概括条款是"实"与"名"的关系。

四、概括条款与纲领性条款的区别

纲领性条款，也叫法律目的条款，存在于我国所有的立法中，往往居于一部法典或者法律的开端部分，开门见山，直接规定本部法律的指导思想、规定目标等内容。目的条款，在性质上不属于技术性法条，而是价值性法条。[2]立法目的条款的主要功能应定位为立法活动的方向选择、立法论证的有效途径、法律解释的重要标准、公民守法的规范指南，[3]其有时候也往往直接反映了党和国家在一定时期的路线方针政策，这有利于发现本部法律的立法背景，对于法律适用具有直接的指导意义。民法也不例外，[4]我国《民法典》第1条鲜明地规定了本法的

---

[1] 参见贾翱："《民法总则》中二元法源结构分析及改进对策"，载《辽宁师范大学学报（社会科学版）》2018年第2期。

[2] 参见许中缘："论《民法典》的功能主义释意模式"，载《中国法学》2021年第6期。

[3] 参见刘风景："立法目的条款之法理基础及表述技术"，载《法商研究》2013年第3期。

[4] 具体参见刘颖："民法典中立法目的条款的表达与设计——兼评《民法总则》（送审稿）第1条"，载《东方法学》2017年第1期。

依据以及目的，但是目的条款所蕴含的经济政策、社会主义核心价值观等总是要贯彻进入民事审判工作。但是立法目的具有隐匿性、不确定性，其客观含义不足，价值倾向明显，法官不能直接适用立法目的，立法目的司法适用必须符合规范化的方法论路径。[1]这时候，就如同上述的民法基本原则一样，这些宣示性的价值或曰价值性法条在司法适用中必须在法典中找到规范依据，在方法论上，只有概括条款能承担此转介任务，并通过司法者自己的评价建构出一套精致的控制标准。[2]

五、概括条款与空白规范的区别

概括条款与空白规范（Blankettnorm）在私法中都得到了极大的关注。由于概括条款的援引功能，通常连接着如"一般的特征""通常的报酬""市场利率"以及"当地的习惯"。对于法律外的概念，例如，"适当经济规则""适当的财产规则"等也同样援引。

对于空白规范，除了经常提及的德民第134条的强行规定之外，在民法典的侵权行为部分还包括德民第823条第2款的保护性规范。在我国民法典中相对应的规定就是第153条第1款。空白规范中还包括对行政法规、法令所规定的界限，例如，民法典物权编中关于大量援引的行政法部分。"非法"或"违法"概念本身并不具备违法的效果，因为它们很少指明其他法律规范的违法性，而是由于其宽泛的构成要件宣告了违法性这一特征。

---

〔1〕参见杨铜铜：:"论立法目的司法适用的方法论路径"，载《法商研究》2021年第4期；雷磊："社会主义核心价值观融入司法裁判的方法论反思"，载《法学研究》2023年第1期。

〔2〕参见苏永钦：《寻找新民法》，北京大学出版社2012年版，第360页。

概括条款和空白规范经常是相同的。空白规范也缺乏明确的内容，有时候与概括条款在同一意义上使用，[1]有时候概括条款作为法定空白条款的上位概念。[2]德国帝国法院对于空白规范明确定义过，"在同一法律内或在其他的未来的法律中填充"。[3]因此，空白规范与概括条款的援引功能相关联，区别就在于空白规范所援引的是实证的法律规范，而概括条款所援引的是法外的道德和标准。

第三节 小 结

民法中的概念可以区分为确定概念和不确定法律概念，也可以区分为描述性概念与规范性概念。描述性概念是指与现实相关的可感知的对象，而规范性概念则需要法律适用者进行评估，即需要价值填充，但是这些区分都只是渐进性的。它们的共同基本结构可以用概念核心和概念边缘的形象来描述。在民法典中，抽象的法律概念以及法律规范较多，描述性法律概念所组成的法律规范较少。

如果把这个问题置于司法判决的条件与约束力之下，则法律概念与法律适用的传统关系如下：法律概念越不确定，法官的造法权限就越大；法律概念越确定，法官的造法权限就越小。

民法中的规范类型从形式结构上也可以区分为三种：法律规则、法律原则以及概括条款。正是由于规范性概念以及所组成规范的多样性使得体系性地掌握概括条款变得非常困难。与

---

[1] 例如，苏永钦教授，详见苏永钦：《寻找新民法》，北京大学出版社2012年版，第360—361页。

[2] Vgl. Haubelt, Die Konkretisierung von Generalklauseln, 1978, S. 15.

[3] Vgl. Wurche, Gencralklauseln und Kasuistik in der neueren deutschen Gesetzgebung, O. Berenz, 1964, S. 35.

第四章 概括条款与相关概念的界分

概括条款发生联系的只有规范性不确定法律概念中的价值开放型概念。但是也并非所有包含此种类型的概念都是概括条款，至少裁量条款、民法基本原则、目的条款以及空白规范均与最狭义上的概括条款存在不同。

概括条款属于裁量条款的一种特殊类型，属于评价的范畴，要求客观化；而裁量条款，像《瑞士民法典》第 4 条一样要求主观性，并且主要依赖法官的个人判断。概括条款与民法基本原则的区别是，民法基本原则是民法的基本价值理念，在我国缺乏第三位阶法源的情况下，民法总则中的民法基本原则规范以概括条款作为司法适用的规范依据。概括条款与目的条款的区别是，目的条款在方法论上也如同民法的基本原则一样，要通过概括条款作为司法适用的规范依据。概括条款与空白规范的区别是，二者所援引的内容不同。

第五章 概括条款的价值属性

前文从历史源流与概念界定两个维度梳理了概括条款的历史发展,界定了概括条款的识别标准以及与其他类型法律规范之间的差异,但是没有回答概括条款本身所具有的价值属性或者说可能蕴含的价值属性。虽然民法学界对于概括条款褒贬不一,有的时候称为"帝王条款",有的时候谴责其为"向概括条款或者一般条款逃逸",这种相互矛盾的认识要求必须阐明概括条款的价值属性。概括条款是需要价值填充的具有特定功能的法律规范。[1]由于微观和中观层次的概括条款所蕴含的价值仅限于某一条款以及某一分编,在本章所要讨论的价值属性如无例外仅限于宏观层次的概括条款。本章从概括条款的价值属性这一角度,也就是从个人主义与社会化、形式正义与实质正义以及法官拘束与法官自由三大私法基本矛盾的背景下认识概括条款所蕴含的价值。

---

[1] 在方法论中,对于概括条款的描述,都是用特别模糊这一词语。如[奥]恩斯特·A. 克莱默:《法律方法论》,周万里译,法律出版社2019年版,第37页;Müller, Richterrecht, Duncker & Humblot, 1986, S. 84ff.

第一节　概括条款的司法造法功能

一、概括条款的核心功能：造法功能

概括条款本质上是授权规范（Delegationsnorm），具有价值填充的需要（Ausfüllungsbedürftigkeit oder Wertausfüllungsbedürftigkeit）。[1]换言之，概括条款就是在授权法官自己建立规范，它们容许而且也要求法官对于立法者所提出、但未回答的问题作出判断。[2]托衣布纳以"善良风俗"为例对概括条款赋予了三种功能：接受法律外的社会规范，并在司法上将其转化成规范，最后如果没有能够接受或转变的社会规范，则授予法官制定规范的权能。[3]例如，奥利结合《德国反不正当竞争法》第1条区分了概括条款的援引、灵活性以及授权功能。[4]类似的功能思考也可以在德民第826条[5]和德民第242条[6]中找到。

虽然上述的功能划分具有一定程度的清晰性，但是它们并不具体。尤其是一再强调的概括条款的适应功能和需要价值填充的功能，即它的"灵活性功能""授权功能""具体化""补充"或"授权功能"。适应性和需要价值填充的功能以前也被认为是规范性不确定法律概念的功能。凭借价值填充的需要，规

---

[1] Vgl. Looschelders/Roth, Juristische Methodik im Prozeß der Rechtsanwendung, Duncker & Humblot, 1996, S. 135f.；Haubelt, Die Konkretisierung von Generalklauseln, 1978, S. 5ff.；Werner, Generalklauseln und Richterrecht, 1967, S. 179.

[2] Vgl. Kruse, Das Richterrecht als Rechtsquelle des innerstaatlichen Rechts, 1971, S. 7.

[3] Vgl. Teubner, Standards und Direktiven in Generalklauseln, 1971, S. 60ff.

[4] Vgl. Ohly, Generalklausel und Richterrecht, AcP201（2001），S. 6ff.

[5] Vgl. Deutsch, Fahrlässigkeit und erforderliche Sorgfalt, JZ, 1963, S. 389f.

[6] Vgl. Esser, Vorverständnis und Methodenwahl in der Rechtsfindung：Rationalitätsgrundlagen richterlicher Entscheidungspraxis, Atheäum Verlag, 1972, S. 57

范性概念同样也实现了灵活性和授权功能。从这个意义上讲，灵活性和授权也是不确定法律概念的典型特征，而非概括条款所特有。

援引或者接收功能具有特别的内容，也就是要注意诸如德民第 242 条的诚信、第 138 条的公序良俗、第 157 条的交易习惯、德国商法典中的交易习惯（346 条）等制定法形式要求援引法律外的功能，[1]即不成文的社会秩序或者社会伦理规则。[2]但是在极少数的情况下，法律判决将局限于直接确认和适用法外的行为规则。一方面，传统的规范对于需要判决的案件根本没有规范，正如民法典的立法者所想到的那样，稳定统一的道德秩序在价值多元化社会中已经日益消失。[3]此外，社会发展到今天，基本上形成了一个广泛的共识，即法律外的标准不仅是经验性的，而且也是规范性的，因此反过来可以对司法判决的价值判断进行价值填补，并在必要时加以纠正。[4]因为原始的传统的援引法外存在社会自我调节结构，所以在概括条款这一边缘区域能够得到维持，例如，《德国商法典》第 346 条或私法上技术条款，"技术标准"或"普遍接受的技术规则"。

参照援引功能和转介功能的逐渐弱化通常被认为是概括条款功能变迁的结果。在这一功能变迁的过程中，概括条款逐步发展成为法官自我评价和司法创造的核心准则。[5]这种变迁的

---

[1] Vgl. Mayer-Maly, Was leisten die guten Sitten? AcP 194 (1994), S. 105.

[2] Vgl. Bydlinski, Juristische Methodenlehre und Rechtsbegriff, 2. Aufl., Springer Verlag GmbH, 1991, S. 583.

[3] Vgl. Eckert, Sittenwidrigkeit und Wertungswandel, AcP 199 (1999), S. 337ff.

[4] Vgl. Looschelders/ Roth, Juristische Methodik im Prozess der Rechtsanwendung, 1996, S. 198ff.

[5] Vgl. Esser, Grundsatz und Norm in der richterlichen Fortbildung des Privatrechts, 2. Aufl., 1964, S. 150f; Fikentscher, Methoden des Rechts, in vergleichender Darstellung Bd. Ⅳ, Mohr Siebeck, 1977, S. 316f.

后果是，诸如"诚信"或"公序良俗"等条款的原初功能，即它们的参照援引功能不再作为概括条款与规范性不确定法律概念功能区分的起始点。

二、概括条款作为私法基本价值冲突的表达

虽然传统的私法理论倾向于将私法的内在价值作为统一和无矛盾的体系或内在体系，[1]但概括条款功能变迁的趋势恰恰反映出私法基本价值之间存在无法解决的冲突。在此基础上，本章第二节将要回答的问题是概括条款的社会化功能和形式上合法性问题所带来的困境。具体来讲，像诚实信用及公序良俗等概括条款援引社会规范或交易习惯来解释或者连接实质社会伦理的内容是否违反了私法所主张的纯粹的形式正义？法官通过概括条款的授权在个别案件中自行作出价值判断，如何保障法律的确定性以及安定性？或者说在概括条款的基础上不断发展的法官法是否能够最大程度确保法律的确定性？如果将概括条款的具体化置于传统的法律适用方法的背景下，总是处于个人主义和社会（集体、整体）化之间，法律确定性和个案正义以及法律拘束和法官自由等困境中。因此，概括条款无法从传统的法律方法论角度来解决。纯粹的方法论观点并不能正当化概括条款的真实含义。

第二节 私法基本价值冲突下的概括条款

本节介绍私法基本价值的冲突，具体可以区分三个层次，实

---

[1] 参见［德］卡尔·拉伦茨：《法学方法论》，陈爱娥译，商务印书馆2003年版，第348页以下。

质性冲突，形式性冲突和制度性冲突。[1]在抽象地讨论这三大基本价值冲突之前，先用一个例子引出问题所在。这一案例就是家庭成员和配偶违反善良风俗的保证行为。[2]

案例1：

近亲属为刚成年的孩子或者他们没有收入以及收入能力的配偶提供担保，导致他们在债务人和银行的共同压力下，产生过高的约束。在这种情形下，众所周知，一直到1993年，联邦民事法院严格遵守契约必须遵守这一原则，确认签订的保证合同的有效性。联邦宪法法院则根据保证合同违反宪法所保护的担保人的私人自治驳回了这一看法。此种类型的案例所涉及的是，当保证人纯粹基于其与债务人的父母、子女、配偶等关系，为债务人担保债务之清偿，缔结远超过其清偿能力的保证合同，并有可能产生"倾家荡产"的危险时，此种"毁灭性后果"是否会影响该保证合同的法律效力？尤其是在缔约的时候，就能预见保证人未来之可能收入与可供强制执行的财产，将不足支付利息债务时，该类显然不具经济理性且可能侵蚀保证人安身立命基础、危害其生存权的合同，是否应该承认其效力？银行的债权与保证人的生存权发生冲突时，是否应该扬弃合同自由，打破

---

〔1〕 本节的主要内容和核心观点来自奥尔（Auer）所著一书，具体详见 Vgl. Auer, Materialisierung, Flexibilisierung, Richterfreiheit, 2005.

〔2〕 1989年德国联邦最高法院第一次审查并处理近亲保证合同，1991年出现第一个认定近亲保证合同有违善良风俗的判决。依据联邦最高法院的见解，虽在缔约当时即可预见保证人并无足够财力可以履行保证债务，亦即纵使保证债务逾越保证人的清偿能力，并不足以作为否定保证契约效力的理由。只有在缔约的当时即可确定，主债务对保证人没有个人利害关系，保证人甚至无力清偿利息债务，保证合同对债权银行不具任何经济理性时的情形，可因担保责任范围与保证人的担保能力明显不相当，隐含可预见的后果，而谓违反善良风俗。BGH NJW 2000, S. 1182ff.; NJW 2002, S. 744f.; NJW 2002, 2230 ff.; NJW 2002, S. 2705ff.; BVerfGE 89, 214, S. 229ff.

合同效力。这些问题在德国并未形成通说,仍然存在争议。[1]

这类案件最终可以追溯到私法基本价值之间的矛盾:一是承认给予保证人保护,是基于社会主义(或集体主义)伦理的溢出;[2]二是保证人保护所涉及的法的安定性与个案主义;三是保证人保护所涉及的法官拘束与法官自由。自民法典制定以来,私人自治等个人主义价值观,通常被视为私法思想的体系基础。[3]因此,如下所讨论的这三个主题都是私法基本价值之间的冲突以及关系,即个人主义和社会化,法律的安定性和个案正义,以及司法拘束和司法自由。这三大类基本价值冲突在概括条款的司法适用中起着决定性作用。

一、实质冲突:从个人主义到社会化的变迁

个人主义和社会化共同构成了相互冲突的基本价值,正如下面将要介绍的那样,它植根于私法中任何一个问题,不论是涉及家庭法中所规定的照管责任,还是亲属担保合同所违反善良风俗的行为,抑或是卖方是否有义务在没有被买方询问的前提下向买方告知货物缺陷。以下陈述的基本思想是,基于现行私法制度的实质性的价值差异,必须表明私法秩序的现状不可避免地表现为个人主义和社会化两个相反极点之间的折中方案,即私法的价值体系既不基于封闭的个人主义,也不基于过于开放的社会化,而只能在二者相互妥协的过程中寻求解决方案。两个基本价值之间的张力始终存在。

---

[1] Vgl. Canaris, Wandlungen des Schuldvertragsrechts-Tendenzen zu seiner Materialisierung, AcP 200 (2000), S. 273, 296f.

[2] Vgl. Wieacker, Das Sozialmodell der klassischen Privatrechtsgesetzbücher und die Entwicklung der modernen Gesellschaft, 1953, S. 17

[3] Vgl. HKK-Haferkamp, 2003, §138, Rn. 6ff.

(一) 个人主义与社会化思想

1. 个人主义

个人主义（Individualismus）的价值基础，是每个人不受阻碍地实现他的自由意志，理想社会秩序的特点是最大限度地保证个人自由。当然承认个人主义同时也意味着自我约束（Selbstbindung）和自我责任（Selbstverantwortung）。首先是自我约束，尤其是合同义务必须遵守。此外，自我决定（Selbstbestimmung）意味着自我责任，每个人分配他应该做的东西是不够的，还必须承担责任。相反，个人主义思想的必要组成部分是要求每个人都必须承担与其自愿行动相关的风险和失败。除自我决定原则外，自我责任的概念属于个人主义思想的基本要素，并强调了自由主义"私权社会"的愿景。[1]如果彻底贯彻私人自治，在社会结构上则对应"最小国家"的社会构造。在极端情况下，个人主义观念绝不仅仅要求尽可能广泛地掌握私人自治的范围，而且理论上它也提供了彻底消除国家保护私人权利和其他权利的理论依据。

2. 社会化

社会化的基本思想，[2]即外部性（Fremdnützigkeit），就是对陌生人有益并且对陌生人负责。与个人主义原则相反，外部性意味着为陌生人分配不属于他的负担。从社会化的角度来看，

---

〔1〕 对于民法中个人主义方法论的详细介绍当属易军教授。参见易军："私人自治与私法品性"，载《法学研究》2012年第3期；易军："个人主义方法论与私法"，载《法学研究》2006年第1期；易军："'法不禁止皆自由'的私法精义"，载《中国社会科学》2014年第4期

〔2〕 Vgl. E. Schmidt, Von der Privat-zur Sozialautonomie, JZ1980, S. 153, 155f. 个人主义与社会化这一对概念，也可以被称为"个人主义与集体主义（Individualismus und Kollektivismus）"，详细参见易军："个人主义方法论与私法"，载《法学研究》2006年第1期。

理想社会秩序的特点是全社会产生的财富由所有人公正地参与分配。社会化价值观念包含一系列实质的价值评价，这些评价与基于自我决定和自我责任的个人主义价值体系相对立，是一组极其多样化的价值观。然而，至少存在两种社会主义价值思维可以在这一观念下被识别出来。

第一种是分配正义。分配正义的特征是以牺牲他人利益为代价来促进某些个人或群体的利益，从而阻止他们充分顾及自己的利益。分配性考虑通常在对"分配正义"要求的诉求中被揭示，其旨在通过绩效、需求或公平等标准重新分配私人物品。分配正义在民法中存在诸多示例，如合同法中的格式条款、权利能力制度、无过错责任、公平责任或公平分担损失制度等。[1]

第二种是家长主义。家长主义式考虑的特征是限制个人或团体的行动自由，以防止进行自愿的自我伤害。[2]与分配正义方面的考虑不同，个人的自由并不是为了考虑他人的利益而受到抑制，而是为了自己的利益促使自己的行动自由受到限制，这也被称为"社会化"。因为家长主义式考虑偏离自我决定条件下可达到的利益，并且阻碍了他们真实意志的实现。此外，通常在个人意思领域内的家长主义式干预同时用于保护社会或者集体利益，[3]因此，社会化的概念可以清楚地被理解。

如果人们将这种意义上的社会化概念理解为上位概念，特别是分配正义和家长式主义的上位概念，那么它似乎是私法基

---

〔1〕 关于分配正义在民法中的体现，详见易军："民法公平原则新诠"，载《法学家》2012年第4期。

〔2〕 参见张帆："法律家长主义的两个谬误"，载《法律科学（西北政法大学学报）》2017年第4期。

〔3〕 参见［加］查尔斯·泰勒：《自我的根源：现代认同的形式》，韩震等译，译林出版社2001年版，第63页。

本价值的反对面。一般认为，私法的本质是使个人自负其责，所以有争论的是，是否分配主义和家长主义的考虑应该主要保留给公法。在一个被认为是远离国家，以市场为导向，分配中立的私法制度中，对于以追求个人目的而闻名的私法制度体系中"社会化"缺乏实质的正当性，因而它被称为违反体系的陌生生物。[1]

但是在下文中将要说明，这种观点对于社会化价值在私法中的重要性不是正确的。因为社会化所体现的价值观不仅在劳动、租赁和消费者保护法方面发挥着重要作用，而且在一般合同法的核心领域也发挥着重要作用。[2]这一点是毋庸置疑的，例如，德民第313条的合同交易基础丧失理论，一般交易条件下合同的内容控制以及提供信息的前合同义务的产生。

3. 二者的关系

承上所述，必须将个人主义和社会化这对对立的价值作为一个相互角力的领域，作为在理论上纯粹个人主义与纯粹的社会化之间的滑动区间。所有处于这个中间阶段的制度都是或多或少地在考虑社会化价值思想的同时，强调自我决定和自我责任。极端的个人主义越接近极端的社会化，为相对人负责的主张就越强烈，反之亦然，二者处于此消彼长的关系。个人主义和社会化，只有二者共同发挥作用，才能具有规范意义。因此，

---

〔1〕 在德国民法典制定之初，民事立法者并没有赋予私法真正的社会任务。在20世纪的前一个10年，针对工业革命发展带来的社会问题，帝国法院的民事裁判对于刚刚通过的法典做了非常多的突破，更加强调民法的社会性。发展到后期对自然的追求以及对正义的追求越发凸显民法的社会性。具体参见［德］弗朗茨·维亚克尔：《近代私法史》（下），陈爱娥、黄建辉译，上海三联书店2006年版，第462、495、507、523、537、561页。

〔2〕 参见解亘："格式条款内容规制的规范体系"，载《法学研究》2013年第2期。

个人主义和社会化之间的价值冲突是私人自治法律制度的基础，因为它必须处理在私法中相互依存的关系。现在这一点无一例外适用于任何私法制度。

（二）个人主义和社会化价值冲突在民法中的表现

在德国20世纪发展出来的许多私法制度和概念越来越"实质化"的处理可以验证上述理论的正确性。[1]在私法中越来越多形式化的概念加入了实质正义思想和社会责任原则，[2]另一方面在德国的法律思想中，也很少出现承认个人主义和社会化的价值结构相并列的情况。恰恰相反，最近的法律理论讨论的特点是努力使实质价值始终符合体系，且与自由的私法思想在规范上保持一致。[3]

但是这种努力注定要失败，因为它不能公正地反映个人主义和社会化之间的冲突，这种冲突是整个私法思想的特征。卡纳里斯（Canaris）认为，实质化可以区分为两个层面，一方面是私法自治（合同自由）与合同正义，另一方面是合同自由的实质化。[4]虽然合同正义的问题涉及合同给付与对待给付之间的适当性和均衡性，但合同自由问题与合同内容无关，而是各方在合同缔结的过程中充分利用法律所保障的缔约自由和内容自由的能力。这种努力的失败不仅体现在合同正义层面，在合同的缔约自由层面同样未能幸免。正是在此基础上，概括条款

---

〔1〕 Vgl. E. Schmidt, Von der Privat-zur Sozialautonomie, JZ, 1980, S. 153, 155f. Canaris, Wandlungen des Schuldvertragsrechts -Tendenzen zu seiner Materialisierung, AcP 200（2000）, S. 273, 276 ff.

〔2〕 Vgl. Canaris, Wandlungen des Schuldvertragsrechts -Tendenzen zu seiner Materialisierung, AcP 200（2000）, S. 273, 276.

〔3〕 Vgl. Dauner-Lieb, Verbraucherschutz durch Ausbildung eines Sonderprivatrechts für Verbraucher, Duncker & Humblot, 1983, S. 52ff., 63 ff., 108ff.

〔4〕 Vgl. Canaris, Wandlungen des Schuldvertragsrechts -Tendenzen zu seiner Materialisierung, AcP 200（2000）, S. 273, 276ff. 282ff.

的功能将随之展开。

1. 合同正义层面

首先来看合同正义问题。从现代私法的视角来看，形式正义为基本前提。只有这样才能与私人自治的基本思想相容，因为私法是自我追求私人目标的自由领域，其行使不需要进一步的实质性理由，它所遵循的是意思自治的法理。[1]基于这种形式正义的主张，私人自治原则是私人主义法概念的核心。[2]在私法中，这种形式正义观念首先表现在拒绝对于契约等价的实质性理解，即所有"正当价格（gerechten Preises）"理论和"非正常的损失（laesio enormis）"的一般法律学说都支持纯粹形式的等价原则。[3]这些原则不仅在合同法的核心领域特别重要，而且在受实质化以及社会化影响的私法领域，比如消费者保护、租赁法以及劳动法领域也很重要：[4]即使在雇主和雇员之间，企业家和消费者之间以及出租人和承租人之间的关系中，私人自治的首要地位也适用，通过合同约束自己的自由和设定的后果，独立于他们自愿的双方的实质性评价。[5]

尽管如此，上述所描述的形式正义思想仅在原则上适用，因为在许多方面评价法律行为是否正义要基于实质性标准或实质正义。这种趋势在如下的情形中尤其明显，如德民第305条

---

[1] 参见熊丙万："私法的基础：从个人主义走向合作主义"，载《中国法学》2014年第3期。

[2] 参见易军："个人主义方法论与私法"，载《法学研究》2006年第1期。

[3] Vgl. Canaris, Äquivalenzvermutung und Äquivalenzwahrung im Leistungsstörungsrecht des BGB, in: Festschrift Wiedcmann, 2002, S. 3, 6 ff. 易军："民法公平原则新诠"，载《法学家》2012年第4期。

[4] 参见［德］罗尔夫·克尼佩尔：《法律与历史——论〈德国民法典〉的形成与变迁》，朱岩译，法律出版社2003年版，第215页。

[5] Vgl. Heinrich, Formale Freiheit und materiale Gerechtigkeit, Mohr Siebeck, S. 487ff., 541ff.

第五章　概括条款的价值属性

以下所规定的允许法律对合同内容进行控制、德民第 313 条允许对于自由订立的合同进行调整（行为基础丧失理论或情势变更）以及德民第 138 条第 1 款、第 2 款规定的滥用给付与对待给付之间关系而无效的情形。所有这些法律规定的原理是类似的，因为都打破了形式平等、形式正义的思想，它们均为合同内容的适当性设定了实质标准，在此意义上与传统的合同形式正义的理解不相容。[1]

从前文可以看出，不可能将实质正义与主导私法模式的形式正义主张以符合体系的方式协调起来。在两种相反思想的并列中，个人主义和社会化之间的价值冲突在这里显露无遗。需要说明的是，在如上的例子中，在 2002 年债法现代化改革以前，德民第 305 条以下以及德民第 313 条的规范功能均是以德民第 242 条诚信条款作为规范依据。

2. 缔约自由方面

实质化决定在合同正义层面缺乏体系一致性。在合同缔约自由领域同样如此。

私人自治的界限并非基于合同正义，而是基于合同自由。[2] 这适用于整个合同缔结的过程，即关于行为能力规则和意思表示欠缺规则，[3] 消费者保护法中消费者的特别撤回权，以及缔约前的信息说明义务，其目的是直接为缔约双方确立平等有效的缔约条件。所有这些情形的共同点是，合同当事方实际上缺乏行为能力上的判断自由，无论是基于判断的成熟度、错误、欺诈、胁迫还是意外，仅仅是通过限制合同自由或合同约束，

---

〔1〕 Vgl. Auer, Materialisierung, Flexibilisierung, Richterfreiheit, 2005, S. 27.

〔2〕 Vgl. Lorenz, Schutz vor dem unerwünschten Vertrag, Beck, 1997, S. 2ff., S. 4.；Zollner, Regelungsspielraume im Schuldvertragsrecht, AcP196（1996）, S. 1, S. 28

〔3〕 Vgl. Lorenz, Schutz vor dem unerwünschten Vertrag, Beck, 1997, S. 88 ff., 260ff.；

而不直接干涉合同交换关系。[1]

但是德国私法的主流观点认为,合同自由领域的这种实质化限制至少与基于自我决定的自由主义私法体系相容,因为它们是产生私法自治所必需的。[2]在合同正义层面的实质化干预与合同自由层面的实质化干预之间表面上看起来存在显著的差异:基于私法形式正义的要求,前者从一开始就被排除在外;后者似乎属于基本条件。但是在这两种实质化之间的根本区别是否真的存在?换句话说:符合体系的形式正义与违反体系的实质化之间是否存在根本性区分?确实对于私人自治进行限制的可接受性和必要性已经取得了共识,但是需要注意的是,它们出自传统的法律行为领域,如行为能力规则和意思表示欠缺规则。超出这个范围,体系上的协调便不复存在。例如,长期以来所引入的针对保护消费者的撤回权一直存在争议,因为这种社会化的消费者保护模式在体系上会让人担忧。出于类似的原因,德国一部分学者强烈反对"不平等的协商能力"或"当事人的不对称"这一提法。相反,会经常努力将对合同自由的实质性修正直接归结到缔约人缺乏自我判断,从而避免直接提及缔约双方之间的经济社会能力的不平衡。持这种观点的典型学者如卡纳里斯,他指出由于缺乏实际的自我判断能力,在这里恰恰能看到作为私法特征的形式正义与实质自由概念之间存在联系。[3]

但是,即使从这个意义上理解私法的概念,也不意味着它所包含的形式化和实质化评价在体系以及规范上达到协调。相

---

[1] Vgl. Canaris, Wandlungen des Schuldvertragsrechts –Tendenzen zu seiner Materialisierung, AcP 200 (2000), S. 273, 283ff.

[2] Vgl. BVerfGE 81, 242, 254f.; Zöllner, Regelungsspielraume im Schuldvertragsrecht, AcP 188 (1988), S. 85, 99

[3] Vgl. Canaris, Wandlungen des Schuldvertragsrechts –Tendenzen zu seiner Materialisierung, AcP 200 (2000), S. 273, 286 f., 296f.

反，即使在合同缔约自由的层面进行干预，实质性评价在内容上也必然与分配后果相关。总而言之，任何对合同自由实质化先决条件的承认都必然会导致私法制度的内在分配结构。[1]

（三）概括条款作为社会化价值的入口

正如行为基础丧失理论，合同的内容控制理论，合同缔结前的信息说明义务，以及本章开头提及的案例：家庭成员的保证违反善良风俗的例子中表明的那样，现行私法中大量具体化现象均要回到概括条款作为规范依据。[2]显然，概括条款在私法日益社会化、实质化的背景下具有重要作用。

通常将概括条款描述为私法中的"个案的实质化价值之门（Einfallstore materialer Wertungen）"。[3]但是这一观点给人造成的印象是，如果没有概括条款，私法对于相关的实质价值似乎没有相关的突破口。因此，概括条款与私法的其他规范不同，正是因为存在概括条款，实质化价值的突破才在规范逻辑上成为可能。在此基础上，有的学者认为，如果德国民法典最初没有根据第242条的概括条款为其发展提供合适的规范性起点，那么就没有行为基础丧失理论，或者换句话说，像行为基础丧失理论一样的其他法律制度几乎必须以第242条概括条款为规范依据。[4]

上述观点夸大了概括条款的实际功能。概括条款的发展表达了在私法中个人主义和社会化之间的张力。法典中包含概括条款，不能说明实质化价值成为现行法律的一部分，恰恰相反，

[1] Vgl. Canaris, Funktion, Struktur und Falsifikation juristischer Theorien, JZ 1993, S. 377, 385ff.

[2] Vgl. Heinrich, Formale Freiheit und materiale Gerechtigkeit, Mohr Siebeck, S. 315ff.

[3] Vgl. Hedemann, Die Flucht in die Generalklauseln: eine Gefahr für Recht und Staat, Mohr, 1933, S. 58.

[4] Vgl. Auer, Materialisierung, Flexibilisierung, Richterfreiheit, 2005, S. 43.

概括条款仅具备价值开放的构成要件,个人主义和社会化之间的价值差异,以及通过价值权衡修正绝对自由所导致的不正义的法律效果,从一开始就是私法秩序的应有含义,特别是在社会价值剧烈变化需要寻找突破口的时期。换句话说,并非概括条款使得实质的正义标准成为可能;相反,蕴含于私法秩序中的个人主义和社会化之间的价值差异导致了概括条款的出现。概括条款并非原因,而是私法中价值差异的结果;它的目的并非将实质化的价值纳入私法中,而是在个人主义和社会化价值之间不断权衡的工具。

行为基础丧失理论(情势变更)可以再次证明这一点。该学说最初追溯到奥特曼的论文,[1]其基础是德民第242条被用于帝国法院通货膨胀判决,导致德民第242条这一相当普通的规则成为概括条款。[2]因此,行为基础丧失理论并非基于德民第242条,因为这条规定是为别的规定而准备的,但是在判决中使用这一条款导致其被视为概括条款,并在以后的司法实践中进一步发展。[3]

另一方面,有人提出反对意见,德民第242条、第138条第1款所规定的标准完全不能互换,[4]并且像德民第138条第1款从一开始就被作为一个实质价值的个案突破口而规定。当然,这并不正确,因为德民第138条第1款是基于1900年已经充分

---

〔1〕 Vgl. Oertmann, Die Geschäftsgrundlage: Ein neur Rechtsbegriff, Deichert [u. a], 1921, S. 37.

〔2〕 Vgl. Luig, Treu und Glauben in der Rechtsprechung des Reichsgerichts in den Jahren 1900 bis 1909, in: Festschrift Wiedemann, 2002, S. 85 ff.

〔3〕 Vgl. Rüthers, Die unbegrenzte Auslegung, 6. Aufl., Mohr Siebeck, 2005, S. 13ff.

〔4〕 Vgl. Heinrich, Formale Freiheit und materiale Gerechtigkeit, Mohr Siebeck, S. 366 f.; Müller/Christensen, Juristische Methodik, 8. Aufl., Duncker & Humblot, 2002, Rn. 314ff.

发展的见解而规定的，即由于缔约方社会经验或知识等缺乏实际的决定自由，对合同正义和合同自由的纯粹形式上的理解并不能正当化。在这方面，个人主义和社会化之间的紧张关系并非随着概括条款的出现而出现，但是始终是概括条款存在的基础。

二、形式冲突：从形式理性到实质理性的变迁

前文所介绍的人与人之间应该互相承担责任的标准并非私法制度唯一的基本问题。另外一种结构上的冲突主要是基于法律确定性和个案正义之间的价值冲突，[1]以及私法构成形式的"规则"与"原则"二者之间的关系。但是这种被描述为私法思维上的基本冲突的理论基础最终应该在概括条款的功能下被研究。

（一）形式理性和实质理性之间的价值冲突

形式上价值冲突的基础就是法律安定性与个案正义之间的冲突，根据主流的观点，这一基本的冲突与规则和原则之间的对立密切相关。为了能够正当化这个说法，首先应当被澄清的是，"规则"和"原则"之间的区分是什么。虽然在本书的第四章第一节第一部分已经有所阐述，但是此部分将从形式理性与实质理性的角度再行阐释。

1. 规则和原则之间的区分

第一，概念不同。规则是以全有或全无的形式来适用的法律规范，一旦构成要件具备，就必然发生法律规范所规定的法律效果，是现实应然，是确定性命令。[2]即使某些规则包含例外，也无损于全有全无规则的适用，一个完整的规则必须包含

---

[1] 参见雷磊："法律方法、法的安定性与法治"，载《法学家》2015年第4期。

[2] 参见张嘉尹："法律原则、法律体系与法概念论——Robert Alexy法律原则理论初探"，载《辅仁法学》2002年第24期。

所有的例外，例外也是构成要件的一部分，理论上也可以被穷尽。但在涉及原则时则有所不同。原则是理想应然，是最佳化命令。[1]原则只是支持判决的理由。在一个案件中，可能存在另一个原则比其优越，而予以优先适用。[2]

第二，在强度上存在不同。原则包含规则所没有的强度面向，在发生规范冲突时尤其明显。当原则与原则发生冲突时，在系争个案中，具有较高强度的原则具有优先性，但是并不会导致另一原则失效，在另外一个案件中，二者的强度顺序可能存在互换。在规则与规则发生冲突时，如果某一规则并未成为另一规则的例外，则至少有一规则无效。规则冲突至少使一方规则失效，而被排除在法秩序之外。在原则为规则创造例外时，要衡量的就是规则背后的原则（用 A 表示）与相冲突的原则（用 B 表示）二者之间的关系，这时就需要原则承担论证义务。具体来讲就是虽然原则 B 在所涉个案中优先于支持规则的原则 A 而适用，但是也不能无条件推出原则 B 应优先于原则 A 而适用，因为原则 B 除了要与支持该规则的原则 A 相衡量之外，仍需与一些形式原则相衡量，如由权威机构所制定的标准必须遵守、不得无理由偏离形式化的制定法等。在法律中形式原则的强度越大，则其初显性就越强。[3]

2. 规则与法律安定性所代表的形式正义

在对规则与原则进行区分之后，接下来的问题就是规则所代表的价值是什么。普遍正义的要求以及法律确定性代表了规

---

[1] 参见陈景辉："原则、自由裁量与依法裁判"，载《法学研究》2006 年第 5 期。

[2] 参见冯威："法律体系如何可能？——从公理学、价值秩序到原则模式"，载《苏州大学学报（法学版）》2014 年第 1 期。

[3] 参见冯威："法律体系如何可能？——从公理学、价值秩序到原则模式"，载《苏州大学学报（法学版）》，2014 年第 1 期。

则所具有的形式正义价值。形式正义要求尽可能同等情况同等对待。[1]在这要求的背后所蕴藏的是避免司法的任意性的想法，因为对于特殊的个案判决而言，司法裁量权的空间越宽泛，破坏司法中立性和法律保留的可能性越高。此外，法律安定性的概念包括法律后果的可预测性和可确定性，从而保护私法主体在履行其行为方面对法律后果有所期待和信赖。从经济角度来看，高度清晰的形式化的法律规则似乎可以通过最大限度地降低法律后果的风险来提高私法效率。[2]

3. 原则与个案正义所代表的实质正义

原则作为一种法律规范形式，由于它的灵活性，促使它成为保证个案正义的起点。在德国的评价法学派看来，原则就是法理念的另一种表达，用来填补法伦理所连接的制定法的漏洞。[3]原则并非要求相同处理，相反需要根据案件的特殊性进行个案区分，从而实现个案正义。从这个角度来看，解释空间和自由裁量的空间因此成为公正适用法律的前提条件。特别是，原则允许在个案中揭示具体的利益，从而降低规避法律的风险和"黑箱"的出现。[4]

此外，基于原则的规范结构可以尽可能避免规范的事无巨细、不可避免的法律漏洞、利益冲突以及不一致的情形。同时，原则作为开放条款，可以灵活地使法律适应不断变化的社会生

---

[1] Vgl. Canaris, Systemdenken und Systembegriff in der Jurisprudenz, 2. Aufl., Duncker & Humblot, 1983, S. 83, 153.

[2] 参见雷磊："适于法治的法律体系模式"，载《法学研究》2015 年第5 期。

[3] Vgl. Bydlinski, Fundamentale Rechtsgrundsätze, Springer, 1988, S. 115ff.; Westermann, Wesen und Grenzen der richterlichen Streitentscheidung im Zivilrecht, Aschendorff, 1955, S. 16ff.

[4] Vgl. Canaris, Systemdenken und Systembegriff in der Jurisprudenz, 2. Aufl., Duncker & Humblot, 1983, S. 83, 153.

活,从而尽可能地减轻立法对任何一个案件均需要预测并予以规制的负担。因此,原则规范所设计的案例法通常比立法者制定的规则更能应对社会变迁对于法律的需求。从这个角度来看,原则所开创的造法空间可以成为未来立法者形成法律的理想的法政策空间。[1]

相较于原则,虽然规则具有更高程度的清晰性以及可预见性,但他们也不会强制为符合法律的行为创设有效的激励。尤其对于那些在私法交易中经常性地参与大量相同法律交易的市场参与者,他们可以从形成法律关系的成本中获得最佳收益。因此,形式规则的优点决不会在相同程度上同时有利于交易各方,恰恰是有利于那些已经精通或有效地取得法律建议的人。规则可以使这些当事人通过其可预见的法律后果,准确认识法律所允许的限制,并恶意地使用或不履行私法的形式要求,以便最大限度地实现自己的利益。

例如,"皇家商人"的案例就是根据德民第 242 条来处理无视法律形式规定的情况。[2]基本的案情是,一贯自称自己为"皇家商人"的被告,拒绝遵守德民第 313 条规定的形式要件,原因是他基于此称呼不受该规定限制,并且私人签订的合同与公正无异议。联邦法院认为原告基本上不能遵守法定形式,因为被告作为原告原来的雇主和被外界视为特殊商号之所有人,对原告具有很强的重要性,原告被要求先为给付,而且现在为维持其企业需要被告为其承诺的不动产。

鉴于这种情况,联邦民事法院根据德民第 242 条发现了对

---

[1] Vgl. Garstka, Generalklauseln, in: H.-J. Koch (Hrsg.), Juristische Methodenlehre und analytische Philosophie, Athenaeum, 1976, S. 96, 116f.

[2] 参见[德] C. W. 卡纳里斯:《德国商法》,杨继译,法律出版社 2006 年版,第 599 页。

于不动产交易，法定强制形式的例外不适用。因此，这个案件清楚地表明，严格适用规则的法律后果为故意欺诈行为创造了空间，从而造成保护目的的落空：要是没有修正，形式要求会变成一种毫无意义的形式，这种形式可以为恶意欺诈的出卖人带来额外的利益。[1]

德民第 242 条的优点在于，它能够从实际上阻碍甚至是完全排除合同里面体系性的不公平，并在许多情况下确保合同当事方获得平等参与的机会。只有原则才能使法官充分考虑到没有能在法律中充分规定的一方当事人的利益。

(二) 形式和实质正义价值冲突下的概括条款

正如个人主义和社会化价值冲突一样，在这里的问题是，形式与实质的价值冲突作为私法的基本结构如何通过概括条款发挥作用。

1. 规则所代表的形式正义作为私法的基本价值

在私法理论中，规则所代表的形式正义作为基本价值被承认。[2]从这个意义上说，在实质性基本矛盾的情况下，这项任务更容易掌握，因为在法律确定性与个人正义之间的冲突比在个人主义与社会化之间的冲突更为开放。

此外，法律确定性与个案正义之间的价值冲突在实践中也起着重要作用。例如，前文提到的出于正义原因而修正法律形式规定的情形，这样处理的前提条件是，产生的法律效果达到了无法忍受的程度，在这个时候为了个案正义就要牺牲法律的安定性。[3]更多的例子，如在个案中的行为基础丧失理论、合同

---

[1] Vgl. Canaris, Die Vertrauenshaftung im deutschen Privatrecht, Beck, 1971, S. 354 f.

[2] 参见易军：“私人自治与私法品性”，载《法学研究》2012 年第 3 期。

[3] 参见雷磊：“再访拉德布鲁赫公式”，载《法制与社会发展》2015 年第 1 期。

的内容控制、暴利行为、关于家庭成员保证违反善良风俗等等。总而言之,这种利益冲突再次发生在概括条款的适用框架之下。

2. 概括条款是为了确保个案正义的开放式条款

前文的例子不约而同地提出一个问题,在应对法律确定性与个案正义之间的矛盾时,概括条款承担什么样的功能。一般认为,概括条款被用于个案正义和公平。[1]因此,在形式理性和实质理性这一私法结构中,这一观点完全对应前文已经提到的"实质价值之突破口"这一概括条款的主要特征。在此之后,概括条款似乎不仅要考虑社会化价值的可能性,而且由于其具备不确定性的形式特征,也同时承担着确保个案正义的任务。正是由于在法律中嵌入概括条款,似乎使法官有机会在个别情况下修正因严格实施法律规则而引起的不公平现象。因此,在此基础上可以得出合理的结论:基于概括条款固有的创设性特征,它与其他法律规范均有所不同。

但是根据此处表达的观点,德民第 242 条以及德民第 138 条第 1 款之类的概括条款与其他如德民第 226 条的禁止权利滥用或与概括条款在构成要件上相类似的德民第 823 条第 1 款的一般人格权与企业经营权没有什么不同。因为这些构成要件都或多或少基于不确定的、内部的以及规范性标准,从理论上讲,它们的形式结构与德民第 242 条、德民第 138 条第 1 款都适合作为最一般的和修正的构成要件,非常接近现行私法中的概括条款。[2]

概括条款的产生并非基于私法可能保障的个案正义和平衡,

---

〔1〕 Vgl. Bydlinski, Juristische Methodenlehre und Rechtsbegriff, 2. Aufl., Springer Verlag GmbH, 1991, S. 366f.; Teubner, Standards und Direktiven, 1971, S. 59.

〔2〕 Vgl. Garstka, Generalklauseln, in: H.-J. Koch (Hrsg.), Juristische Methodenlehre und analytische Philosophie, Athenaeum, 1976, S. 114f.

而是反过来应当将概括条款作为个案判决的起点，因为对个案正义的追求在法典制定之初就是法律制度的基础，并且在社会和经济变动时期尤其突出。[1]

行为基础丧失理论的发展就是典型示例。这一学说首先为德民第242条作为概括条款特征的出现奠定了基础。需要强调的是，德民第242条的不确定性并没有导致行为基础理论的发展，相反是在德民第242条框架内固化了这一规定的概括条款的特征，也就是说，它的极端灵活性作为司法中个案正义和公平控制的连接点是合理的。最终，如维亚克尔所承认的那样，德民第242条的概括条款属性不过是法律确定性与个案正义之间冲突的表达：合目的性和可预测性，或更确切地说，个案正义和普遍性都是法律和正义的必要组成部分，但它们通常在实际的司法实践中会发生冲突。[2]

三、制度冲突：从法官拘束到法官造法

除了前面所讨论的之外，现代私法的第三对价值冲突是私法制度层面的冲突，即是否允许法官进行法律续造。因此，这个问题主要涉及的是法官与立者的权限划分问题。从19世纪的法源理论以及方法论一直到当代的法律推理理论以及权衡理论，几乎所有对法律适用理论的介绍都旨在尽可能理性化法律发现的过程，并尽可能缩小司法评价的空间。

在此必须区分两个问题：一是除了受约束的法律适用和合法的法律续造之外，自由的法律发现是否可能，自由的法律发现不应该被排除在法律适用外。这是使法律发现程序完全理性

---

[1] Vgl. Schmidt‑Syaßen, Konkretisierung von freiheitsbeschränkenden Generalklauseln, S. 25 ff.

[2] Vgl. Wieacker, Zur rechtstheoretischen Präzisierung, 1956, S. 10.

化的基础。二是为了适应不断变化的社会，司法造法不仅在某种程度上是合法的，甚至是可取的、必不可少的。分析私法基本的制度矛盾以及在当前私法思想下的具体含义。

（一）法官拘束和法官自由价值冲突的基本结构

1. 法官拘束：法官作为"涵射的自动售货机"[1]

在德国法律思想上，法官主要受制定法拘束。按照传统观点，司法判例甚至是最高法院的先例原则上没有拘束力。[2]因此，法学方法论的目的主要是为成文法的解释和续造提供规则。[3]在德国，法学方法论甚至是宪法问题。[4]要理解这一问题，最重要的是结合19世纪以来德国法学理论的发展。

在德国法学方法论中，对法官进行拘束的着眼点在于，批判性的自然法崩溃后，对于中立的、远离国家的司法活动的需求日益增加，法官在行使国家权力的过程中扮演的是中立的角色，因此在19世纪初司法机构在宪法中是作为一个独立的公民权利的捍卫者，并且反对不透明的国家权力的干涉。[5]在此种背景下的整个19世纪，潘德克顿法学被当作法律科学的理想，直到今天其仍然作为法官拘束的前提条件：法源理论以及法律解释理论。[6]从那时候起，法官拘束的基本思想是，只要遵循

---

[1] 参见［奥］恩斯特·A. 克莱默：《法律方法论》，周万里译，法律出版社2019年版，第16页。

[2] Vgl. Bydlinski, Hauptpositionen zum Richterrecht, JZ, 1985, S. 149, 150ff.

[3] Vgl. Larenz/Canaris, Methodenlehre der Rechtswissenschaft, 3. Aufl., Springer, 1995, S. 133ff., 187ff.

[4] Vgl. Rüthers, Methodenfragen als Verfassungsfragen? Rechtstheorie (2009), S. 272.

[5] Vgl. Ogorek, Richterkönig oder Subsumtionsautomat? Klostermann, 1986, S. 35 ff., 292ff.

[6] Vgl. Brockmöller, Die Entstehung der Rechtstheorie im 19. Jahrhundert in Deutschland, Nomos, 1997, S. 121ff.

第五章　概括条款的价值属性

公认的方法论规则将司法判决涵摄到法典中的规定，司法判决的中立、客观、可检验就是可能的。在私法领域最重要的法典编纂工作一直持续到 1900 年，最终使这种法官拘束的理想落实于制定法中，并将制定法作为最重要的法律渊源。[1]

总而言之，在 19 世纪科学适用的法律理论被创立，当然这主要是基于当时对法官拘束的理解，并且也是基于法源理论和理性论证方法论的双重预设。因此，这种合法性模式作为一个概念框架，能够从 19 世纪的法律适用中存在至今，这就使法律科学成为概念法学，并且法官的形象也称为"逻辑涵摄的自动售货机"，司法适用活动仅限于从法典所假定的无漏洞的法律规则中进行逻辑演绎式的适用。[2]但是一段时间以来，具有约束性的、中立的、政治无涉的私法理论还在持续地产生影响。例如，关于私法中基本权利的间接第三人效力，[3]在很长一段时间都没有得到承认。不言而喻，与基本权利相关的私法中的判决也是国家活动。因此，潘德克顿法学理论所代表的制定法实证主义或者概念法学是不正当的，因为它忽视了社会的变迁以及价值观念的改变，而这种观点在当今的私法秩序中占主导地位。[4]

2. 法官自由

前文所介绍的法官拘束的理想实际上是无法实现的。但是否法律发现的过程就是完全的法官自由？对于法官自由思考的出发点是，传统的法源理论和方法论无法适用，应该在法律发

---

〔1〕参见雷磊："什么是法教义学？——基于 19 世纪以后德国学说史的简要考察"，载《法制与社会发展》2018 年第 4 期。

〔2〕Vgl. Röhl, Allgemeine Rechtslehre, 1995, S. 623.

〔3〕参见［德］克劳斯-威尔海姆·卡纳里斯著，曾韬、曹昱晨译："基本权利与私法"，载《比较法研究》2015 年第 1 期。

〔4〕Vgl. Hager, Grundrechte im Privatrecht, JZ 1994, S. 373, 377.

现程序中正当化法官的自我评价,甚至消除法官的自由裁量权。由于最终判决的原因通常不是由制定法或法律方法所产生,而是来自广义上的法官法:对于案件事实的解释和判决的基础,总是取决于法官的主观理解,或者由法官权衡相关的价值和论证。[1]这意味着,尽管有些判决根据制定法和法解释理论能够得出明确的法律结果,但真实情况并非如此,许多具有说服力的判决并不具备能够认识到所有的正当标准,它并没有排除在正当论证的基础上还有其他同样合理的解决方案。

虽然这并不意味着传统的法学方法论永远不会作出正确的判决结果,但是相反地,始终还存在其他能够实现或至少能够实现的替代性主张无法实现。这与实质化价值的讨论非常类似,即具有决定性的实质化价值能够在多大程度上成为私法思维的一部分。同样,这里也出现了一个问题,在什么程度下,法律发现不仅需要法官拘束,还需要法官自由?

德国的法律思想所理解的法官自由,在19世纪末期和法官拘束的理想一并进行了讨论。[2]广为承认的转折点就是比洛(Bülow)在1885年发表的论文"制定法与法官"。在文中,比洛旨在将法律判决与"由国家权威机构所制定的法律"同等对待,一并当作法源。[3]因此,制定法并非"当前有效的法律",而仅仅是"针对未来的期望的法律草案",[4]真正的法律只能

---

〔1〕 这主要是自由法学派(Freirechtsbewegung)的主张,详细参见吴从周:《概念法学、利益法学与价值法学:探索一部民法方法论的演变史》,中国法制出版社2011年版,第230页以下。

〔2〕 Vgl. Klemmer, Gesetzesbindung oder Richterfreiheit, Die Entscheidungen des Reichsgerichts in Zivilsachen während der Weimarer Republik und im späten Kaiserreich (Fundamenta Juridioa, 30), Nomos, 1996, S. 437ff.

〔3〕 Vgl. Bülow, Gesetz und Richteramt, Duncker & Humblot, 1885, S. 6.

〔4〕 Vgl. Bülow, Gesetz und Richteramt, Duncker & Humblot, 1885, S. 3.

第五章　概括条款的价值属性

最终由法律判决所形成:"不是通过制定法,法官判决才是真正的法律";〔1〕也就是说,"不是制定法,而是制定法和司法判决,赋予了人民权利!"〔2〕这一思想过去一直被同时代的潘德克顿法学思想所影响,至迟在世纪之交这种趋势才有所扭转并且为法官法运动(自由法运动)奠定了基础;相对于传统的法律拘束理想,这一批判性的观点最终在 20 世纪的前 20 年被自由法学派推向了顶端。〔3〕

在 1885—1910 年这种发展趋势具有重要意义,首先在于法律意识的根本改变,通过这种改变,先前还处于不明显状态的私法冲突突然以公开的方式呈现:在此之前的法官造法,虽然在 19 世纪已经得到了公开的承认,但是主要是在法源理论和法解释理论的背景下进行的,它属于能够解决的以及隐性的讨论范畴。从当时私法理论被公开化地予以讨论,逐渐形成了从自由法运动、利益法学一直到如今的评价法学的整体发展。〔4〕

与 100 年前不同,如今普遍认为并非概念逻辑而是目的论的思想形成了私法概念体系的基础,〔5〕因此法律判决需要法官的价值判断,必要的时候需要法官的自我评价。〔6〕简而言之,即使后来的学说一再批评自由法理论,但是不得不承认的是自

---

〔1〕 Vgl. Bülow, Gesetz und Richteramt, Duncker & Humblot, 1885, S. 7.

〔2〕 Vgl. Bülow, Gesetz und Richteramt, Duncker & Humblot, 1885, S. 48.

〔3〕 参见 [德] 赫尔曼·康特洛维茨:《为法学而斗争:法的定义》,雷磊译,中国法制出版社 2011 年版。

〔4〕 Vgl. Petersen, Von der Interessenjurisprudenz zur Wertungsjurisprudenz, Mohr Siebeck, 2001, S. 3ff., 24ff.

〔5〕 Vgl. Canaris, Systemdenken und Systembegriff in der Jurisprudenz, 2. Aufl., Duncker & Humblot, 1983, S. 41ff.

〔6〕 Vgl. Larenz/ Canaris, Methodenlehre der Rechtswissenschaft, 3. Aufl., Springer, 1995, S. 188ff.

由法理论这种过于激烈的批评也对私法理论的发展作出了贡献，并且它确立了法官需要价值判断的必要性以及对法官严格约束的不可行性等认识。

直到19世纪末，当国家发展取得足够的进步使司法机构成为国家权力的组成部分时，这种意识的转变才成为可能。当时，原先那种认为一个纯粹的无政府的私法自由社会早已转变成一个更为复杂的包含新的经济、竞争和劳动法问题的社会图景。在这种背景下国家的意义发生了转变：如果在100年前国家被认为是对资产阶级所主张的自由领域的威胁，那么现在竞争法、消费者保护法以及劳动法等法律就证明，国家已经成为一种对于自由经济秩序保护越来越必要的手段。[1]但是这也削弱了早期所存在的国家干预管理与自由私法秩序之间的严格区分，正如比洛的论文所描述的那样，立法权和司法权首次被视为相互支持、相互补充的国家职能。[2]

（二）私法理论中法官拘束与法官自由之间的价值冲突

就像前文所讨论的个人主义和社会化以及法律确定性和个案正义之间的对立一样，现代私法的特征表现为法官拘束和法官自由这一基本的制度矛盾，[3]基于当前法学方法论的共识，尽管绝对遵守法官拘束是不可能的，但也不是完全走向法官的自由化。这一制度性冲突必须调和。

1. 从评价法学看法官拘束的可能性

评价法学的出发点是对私法制度及其基本思想作目的论理

---

[1] Vgl. Wieacker, Das bürgerliche Recht im Wandel der Gesellschaftsordnungen, 1960, S. 4ff.

[2] Vgl. Ogorek, Richterkönig oder Subsumtionsautomat? Klostermann, 1986, S. 263f. 75.

[3] 参见孙海波："在'规范拘束'与'个案正义'之间——论法教义学视野下的价值判断"，载《法学论坛》2014年第1期。

第五章 概括条款的价值属性

解,其并非逻辑概念结构,而是构成法律适用以及法律续造的基本价值秩序。[1]当前这种观点处于通说地位,例如,法律解释和法律续造最终是法官评价活动的不同阶段;类推,目的论限缩等法学方法在本质上并非逻辑推演,而是目的论适用,[2]几乎所有的法律问题最终都可以回溯到相互冲突的法律原则之间进行权衡。这一观念不仅对传统的法律内的法的续造有意义,即通常填补制定法漏洞的情形,而且对于法官自由的法律发现,甚至允许超越制定法的目的,在整体法秩序之内进行超越制定法的续造也有其意义。基于这个基础,能够试图证明如缔约过失、一般人格权、帝国法院的增值判决等司法判决的正当性。缔约过失主要基于信赖保护原则,一般人格权主要基于宪法上一般人格权的保护以及增值判决主要基于法伦理上实质等价原则的适用。[3]如此适用的结果表明,基于目的论层面的法律适用,甚至是广义上的法律创造过程也可以在方法论的视角下被满足。

另外,在超越法律的法的续造领域中法官的自我评价也是不可避免的。但是这种判决的理性化是否具有可验证性?笔者认为最后所提到的例子,自由的法律创造过程不可能完全从方法论的视角予以正当化。因此,试图通过实质的等价原则突破名义上的价值原则("马克等于马克 Mark gleich Mark")来予以正当化,[4]最后不得不承认,在一般法律原则的基础上,几乎任何形式的法律创造都是正当的,例如,在合同法中总是不断地要求考虑与形式的等价原则相反的实质的、更大的自由。

---

[1] Vgl. Canaris, Systemdenken und Systembegriff in der Jurisprudenz, 2. Aufl., Duncker & Humblot, 1983, S. 41ff.

[2] Vgl. Canaris, Feststellung von Lücken, 2. Aufl., 1983, S. 16, 31ff., 71ff. 78

[3] Vgl. Canaris, Systemdenken und Systembegriff in der Jurisprudenz, 2. Aufl., Duncker & Humblot, 1983, S. 247ff., 252.

[4] Vgl. Rüthers, Die unbegrenzte Auslegung, 6. Aufl., Mohr Siebeck, 2005, S. 69ff.

相对于法律确定性所要求的刚性，要不断考虑基于个案正义的更大的灵活性。

换句话说，评价法学的主张要求对私法做目的体系式的理解，在此基础上所取得的法律判决具有可检验性，但是在任何情况下这都不能完全实现，因为在现实的判决中要决定的价值经常无法在规范上形成一致；也就是说，并没有提出一种能够消除价值间紧张关系的解决方案，恰恰相反的是面临着不同价值间无法解决的矛盾。在法律内的法律续造中也同样存在类似的问题，相关的价值评价与法律规范的规定存在紧张关系；但是如果要放弃法律规范的安定性，则私法思想的制度矛盾就会公开呈现，并且会再次质疑在此基础上所作出的判决在方法论上的合理性。

2. 通过法律论证来实现法律发现的理性化具有缺陷

当前的方法论已经认识到在超越法律的法的续造阶段，在方法论上被称为正确的判决，基本上都遵循着一些比较模糊的基本规则，如这一阶段的判决不能抵触制定法；相对于纯粹的法政策考量，判决要合法化必须遵循特定的法律标准。[1]相对于整体的私法思想，在前面所提到思想的背后存在一个极为有特点的思考：法律判决理性化的决定性基础在于基础论证的合理性，也就是说，只要在特定法律意义上的基础论证是可检验的，那么就可以在严格的制定法拘束之外正当化判决。[2]

上述思想构成了在程序正义思维背景下所发展起来的法律论证理论的基础。[3]德沃金试图通过严格限制"原则"而非

---

[1] Vgl. Larenz/Canaris, Methodenlehre der Rechtswissenschaft, 3. Aufl., Springer, 1995, S. 232f., 246f.

[2] Vgl. Alexy, Theorie der juristischen Argumentation, 3. Aufl., 1996., S. 31ff., S. 36.

[3] 参见［德］托马斯·维滕贝格尔著，张青波译："法律方法论之晚近发展"，载《法哲学与法社会学论丛》2005年，第23页以下。

第五章 概括条款的价值属性

"政策"论证来正当化法律判决,也就是说,通过"法律"而非"法政策"来证明法律判决的合理性。[1]德沃金的"原则"仅仅支持个人或者团体的权利主张,而"政策"论证只是服务于集体目标或利益。在司法判决过程中排除可能具有的"法政策"论证,通过被允许的法律论证的程序性要求来禁止司法恣意的危险。[2]阿列克西也是法律论证理论的支持者,不过在他《法律论证理论》一书中表达了与德沃金不同的观点,他把传统的法律解释和法律续造建立在实践商谈理论的基础上,以此作为理性法律论证具有规范拘束力的前提。[3]

但是法律论证与法政策论证之间并没有清晰的界限。至少在基于权威法律渊源的直接法律论证范围之外,上述二位学者所主张的将"法律"与法内价值判断之外的以结果导向和社会科学导向论证的"法政策"区别开,从而强调基于社会科学领域实践商谈所得出的有拘束力的法律论证,无论是理论还是实践均不可能。[4]

因此,无论是从经验上还是从规范主义上,德沃金所主张的基于原则的法律发现理论被否定了。尽管从经验上它失败了,但是显而易见的事实是,在无数案件中,法官并不仅根据"原则"作出判决,而且考虑社会有用性、适当性,案件事实等明确的"政策"考量因素,从规范理论的角度来讲这是不能成立的。一方面,鉴于法律体系的复杂性以及已经认识到的利益和

---

[1] 关于"原则"与"政策"的讨论,详见[美]罗纳德·德沃金:《认真对待权利》,信春鹰、吴玉章译,中国大百科全书出版社1998年版,第116页。

[2] 参见张嘉尹:"法律原则、法律体系与法概念论——Robert Alexy法律原则理论初探",载《辅仁法学》2002年第24期。

[3] 参见[德]卡尔·拉伦茨:《法学方法论》,陈爱娥译,商务印书馆2003年版,第32页以下。

[4] Vgl. Auer, Materialisierung, Flexibilisierung, Richterfreiheit, 2005, S. 81.

价值的多样性，几乎总是可以将"政策"转换为相应的"原则"，反之亦然；另一方面，德沃金将"原则"限制于民主论证，禁止溯及既往以及论证一致性这些领域的观点不能令人信服，特别是在确实存在问题而不存在"原则"的领域，而分配给政党权力的观点，尤其不能令人信服。[1]

因此，如上这些反对观点基本上得到了前面观点的强化，在某一范围内几乎所有的私法判决，如履行障碍法与缔约前的信息说明义务没有什么不同，最终都代表了对同一时代法政策所提出的基本问题的回答。基于这个原因，由于缺乏实用性似乎并不存在一个合适的界限，在法律讨论中按照方法论的方式排除"法律政治"论证基本上是不切实际的。在不考虑其各自经济影响的情况下，可能无法充分回答诸如消费者保护的撤回权或合同缔约前信息说明义务之类的问题。

此外，至少在权威法律渊源的法律论证之外，根据合法性约束效应来衡量（Legitimität oder Bindungswirkung）法律推理似乎是错误的。这种批评不仅反对前文所讨论的法律和法政策论证之间的区别，而且反对如阿列克西的法律论证理论或传统法学方法论等试图通过接纳论证的约束性来合理化法律推理的观点；[2]无论是传统的法律解释还是权衡、超越法律的法的续造的法律论证在多大程度上可行并且具有说服力而被接受。然而，这种说服力完全取决于个人的衡量，因为个人对于案件事实的认识可能因个案而异。[3]

因此从这个观点来看，那些宣称的合法的法律论证只是表面的理性化，这既掩盖了法律判决最终所考虑的不可预测的因

---

[1] Vgl. Auer, Materialisierung, Flexibilisierung, Richterfreiheit, 2005, S. 82.

[2] Vgl. Neuner, Die Rechtsfindung contra legem, Beck, 1976, S. 112ff.

[3] Vgl. Esser, Vorverständnis und Methodenwahl, 1970, S. 123ff.

素，也会使许多法律判决不满足那些具有强制说服力的事实；但这恰恰不会影响法律的效力，反而可以最终接受开放性论证的结构。

3. 法官权衡的理性化存有缺陷

如前文所述，法律论证最终实现理性化是不可能的，但是规范性判决在方法论上的可检验性并不是来源于基本权衡程序的理性化，这在程序正义思想背景所提出的问题尚未得到回答。[1]

德沃金在《认真对待权力》一书中认为，法官基于权衡所得出的判决能够实现理性化，以此为基础的权衡理论的出发点是，如果基本权的性质和重要性接近了一个单一的、确定的解决方案，那么法官的价值判断不仅可以是主观的，而且也可以是完全客观的，并且通常是可检验的。[2]在私法中的很多地方都存在这样一种想法，即可以对某些价值和权衡情况类型化，并且基于方法论理性化。比如说经常被误解为一种独立的方法论类型的威尔伯格（Wilburg）的"动态系统理论"，这种理论以几个互相协调且权重可变的价值标准为基础，如果特别突出其中的某一个，在这种情况下别的标准就可以被代替，相对于具备定义明确的构成要件，不需要出现全部的要素就可以允许特定的判决理性化。[3]

现在需要注意的是这种类型的思考方式是否可以浓缩成理性法律论证的一般理论。首先，阿列克西在此基础上进行了尝试，在两个原则相互碰撞的情况下，如果一个原则不实现或者损害程度越高，则实现另一个原则的重要性就越高。[4]后来，

---

〔1〕 Vgl. Röthel, Normkonkretisierung im Privatrecht, Mohr Siebeck, 2004, S. 146ff.

〔2〕 Vgl. Auer, Materialisierung, Flexibilisierung, Richterfreiheit, 2005, S. 85.

〔3〕 Vgl. Wilburg, Entwicklung eines beweglichen Systems im bürgerlichen Recht, 1950, S. 4ff. S. 12f.

〔4〕 Vgl. Alexy, Theorie der Grundrechte, 1986, S. 146.

阿列克西使用宪法上两个相互冲突的基本权作为示例对这一权衡过程进行了说明，这一权衡结构可以很容易地转移到私法问题上，在这种情况下，法官权衡判决的理性化是可能的，基于非常充分的理由对某一法益进行轻微的干预是能够被正当化的。[1]类似的基于评价标准的顺位，权重和相冲突原则的实现程度等理性假设，虽然有所批评，但还是在许多文献中得到了支持。[2]

必须认识到完全的法官权衡并不能满足理性化的要求。如果我们再次审视刚刚讨论过的阿列克西的权衡理论就会发现：在他所讨论的情形中，都是基于某一个法益的权重占主导地位，但是如果在个案中碰到需要权衡法益权重基本相同或无限接近，阿列克西就不可避免地承认"结构性权衡空间"的存在，因此在这种情形中，他的权衡方法就趋于失败。对于德沃金的《认真对待权力》也同样适用。因为在"疑难案件"中，这种方法不仅是无法实现的，而且在理想情况下各价值之间达成一致的理论假设也同样会失败。但是在德国的理论讨论中已经认识到，上述的这种批评应该视情况而区分对待，即批评是从权利的本体论角度理解还是仅仅是将其作为规则而理解；或者认为确实存在一个正确的解决方案，尽管经不起检验；或者仅将其视为一种方法论假设，但是这种方法论假设并非总是能够实现法律发现过程的理想目标。[3]

然而，关于权利理论的两种变体最终都无法实现。如果从本体论的角度来理解它，那么一开始就会被法律发现的实际情

---

[1] Vgl. Alexy, Theorie der Grundrechte, 1986, S. 143ff.

[2] Vgl. Hubmann, Wertung und Abwägung im Recht, Heymann, 1977, S. 20ff.; Krebs, Die Begründungslast, AcP 195 (1995), S. 171ff.

[3] Vgl. Langenbucher, Entwicklung und Auslegung von Richterrecht, Beck, 1996, S. 38f.

况所驳斥，毕竟在大多数真正的疑难案件中，并不存在唯一正解，而是存在同样合理的并且随着时间的流逝也终将被丢弃的一系列解决方案。[1]从一开始就将这一过程设定为一种"唯一正解"，似乎完全远离现实。例如，本章开头提及的案例，从1993年以来联邦民事法院关于家庭成员保证违反善良风俗的判决，考虑到宪法所保护的保证人的经济行为自由这一基本权利，确实比之前的判决更符合论证的正确性的要求。但是具体的正义到底是什么，并不存在唯一确定的标准，例如，联邦最高法院的第四法庭对这一问题就是持保守的态度，而第六法庭就较为开放。

应该注意的是，这种批评还涉及对权利的规范性理解。这种将权利理解限制为纯粹的认知主张的确避免了与权利形成的事实条件发生直接冲突。[2]但是根据这种理论的认知性价值导向，当它所要调整的实践情形与真实的实践不符合或者在许多情况下不相对应就会产生问题。[3]另一方面，并不能认为，寻找唯一正解就是不值得的，因为在很多情况下这依然是有意义的；但是这种做法也确实会掩盖在存在法律适用问题的情况下这种主张的无用之处。因此寻找唯一正解的做法通常都是自我认知的结果。在很多案例中存在的多数原则都具有同等权重，所以无论如何寻求唯一正解都缺乏可操作性。

4. 通过承认先例拘束来实现法官判决的理性化

在部分承认先例拘束力的基础上，私法中的法官造法是否能够在方法论上被正当化；如果不仔细思考，这一想法似乎确实为法官造法提供了相当重要的理由，特别是在那些存在开放

---

[1] Vgl. Langenbucher, Entwicklung und Auslegung von Richterrecht, Beck, 1996, S. 38f.

[2] Vgl. Langenbucher, Entwicklung und Auslegung von Richterrecht, Beck, 1996, S. 38f.

[3] Vgl. Meier-Hayoz, Wertungswandel und Privatreche, JZ, 1981, S. 417, 419.

部分的构成要件和概括条款领域。[1]

在德国,关于先例是否具有拘束力存在很大的争议。主流的观点还是不予接受。[2]相比之下,克里勒(Kriele)和阿列克西试图协调最高法院作出的实际上已经超出个案的判决与传统的法源理论相一致,通过这种努力,虽然先例依旧没有像制定法那样完全的拘束力,但是它确实具备了推定正确性的后果或规范性功能,继而反过来成为后续司法判决的论证起点。[3]此外,如果关于适用现行法律存在几种裁判方案时,卡纳里斯和比德林斯基甚至主张先例是真实的、附属的、具有法律拘束力的法源。[4]另一方面,菲肯切(Fikentscher)基于他的"个案规范理论(Fallnorm)"采用了不同的方法:从不存在抽象的法律规范,而只能从抽象的法律规范中衍生出具体的"个案规范",而这一"个案规范"才是真正解决案件事实的法律规范,以此真正具有拘束力的是"个案规范"。[5]

在这一意义上,先例低于具有完全拘束力的法律渊源,但具备有限拘束力的这一思想,不能因为承认先例具有拘束力对法律和宪法而言是陌生的,因此从一开始就被拒绝。[6]因为考

---

[1] Vgl. Larenz/Canaris, Methodenlehre der Rechtswissenschaft, 3. Aufl., Springer, 1995, S. 258.

[2] Vgl. Langenbucher, Entwicklung und Auslegung von Richterrecht, Beck, 1996, S. 120f. Germann, Präjudizien als Rechtsquelle, Almqvist & Wiksell, 1960, S. 11, 26.

[3] Vgl. Kriele, Theorie der Rechtsgewinnung, 2. Aufl., Duncker & Humblot, 1976, S. 243ff.; Alexy, Theorie der juristischen Argumentation, 3. Aufl., 1996. S. 334ff., 339.

[4] Vgl. Bydlinski, Juristische Methodenlehre und Rechtsbegriff, 2. Aufl., Springer Verlag GmbH, 1991, S. 376, 506ff.; Larenz/Canaris, Methodenlehre der Rechtswissenschaft, 3. Aufl., Springer, 1995, S. 256ff.

[5] Vgl. Fikentscher, Methoden des Rechts in vergleichender Darstellung, Bd. IV, Mohr Siebeck, 1977, S. 202ff., 336ff., 382f.

[6] Vgl. Langenbucher, Entwicklung und Auslegung von Richterrecht, Beck, 1996, S. 23ff.

虑到权力分立和法治国原则以及宪法所规定的司法独立的有关标准（《德国联邦基本法》第20条第2款和第3款，第97条第1款），"制定法和法律（Gesetz und Recht）"对于法官具有拘束力。特别是先例不具备完全法律渊源所具备的功能。因此，有限的先例拘束力仅从法理论或方法论层面来决定。

基于先例有限的拘束力来实现法律判决的完全理性化是不可能的。从前文可以明显看出，法官自由与基于制定法的传统法学方法论以及承认先例具有拘束力的法源完全无关，因为对于法官来讲，判决先例的解释适用以及续造完全具有与传统法学方法论中法解释那样的独立自由的空间。正如行为基础丧失理论所表明的那样，法官创造最重要的发展在于，尽管后来可以依据司法先例作出判决，但它们仍无法连续地与已经作出的判决发生联系，因此对于已经存在的法官法，后续的这些新的判决代表了真正的法伦理的突破。反过来，法官拘束的思想不考虑与之相反的法官自由也是不可能的，因为司法确信力的存在能够被正当化，并不依赖于基于制定法以及先例法的约束思想。

（三）私法制度性冲突下概括条款的功能

概括条款在处理法官拘束与法官自由之间的价值冲突中扮演什么角色？例如，行为基础丧失理论的出现，合同的司法审查，缔约前信息说明的前合同义务、暴利行为以及违反善良风俗的家庭成员之间的保证等均是法官创造的典型事例，很明显这些裁判的得出均是以概括条款作为裁判依据。在关于法律判决正当性的讨论中概括条款扮演了一个极为重要的角色，即作为在私法中法官拘束与法官自由之间价值冲突的缓冲器。

概括条款作为"授权规范"。比如像行为基础丧失理论的出现，只有概括条款才能使法官创造成为可能，或作为司法自由裁量权和接纳法律外论证的突破口。简言之，概括条款在法典中的规定似乎成为在其基础上成为法官法的必要条件。在此背景下，将概括条款称为"授权规范"，也就是说把本该属于立法者的权力转移给司法机关。[1]概括条款是立法部门和司法部门之间权力正常分配的可允许例外，该条款授权法官具有造法权限，否则法官的任务仅在于执行宪法和法律的规定。[2]

与迄今为止所讨论的概括条款被视为实质性评价的突破口或是被当做确保个案公正的阀门相比，这里对概括条款的认识还是不精确。法官具有造法的自由并不仅仅是因为概括条款的授权功能，相反，概括条款只是法官创造的起点，因为对自由的法律续造以及个案正义的需求从一开始就是以私法思维为基础的，这是规范性的基本需求。简而言之，概括条款的产生和发展并不是原因，而是法官约束和法官自由之间价值互相权衡的结果。它的功能也并非将立法者的权力转移给司法者，而是使法官拘束与法官自由之间在历史可变化的张力始终处于新的平衡。

这里依旧可以借助帝国法院的增值判决和已经提及对于名义价值"马克等于马克"的突破来说明。[3]这一类型判决的发展意义并不仅仅是因为它修正了制定法，更重要的是通过司法

---

[1] 关于"授权规范"这一提法，最早可以追溯到利益法学派的主张。Vgl. Heck, Grundriß des Schuldrechts, 1929, §4, S.11ff.; Hedemann, Flucht in die Generalklauseln, 1933, S.58; 最近的讨论可以参见 Teubner, Standards und Direktiven, 1971, S.61; Bydlinski, Möglichkeiten und Grenzen der Konkretisierung aktueller Generalklauseln, in: O. Behrends/M. Dießelhorst/R. Dreier (Hrsg.), Rechtsdogmatik und praktische Vernunft. Symposion zum 80. Geburtstag von Franz Wieacker, 1990, S.189, 199; Ohly, Generalklausel und Richterrecht, AcP201 (2001), S.1, 7.

[2] Vgl. Bydlinski, Möglichkeiten und Grenzen der Konkretisierung aktueller Generalklauseln, in: O. Behrends/M. Dießelhorst/R. Dreier (Hrsg.), Rechtsdogmatik und praktische Vernunft. Symposion zum 80. Geburtstag von Franz Wieacker, 1990, S.189, 199.

[3] RGZ 107, 78, 87 ff.

判决赋予德民第242条概括条款的功能，超越法律的法的续造也以此条款作为规范依据。在行为基础丧失理论出现两年之后就已经取得了巨大的进展，以至于帝国法院的法官甚至拥有立法者的权力来修正制定法以及合同。

四、小结

总之，法官拘束和法官自由、个人主义和社会化之间以及法律确定性和个案正义之间的冲突没有区别，都是法律发现过程不可或缺的因素。可以看出目前所讨论的私法思维的三个基本矛盾在发展以及效果上都紧密相关。在19世纪末期基于社会的发展，要求更多实质和个案正义，因此法官自由的思想进入了私法的讨论。因为像社会化、个案正义以及法官自由等价值已经成为基本价值的组成部分，相比个人主义、形式主义以及法官拘束等不考虑单个人占支配地位的传统法律意识，社会化、个案正义以及法官自由优先考虑个案正义。考察整个19世纪以来德国私法理论的发展可以发现，私法的基本价值秩序从最初的隐而不彰转变为如今的法典公开承认。

本章的目的就是基于新视角来审视私法思维的结构，并在此基础上最终总结出概括条款的实际功能。此处所谓"新"的含义，就是摆脱将私法的规范基础浓缩为价值统一的原则体系这一传统看法，并且明确地揭示出私法本身所具备的价值冲突。同时本章的目的也表明这三对基本矛盾必须从历史的视角观察，并且在历史变迁中不断达到妥协，从而构成现代私法思想发展的真正动力。

在此基础上必须重新认识现代私法制度中概括条款的发展及其功能。特别是诸如德民第138条第1款、第242条等概括条款在传统上通常被称为"实质性价值的阀门""考虑个案正义的开放式条款"或"立法者对司法者的授权规范"。尽管它们揭示了概括条款的功能与私法思想的实质化、形式化和制度化之间的联系，但这些并非本质，因为它们并没有正确揭示二者的因果关系，并非概括条款引起了私法的社会化评价、对个案正义的追求以及法官创造的自由，恰恰相反，所有的这些现象都是个人主义与社会化、法律安定性与个案正义以及法官拘束与法官自由三对私法基本矛盾的表达，概括条款仅仅是作为规范依据。

第六章 概括条款适用的方法论位阶

法学方法论处理的客体是规范文本。在规范文本不确定的情况下，法官应该如何处理案件，就必须要有一套法律规范的方法。按照传统法学方法论，法官处理法律规范可以把法律适用的阶段分为两个层次三个阶段，分别是法律解释（Auslegung）、法律漏洞（Gesetzeslücke），法律漏洞又可以进一步区分为制定法漏洞和法漏洞，分别对应法律内的法的续造（gesetzesimmanente Rechtsfortbildung）以及法律外的法的续造（gesetzesübersteigende Rechtsfortbildung）。[1]

概括条款处于法学方法论的边缘地带，也就是法律解释和法律续造的边界非常不清晰，[2]构成特别的问题，因此概括条款在方法论上具有特殊任务（als Hilfsfigur der Methodelehre mit spezialen Aufgaben）。[3]具体来讲，概括条款所呈现出的特殊性不存在可能的文义，只是一个价值取向的指令，而对其适用是否都属于法律解释，抑或有可能属于法律漏洞的填补，在此需要回答如下

---

[1] 参见［德］卡尔·拉伦茨：《法学方法论》，陈爱娥译，商务印书馆2003年版，第193—300页。

[2] 参见［德］卡尔·恩吉施：《法律思维导论》，郑永流译，法律出版社2004年版，第172页。

[3] Vgl. Weber, Einige Gedanken zur Konkretisierung von Generalklauseln durch Fallgruppen, AcP192（1992），S.（516）542f.

文义解释、体系解释、历史解释以及客观目的解释四种,至于合宪性解释,按照学者的观点完全可以纳入体系解释之中。[1]因此,在这里仅仅分析法律解释的目标对四种解释方法适用的影响。在运用如上解释方法对法律规范进行解释时,采用什么样的顺序,并没有统一的结论。拉伦茨认为解释的活动不是一道计算题,而是一种有创造性的精神活动,可以看出其也没有提供统一的适用标准。

无论法律解释的目标是选择主观说还是客观说,有一点是没有争议的,那就是解释的起点均为法律规范的文义。主观说以历史解释为代表,客观说以客观目的解释为代表,因此在适用顺序上,这里的体系解释的定位就显得极其重要。对于体系解释,早在黑克时代,就做出过定论,即体系解释只能和其他的解释方法结合使用,来辨识历史上立法者对于利益所做出的权衡。[2]当然其出发点是用来协助寻找所谓的利益状态。发展到今天,可以说体系解释已然不是当时的唯一功能。按照雷磊教授的观点,体系解释可以支持主观说,亦可支持客观说。在运用体系解释这种方法时,如果针对当下待决案件所应该适用的法律规范经过对比发现其与历史上的立法者的意图是相同的,则其为支持主观说;若经过对比,发现现有的规范内涵与当初立法者所设定的意图存在差异,则为支持客观说。在支持主观说的情况下,体系解释是为了说明立法者的意图,其相对于历史

(接上页)forme Auslegung)甚至法律的经济分析;Vgl. Reinhold Zippelius 所提出的符合比较法解释;等等。Vgl. Bydlinski, Juristische Methodenlehre und Rechtsbegriff, 2. Aufl. , Springer Verlag GmbH, 1991, S. 36ff; Reinhold Zippelius, Juristische Methodenlehre, 9. Aufl. , 2005, S. 58.

[1] 参见[德]伯恩·魏德士:《法理学》,丁小春、吴越译,法律出版社2003年版,第326页。

[2] Vgl. Heck, Gesetzesauslegung und Interessenjurisprudenz, 1914, S. 92.

第六章　概括条款适用的方法论位阶

解释本身就是阐述立法者的意图而言，属于附属性的，因此解释方法的适用顺序依次是文义解释—历史解释—体系解释—客观目的解释。在支持客观说的情况下，体系解释是以制定法相对比，其为"制度性论据"，而客观目的解释没有制度性的实在法作为支撑，其属于"非制度性论据"，因此解释方法的顺序就依次是文义解释—体系解释—客观目的解释—历史解释。[1]

因此，在这里可以发现关于法律解释的目标的主客观说的本质关系到不同解释方法的适用顺序问题。

(二) 法律解释的目标事关法律解释和法律续造的界限问题

按照通说，法律解释与法律续造的界限是法律规范的文义。在文义范围之内，则为法律解释问题，超出文义范围则为法律续造问题。

按照概念法学的说法，法律是没有漏洞的，任何一个争议均可在成文法中找到答案。如此最为极端的主观说的观点，适用法律规范应该严格按照制定法的文义及立法者的意志进行解释，法律不存在漏洞。但是概念法学的这种主张毕竟只是一种美丽的设想，任何一部法律均无法解决所有的问题，因此法律有漏洞需要进行漏洞填补已成为学界共识。

在承认法律有漏洞的前提下，按照主观说的观点，此处的"计划"是为立法者的意志和目的，也就是由制定法整体所体现出来的法价值。填补法律漏洞的方法，比如根据平等原则的类推（Analogie）、目的性限缩（teleologische Reduktion）等方法来弥补公开的（offene Lücken）以及隐藏的漏洞（verdeckter Lücken），其填补的无非是成文法规与立法目的及立法精神之间的间隙。也就是说在适用这些漏洞填补的方法时，要充分从法

---

〔1〕 参见雷磊："再论法律解释的的目标——德国主/客观说之争的剖析与整合"，载《环球法律评论》2010年第6期。

律中挖掘立法者所要体现出来的基本价值，以此来作为上述法学方法适用的依据。若超出上述制定法及其基本价值之外的界限所为的法律续造称为超越法律的法的续造，这一阶段续造法律的依据是法的客观目的，即"事物的本质""法伦理"等（见表6-1）。

表 6-1

阶段＼依据	法律规范（立法者的决断）	法律规范所体现的价值及立法目的	立法空白（法律目的/正义）
法律解释	√		
法律内的法的续造		√	
法律外的法的续造			√

"主观说"下三阶段的界限

按照客观说的观点，法律独立于立法者，其自身即具有理性，法律解释的目标也是围绕于此。因此成文法仅仅是体现法的目的的载体。在认定违反计划的不圆满性时，这里的"计划"就不是所谓立法者的意志，而是整体法秩序本身的理性。具体而言，在法律解释时，文义、立法者意图以及体系均服务于法的目的；在界定法律内的法的续造时，同时要参照前面所探寻的法的目的作为漏洞填补的依据；在超越法律的法的续造阶段，作为漏洞填补的依据同样是法的目的，不过这一阶段的法的目的不同于法内续造的法的目的，其虽然超出第二阶段的法的目的，但是依旧在整体法秩序之内（见表6-2）。

· 162 ·

表 6-2

依据 阶段	"客观说"下三阶段的界限		
	法律规范所确立的法律意志	法律规范所体现的法律目的及权衡	纯粹的法律目的（正义）
法律解释	√		
法律内的法的续造		√	
法律外的法的续造			√

所谓法律漏洞，即违反计划的不圆满性。从以上关于主观说与客观说的区分来看，主要在于如何认定这里的"计划"，即"计划"是立法者的计划还是法律的目的。因此，采取何种学说，关系到如何认定法律解释与法律续造的界限。

按照主观说的标准，法律内的法的续造与法律外的法的续造是按照制定法及其立法意图为界限，因为法律内的法的续造是在立法者的目的以及整体计划范围内，而超越法律的法的续造是在立法者目的及计划之外，以法律目的为依据。但是要是按照客观目的为标准的话，法内的法律续造以及超越法律的法的续造都是法律目的，其都属于超越法律，甚至连既有法律规范的法律解释都是法律目的。这三个阶段的各自法律目的是否能够辨识清楚，是否会产生以法律解释为名而行法律续造之实，更极端一些，如此法学方法论所区分的三个法律适用阶段是否都可以统一称为"法律漏洞填补"，均存在疑问。

综上所述，法律解释的目标的主客观争议的本质关系到法律解释与法律漏洞的界限问题。

（三）法律解释的目标事关立法权限的划分以及法律本质问题

方法论问题就是宪法问题，它涉及立法权与司法权划分的问题。[1]这也是如何理解制定法的关键，可以说关于制定法解释采取何种学说，关系到如何理解立法者与法官、法的安定性与正义如何在实证法上的平衡问题。

归纳言之，法律解释的主观说所代表的是维护立法权的权威，根据《德国联邦基本法》第20条第3项、第97条第1项分别规定，执行以及法院判决应受法及制定法拘束、法官是独立的，只服从制定法。[2]从宪法上来讲，立法权是被分配给立法机关的，法官在作出裁判时必须受制定法及其价值拘束。在政治哲学上符合民主正当性、权力划分的要求，在价值上符合法律的可预测性及法的安定性要求，代表了法的形式理性。[3]

而客观说主张授予法官更大的权限，即法律是一种和客观性理念具有内在关联的事业，法官要去探寻法律在当下所体现出来的规范性意义，以顺应时代发展对于法律的要求，其所关注的是个案的正当性，追求正义，代表一种实践理性。但是，所谓法律在当今的规范性意义很容易流于借助此规范性意义以实现个人的主观恣意，尤其是法官的个人恣意。

法学发展至今，承认实证法存在法律漏洞已经是共识。如果在法律漏洞填补阶段，究竟是以立法者的主观目的还是以法律的客观理性作为根据来填补漏洞存在争议的话，尚可理解。但是在法律解释阶段就进行主客观的争论，这明显是对立法机

---

[1] Vgl. Rüthers, Mein Juristisches Jahrhundert, in: Rechtshistorisches Journal 19 (2000), S. 644.

[2] Vgl. Dirk Looschelders/ Wolfgang Roth, Juristische Methodik im Prozeß der Rechtsanwendung, 1996, S. 51f.

[3] 参见雷磊:"从'看得见的正义'到'说得出的正义'——基于最高人民法院《关于加强和规范裁判文书释法说理的指导意见》的解读与反思", 载《法学》2019年第1期。

第六章　概括条款适用的方法论位阶

关所通过的成文法置若罔闻。立法机关对于其认为应该予以规范的法律利益已经根据宪法所赋予的立法权以成文法的形式予以确定，其体现的是法律权威。如果法官在适用法律解释法律时，根据其主张的正义的法对现有的成文法及其所表达的意图随意进行偏离甚至修正来实现其"正义的诉求"的话，那么根本不需要成文法典，只需要在每件案件中进行衡量即可。

法的安定性是主观说的要求，而追求正义是客观说的要求。二者可能相互一致，即法律符合正义；但也可能相互对立，即二者之间存在紧张关系——法律安定性与正义之间的紧张。如果将提问改为"法律是否必须内含道德？"就是法律与道德之间的紧张；如果将提问改为"法律优先或正义优先？"就是法实证主义与自然法之间的紧张；如果将提问改为"因为合法所以正当或是因为正当所以合法？"就是合法性与正当性之间的紧张；如果将提问改为"违反实质正义的实证法律有效无效？"就是实证法律与实质正义之间的紧张。这种紧张，构成了法哲学上永恒的命题。

因此，法律解释采取何种解释目标，更涉及法与法律、法概念与法效力等法哲学问题。[1]例如，就"法律是否必须内含道德"这一问题，在当代西方法理学界，一直存在关于"分离命题（the Separation Thesis）"和"联结命题（the Connection Thesis）"的争议。[2]分离命题的主要观点是法律与道德概念没有概念上的必然联结，相对地其关于法学的方法论就是以不涉及道德评价的方式来分析法律的概念以及法律的本质，其代

---

〔1〕 参见雷磊："法哲学在何种意义上有助于部门法学"，载《中外法学》2018年第5期。

〔2〕 参见雷磊："原则理论与法概念争议"，载《法制与社会发展》2012年第2期。

表学者为哈特（H. L. A. Hart）、拉兹（Josef Raz）。[1]联结命题的主要观点是道德能成为法律评价的一部分并且本身就是法律的一部分，在立法以及法律论证时必然涉及道德评价，其代表人物为德沃金、阿列克西等。[2]

在具体的法律适用上，分离命题者区分为两种法律适用，在实证法规定的权威性理由可供适用时，法官必须根据实证法的规定进行判决，即使这个法律存在瑕疵，但是判决依旧有效；在存在开放结构（疑难案件）中，[3]法官也可以依据法律指示根据法律以外的道德解决案件争议。联结命题者同样也认为在法律存在漏洞时，要依照道德进行法律论证。二者的真正区别在于存在法律漏洞时，运用这种称为法理性的道德论证是否有效。[4]其实，核心就是关于法的本质的争议，法仅仅是立法者所制定的成文法还是包括道德所代表的法理性。具体到法律解释目标的选择上，分歧就显而易见，分离命题者主张遵循立法目的，而联结命题者主张遵从法律目的。

综合而言，法律解释的目标采取何种学说，不仅关系法律解释方法的适用顺序，法律解释与法律续造的阶段界限等法学方法论的基本问题，还涉及立法权与司法权划分的宪法问题以及安定性与正义、法与法律等法理论甚至法哲学问题，可谓兹事体大。

---

[1] 参见 [英] H. L. A. 哈特：《法理学与哲学论文集》，支振锋译，法律出版社 2005 年版，第 55—95 页；王鹏翔："法概念与分离命题——论 Alexy 与 Raz 关于法实证主义之争"，载《中研院法学期刊》2009 年第 5 期。

[2] 参见 [美] 罗纳德·德沃金：《认真对待权利》，信春鹰、吴玉章译，中国大百科全书出版社 1998 年版，第 115—177 页；张嘉尹："法律原则、法律体系与法概念论——Robert Alexy 法律原则理论初探"，载《辅仁法学》2002 年第 24 期。

[3] 在这里具体是指法律没有明确规定的情形，具体而言就是存在法律漏洞。

[4] 详细论述参见王鹏翔："法概念与分离命题——论 Alexy 与 Raz 关于法实证主义之争"，载《中研院法学期刊》2009 年第 5 期。

二、主观优先说应为我国法律解释的目标的应然选择

通过剖析法律解释的目标争议的深层次矛盾可以发现，一个国家对于法律解释的目标选择主观说还是客观说，与这个国家所处的时代以及法律体系密切相关。比如在概念法学时代，尤其是德国民法典刚刚通过之时，法律被誉为一个完整的无漏洞体系，法律适用就是将成文法适用到具体的案件中即可，充分尊重立法者的权威，法官居于服从者的地位，所体现的是法典的形式理性、可预测性以及安定性等价值，同时也是法实证主义者所倡导的分离命题的体现；但是随着社会经济形势的发展，法律无漏洞的"神话"被打破，探讨法律的客观理性并以之作为填补法律漏洞的依据，这一时期，法官的地位被放大，追求个案正义成为潮流，实质理性得到体现。

面对崭新的民法典，我们的选择是什么。本书认为选择什么样的学说取决于我们现阶段的法律体系以及法治状况。对于法律规范的解释无论是采纳主观说还是客观说，均不足以解决快速变迁的经济社会发展对于法律所提出的要求，因此应该采纳较为灵活的折中说，但是不同于以客观说为主，辅之以主观说的通说观点；而应该以主观说为主，例外情况采用客观说（简称"主观优先说"）。这可以分别从法学方法论的基本理论以及我国现有的立法体系得到证明。

（一）"主观优先说"是界定法律解释与法律漏洞的核心

客观解释，使得法律成为一个随当时时代精神迎风摇曳的风向球，立法之精神完全被改变，[1]其实质就是"隐蔽的立法"。客观解释，除了在解释标准上存在"臆想的客观性""脱

---

[1] 参见吴从周：《概念法学、利益法学与价值法学：探索一部民法方法论的演变史》，中国法制出版社2011年版，第14页。

离法律的拘束""方法诚信的缺失"以及"裁判可监督性的缺乏"等缺陷外,[1]如上所述,还会导致法律解释、法律内的法的续造以及超越法律的法的续造在理论根据上都是以法的客观目的为标准,因此在区分三者的界限上存在模糊之处。并且,在法官造法时诸多法官个人的价值判断"以解释法律之名"而遁入法律,其实质是带着"规范"的"法官法"。

但是如果采纳主观说,则可以清晰地区分上述三个阶段的界限。法律解释乃是一种媒介行为,解释者将其认为有疑义的文字,变得可以理解。具体而言,法律解释的目的是澄清法律规范的适用,如果在这一阶段法律争议被解决,则法律适用结束。如果在解释法律规范时,发现存在既有法律规范没有规定、既有法律规范过于宽泛或者既有法律规范存在冲突等法律漏洞的情况,则适用第二阶段的法律内的法的续造。依据是前述法律规范所体现出来的立法者的目的或者直接在法典中立法者明确所生成的立法目的。[2]如果适用第二阶段还不足以解决问题,比如出现拉伦茨所说的"基于法律交易上的需要""鉴于事物的本质"以及"鉴于法伦理原则"等需要填补的漏洞,这时候运用法律的目的予以填充,便是超越法律的法的续造所要完成的任务。当然其续造也存有界限,即必须在整体法秩序内为之。他们的任务是保障法律秩序,而不是改变它。根据严格的权力划分的传统观点,法官造法("补充立法")属于宪法和宪法政策的问题。[3]

---

[1] 参见[德]伯恩·魏德士:《法理学》,丁小春、吴越译,法律出版社2003年版,第340—344页。

[2] 比如我国多数立法在其第一章一般规定中的规定,尤其每部法律的第1条。立法者会明文宣布本法的立法目的。

[3] 参见[德]伯恩·魏德士:《法理学》,丁小春、吴越译,法律出版社2003年版,第380页。

第六章　概括条款适用的方法论位阶

（二）"主观优先说"是我国宪法法律的要求

如前文所述，在主观说与客观说存在冲突时，也即法律安定性与正义冲突时，到底是以法律安定性为标准还是以正义为标准呢？因为法律安定性担保一切法律的效力，所以它也担保不正义的法律的效力。如果冲突的解决只以法律安定性为标准，一个可能的危险是：法律安定性变成不法的安定性（Unrechts-sicherheit）。反之，如果冲突的解决只以正义为标准，而正义是一个不确定的概念，它可以有不同的内涵，那么一个可能的危险是：法官只依正义判决，不同的法官对正义有不同的理解，不同的法官对同一案件将有不同的判决结果，结果是有害法律安定性。

以上的理论纷争，其实在立法上已经给出答案。根据我国宪法以及立法法的规定，立法权归属于各级人大及其常委会。因此立法权专属于各级人大及其常委会。各级人大及其常委会均是由人民组成，其通过的法律均是经过各级人大代表充分协商讨论审议的，充分代表了人民意志、充分体现了权威性与正当性。人民法院作为司法机关，根据我国宪法规定，其由人大产生，对人大负责。在我国，立法机关与司法机关是产生与被产生的关系，即立法作为一项创制性权力、而司法作为一项执行性权力，司法机关在适用法律时，必须对立法机关经过充分权衡所通过的法律予以适用，决不能僭越立法者意志。因为法治首先是规则之治，规则之治首先要求有一套相对稳定的行为规则系统。主观说所借助的法律产生于争议双方的行为之前，具有可预期性，承载了法的安定性的价值。

如果从表面来看，法律解释的目标是澄清法律规范的涵义，以便为争议案件提供适用依据，但是如果从终极目的来看则在于实现正义。在大多数情况，立法者经过充分协商所制定的法律均可以实现正义的要求。但是，立法时的社会背景与解释时的社会背景存在巨大差异，即社会中的事实关系与价值观念发生重大变迁，而这种差异又与变迁对相关问题的解释存在着实质性影响，就可能不应当僵守立法者意图。[1]即按照拉德布鲁赫公式，当实在法违反正义达到"不能容忍"的地步时，就要优先考虑根据"实质的逻辑结构""事物本质""法律的客观意志"以及类似的表面论据做"客观解释"而实现正义，这时可以偏离实在法的要求，但是这种情况的适用必须严格要求，即要承担足够正当且充分的理由。[2]

民法典已经实施，对于民法典中的各个问题，立法者在充分吸收各种意见的基础上都给出了一个或明确规定、或明确拒绝、或留待发展等结论。这时候对于所谓适用成文法会导致极端不正义的情形，在法典制定的现阶段就会充分顾及，可以说这种情形在我国现阶段的民法典中几乎不存在，即使以后可能会产生，那也是在法典运行若干时间以后的问题。而现阶段要防止的是客观解释，因为其很有可能会以客观解释之名而随意偏离法典，如此对于一部年轻法典的教义学发展是极为有害的。

第二节　法律解释的方法对于概括条款适用的无效性

法律解释附属于制定法（gesetzesakzessorische Rechtserkenntnis），其不属于知识的生产，仅仅是转述法律规范的含义。因

---

[1] 参见舒国滢等：《法学方法论问题研究》，中国政法大学出版社2007年版，第368页。
[2] 参见雷磊："再访拉德布鲁赫公式"，载《法制与社会发展》2015年第1期。

第六章 概括条款适用的方法论位阶

此,法律解释在传统上是受约束法律法学的方法。[1]自萨维尼以来,关于法解释的方法,虽然在不同时代具有不同的称呼,并且在解释方法的数量上也多有不同,[2]但是文义解释、体系解释、历史解释以及目的解释这四种解释方法得到了最基本的认同。[3]从理论上来讲,解释与概括条款的具体化毫不相关,解释是附属于制定法,而具体化是授权形成规范(delegierte Rechtsbildung),具体化完全不同于解释。[4]本节也将详细分析为

---

[1] Vgl. Looscheiders/Roth, Juristische Methodik im Prozess der Rechtsanwendung, 1996, S. 164f.

[2] 如合宪性标准(Gebot verfassungskonformer Auslegung),并且除以上所提及的因素外,还提了一些其他共同影响解释的因素,如个案正义的追寻以及规范环境的变化等。如比德林斯基提出的符合事物本质的解释(Die Auslegung entsprechend der "Natur der Sache") 以及避免荒唐论证的解释(Auslegung mit Hilfe eines argumentum adabsurdum);科殷提出的比较法解释、符合欧盟法的解释(richtlinienkonforme Auslegung) 甚至法律的经济分析;Reinhold Zippelius 所提出的符合比较法解释等等。Bydlinski, Juristische Methodenlehre und Rechtsbegriff, 2. Aufl., Springer Verlag GmbH, 1991, S. 36ff.

[3] Vgl. Ulrich, Savignys Lehre von der Auslegung der Gesetze in heutiger Sicht, JZ1 (2003), S. 2. 但是也有学者将文义解释、历史解释、体系解释均服务于目的。参见[德]伯恩·魏德士:《法理学》,丁小春、吴越译,法律出版社2003年版,第305页。

[4] Vgl. Ipsen, Richterrecht und Verfassung, 1975, S. 65ff. 也存在不同的观点,如有的学者就把具体化当做解释来适用,恩吉施认为具体化是一种"解释";豪普特建议将其作为"初始的具体化"的方法;同样的观点也可以在科赫和吕思曼、皮特以及罗歇尔德斯和罗特的著作中读到。在这里,具体化显然代表了更现代的解释版本。Vgl. Engisch, Die Idee der Konkretisierung in Recht und Rechtswissenschaftunserer Zeit, 2. Aufl., Heidelberg, Carl Winter, 1968, S. 93ff.; Haubelt, Konkretisierung von Generalklauseln, 1978, S. 57ff.; Koch/Rüssmann, Juristische Begründungslehre, C. H. Beck, 1982, S. 67ff.; Raisch, Juristische Methoden: Vom antiken Rom bis zur Gegenuart, C. F. Müller, 1995, S. 142, 165ff.; Looschelders/W. Roth, Juristische Methodik im Prozess der Rechtsanwendung, 1996, S. 135f., 198ff. 这些观点的差异说明了对解释的不同理解,具体取决于如何描述解释的任务。如果将"经典"意义上的解释视为附属于制定法的一种方法,则对规范具体化不能称为解释,二者存在显著的不同。另一方面,如果将解释理解为某些形式的论证的缩影,那么在规范具体化的范围内,它也可以用于规范的具体化。由于第一种对于解释的理解,不会造成二者的混淆,本书

什么这四种解释方法不适用于概括条款。

一、文义解释与概括条款

概括条款的本质是价值指引，本身需要具体化，而这种不确定性主要是基于语言的模糊性，这就基本上剥夺了文义解释的存在空间。[1]需要填补的规范性法律概念具有非常不确定的含义范围，虽然在概念之下根据语言的一般用法对概念核心的确定是可能的，但是在这个含糊不清的语言领域，对于授权概念的概念边缘部分，语法规则通常并不能发挥任何作用。

当然需要注意的是，概括条款还是提及了一些参考功能，它规定了一些援引的范围，如援引法伦理标准或者像交易习惯、商事惯例等法律外的标准。这就为概括条款的具体化适用指明了具体的方向，但是在哪里适用、如何适用均需要在不同的情形下具体衡量，并无确定的标准。

二、历史解释与概括条款

历史解释力图从法律规定产生时的上下文中确定规范要求的内容和规范目的。它涉及在规范产生时发挥共同作用的各种情况和影响因素，[2]考察立法当时所考虑的社会利益、利益冲突等。[3]历史解释对于了解法典制定之时的立法者的调整意图和规

（接上页）仅针对第二种理解意义上的法律解释进行阐述。参见刘亚东："民法概括条款适用的方法论"，载《政治与法律》2019年第12期。

〔1〕 Vgl. Haubelt, Die Konkretisierung von Generalklauseln, 1978, S. 58.

〔2〕 参见［德］伯恩·魏德士：《法理学》，丁小春、吴越译，法律出版社2003年版，第331页。

〔3〕 Vgl. Heck, Gesetzesauslegung und Interessenjurisprudenz, AcP (112), 1914, S. 1ff, 59ff.

第六章 概括条款适用的方法论位阶

范目的甚具意义。[1]如果对于立法之时某一法律规范的立法记录有很详细的记载，基本上就可以了解这一法律规范的规范目的。

但是对于概括条款来讲，立法者所使用的是需要价值填补的规范性不确定法律概念，根据上文对于概括条款历史的梳理，可以发现这恰恰是立法者故意为之。[2]如果进一步结合法典制定之时的立法背景，可以发现立法者甚至没有认识到概括条款所具有的价值，正如本书第一章、第三章所介绍的那样，概括条款的功能是社会发展的产物，是深入植根于司法实践而产生的。[3]因此，对于概括条款进行历史解释，仅仅能得到一些模糊的适用指示，很难找到清晰的适用规则。

三、体系解释、目的解释与概括条款

体系解释、目的解释一并介绍的原因是，体系解释的附属性。目的解释同时也被区分为立法者的主观目的以及法的客观目的。早在黑克时代，就对于体系解释做出过定论，即体系解释只能和其他的解释方法结合使用，来辨识历史上立法者对于利益所做出的权衡。[4]当然其出发点是用来协助寻找所谓的利益状态。发展到今天，可以说体系解释已然不是当时的唯一功能。体系解释可以支持立法者的主观目的，亦可支持法律的客观目的。

在运用体系解释这种方法时，如果针对当下待决案件所应

---

[1] Vgl. Bydlinski, Juristische Methodenlehre und Rechtsbegriff, 2. Aufl., Springer Verlag GmbH, 1991, S. 449ff.

[2] Vgl. Haubelt, Die Konkretisierung von Generalklauseln, 1978, S. 58.

[3] Vgl. Auer, Materialisierung Flexibilisierung Richterfreiheit, Mohr Siebeck, 2005, S. 107f.

[4] Vgl. Heck, Gesetzesauslegung und Interessenjurisprudenz, AcP (112), 1914, S. 92.

该适用的法律规范经过对比发现其与历史上的立法者的意图是相同的，则其为支持主观说；若经过对比，发现现有的规范内涵与当初立法者所设定的意图存在差异，则为支持客观说。在支持主观说的情况下，体系解释是为了说明立法者的主观目的，因此就阐明立法者的主观目的而言，体系解释属于附属性的。在支持客观说的情况下，体系解释的方法是为了阐明当前的法律应该是怎么样的，因此这时的体系解释以偏离制定法这种"制度性论据"为目的，属于"非制度性论据"。[1]可以发现这种解释方法名为"法律解释"，实为"法律续造，甚至是法律修正"。其实质是隐藏在法律适用的外表下，使各种如依事物本质、平等原则、合宪性解释、正义、伦理等理性论证与客观目的有所牵连。[2]因此，如果还把这一法律适用阶段的解释方法称为"解释"，则体系解释必须坚持主观目的论。

基于上述对体系解释、目的解释认识的基础上，会发现这种解释方法同样无法适用于概括条款。因为在考察整体法秩序的基础上，会发现对于概括条款，就像上文的历史解释一样，根本无法得出清晰的认识。这是因为诸如诚信、公序良俗等概括条款本来就无确定的含义，概括条款的本质就是"变"，在不断的社会变迁中，融入不同的价值，这也就是为什么在看德国的许多大型评注书时，在概括条款下面会发现诸多不同的案例类型。[3]因此，运用体系解释、目的解释的方法根本无法清晰

---

〔1〕 参见雷磊："再论法律解释的目标——德国主/客观说之争的剖析与整合"，载《环球法律评论》2010年第6期。

〔2〕 参见汉斯-彼特·哈费尔坎普："评价法学中的法官、制定法及法学方法"，王立栋译，载王洪亮等主编：《中德私法研究》(17)，北京大学出版社2019年版。

〔3〕 Vgl. Münchener Kommentar/Roth/Schubert, 6. Auf., 2012, BGB §242, Rn. 25. ff. 135ff.； Soergel Kommentar/Mertens, 11. Auf. 1990, §242, Rn. 280.； Palandt Kommentar/Grüneberg, 78. Auf., 2019, Rn. 42ff.

地认识概括条款的内涵。

综上,结合本书第五章对于概括条款价值属性的认识,会发现这一类规范均无法通过法律解释方法予以适用。因此,概括条款并不属于法律解释的范畴。

第三节 漏洞填补的各种方法无法适用于概括条款

概括条款总是存在不确定性,可以理解为立法者暂时未想好调整方案的权宜条款,即立法者把原本属于他的立法任务让位于法律适用者,概括条款允许并要求法官对由立法者提出但是没有回答的问题作出裁判,也被称为"延缓的形式妥协",属于"象征性立法"。[1]从立法者的有限理性来看,面对不断变迁的社会,总是会存在调整漏洞或者现有的规范存在缺陷,因此在这个意义上,概括条款反而是永久需要的条款。概括条款的这种不确定性使得其与法律漏洞非常类似。[2]在此需要回答的问题是,概括条款是否属于法律漏洞?如果属于,是属于何种类型的法律漏洞;进而漏洞填补的各种方法,如类推、目的性限缩以及目的性扩张等方法是否适用于概括条款。

一、概括条款在法律漏洞中的体系定位

(一)传统的漏洞界定标准和分类不适用于概括条款

法律漏洞一词无论对于理论界还是实务界均不陌生,但是如果要准确对其认知,可能并非易事。对于法律漏洞的界定以及

---

[1] 参见〔奥〕恩斯特·A. 克莱默:《法律方法论》,周万里译,法律出版社2019年版,第39—40页。

[2] 这种观点在瑞士民法上有相当多的介绍。Vgl. A. Meier-Hayoz, JZ 1981, S. 417 (419)。

· 175 ·

分类存在非常多的标准。法律漏洞被广为接受的定义来源于卡纳里斯，他从语言的一般用法出发，以墙的漏洞、栅栏的漏洞为例，指出本应该完整却呈现出某种不完整性，将此比喻用到法律上就是在实证法（此实证法包含制定法以及习惯法）的范围内，出现违反计划的不圆满性（planwidrige Unvollständigkeit），[1]也就是说，虽然整体法秩序要求某一个法律规范存在，但是在制定法（Gesetzeslücke）以及习惯法（Gewohnheitrecht）中均不含有此项规定，此时便有法律漏洞的存在。学者恩吉施的观点与之相同，他认为法律补充这一概念在逻辑上是以漏洞概念为前提，因此漏洞是实证法（制定法或习惯法）的缺陷，在被期待有具体的事实行为规定时，明显地缺少法律调整内容，并要求和允许通过一个具有法律补充执行的法官的决定来排除。[2]这种漏洞界定被称为"实证法漏洞（positive Recht）"。

但是，在此处本书认为关于漏洞的界定只能以制定法为标准，也就是"制定法漏洞"。理由有三：一是因为实证法漏洞的界定标准无法回答为何习惯法的适用绝对优先于依靠制定法的类推等漏洞填补的方式。如果二者出现矛盾如何处理？实证法漏洞的观点未经论证就预设了对此问题的答案，在方法论尚缺乏正当性。二是因为在民主立法国家，对于法官裁判的基本要求要受立法者所制定的制定法的约束，类推制定法与习惯法相比更具有民主正当性。[3]三是习惯法在当代已呈现空洞化的趋

---

[1] Vgl. Canaris, Die Feststellung von Lücken im Gesetz, 2. Aufl., Duncker & Humblot, 1983, S. 39ff.；另参见［德］卡尔·拉伦茨:《法学方法论》，陈爱娥译，商务印书馆2003年版，第249页。

[2] 参见［德］卡尔·恩吉施:《法律思维导论》，郑永流译，法律出版社2004年版，第168页。

[3] 参见雷磊:《类比法律论证——以德国学说为出发点》，中国政法大学出版社2011年版，第75—76页。

势，并且逐渐地呈现出法官法的特征。[1]按照此种界定方式，概括条款的传统分类可以用下表来表示（见表6-3）。[2]

表 6-3

法律漏洞的分类				
漏洞类型	按照现行法			按照将来法
^	自始的漏洞			嗣后的漏洞
^	规范漏洞		规整（领域）漏洞	法漏洞
^	公开的漏洞	隐藏的漏洞	公开的漏洞	
适用阶段	法律内的法的续造			立法者领域，法律外的法的续造
适用方法	法律类推	目的性限缩	目的性扩张或整体类推	

首先法律的漏洞可以区分为两大类，一种是基于现行法（de lege lata）而存在的漏洞，另一种是基于未来法（de lege ferenda）而存在的漏洞，其中未来法的漏洞应该专属于立法者，属于下文第三部分的在极其例外的情况下才允许进行的超越法律的法的续造（Gesetzesübersteigende Rechtsfortbildung），通常我

---

〔1〕 参见［奥］恩斯特·A.克莱默：《法律方法论》，周万里译，法律出版社2019年版，第208—209页。

〔2〕 在德国的方法论文献中，关于法律漏洞的分类方式存在多种。如"法律之内以及法律之外的漏洞""形式和实质漏洞""规定和价值漏洞""适用漏洞和批判漏洞""内在的漏洞和超越的漏洞""逻辑的和伦理的漏洞""真实的与非真实的漏洞"；区分"真正的与非真正的漏洞"；根据历史上立法者的观点区分"意识到与没有没有意识到的漏洞"；根据漏洞的形成时间区分"初始的与嗣后的漏洞"；根据与制定法的文义的关系区分"公开的与隐藏的漏洞"；根据不完整性的类型区分"规范漏洞、规整漏洞与领域漏洞"；等等。Vgl. Canaris, Die Feststellung von Lücken im Gesetz, 2. Aufl., Duncker & Humblot, 1983.

们所讨论的漏洞都是基于现行法而进行的分类。按照现行法根据漏洞的范围又可以区分为规范漏洞（Normlücke）和规整或者领域漏洞（Regelungslücke），规范漏洞是指现有法律规范的不完整性，其又可以区分为公开的漏洞（offene Lücke）和隐藏的漏洞（verdeckte Lücken），公开的漏洞是从某一法律规范的目的来看，应该规定某些事实而没有规定，隐藏的漏洞是指由于过宽的文义包含了某些依据规范目的不应该涵盖的事实。无论是公开的漏洞还是隐藏的漏洞，都是依据规范目的来改变规范文义。[1]规整或者领域漏洞是指依据立法者的整体规划目的，法律缺乏一个必要的规范，即事实构成要件与法律效果同时缺乏。[2]

按照现行法存在的漏洞（制定法漏洞）也被称为有据式体系违反，[3]属于法律内的法的续造（Gesetzesimmanente Rechtsfortbildung）。而按照将来法存在的漏洞，属于无据式体系违反，属于超越法律的法的续造。

但是概括条款是基于立法者故意和有计划的不完整性，由于立法机关已经放弃了对于概括条款的教义学构造，不存在偏离立法者的意志，概括条款不能被定义为违反立法计划的不圆满性，在此意义上概括条款具体化不能在概念上被认定为漏洞。上述关于法律漏洞的传统界定以及分类均无法适用于概括条款。[4]

---

〔1〕 参见［德］托马斯·M.J.默勒斯：《法学方法论》（第4版），杜志浩译，北京大学出版社2022年版，第363页。

〔2〕 参见雷磊：《类比法律论证——以德国学说为出发点》，中国政法大学出版社2011年版，第76页。

〔3〕 参见黄茂荣：《法学方法与现代民法》（第五版），法律出版社2007年版，第426—427页。

〔4〕 Vgl. Canans, Die Feststellung von Lücken im Gesetz, 2. Aufl., Duncker & Humblot, 1983, S. 26ff.

（二）概括条款属于有计划的不圆满性

如前文所述，并非所有的法律漏洞都是"违反计划的不圆满性"，概括条款就是立法者有意授权法官去形成法律规范的授权条款（Delegationsnorm），属于立法者有计划的不圆满性（geplante Unvollständigkeit），或者称为法内漏洞（lücke intra legem），[1]或者称为"授权漏洞（Delegationslücke）"。与前文所介绍的无意的漏洞（unbewusste lücke）共同构成法律规范的漏洞体系。如果将"违反计划的不圆满性"这类漏洞称为有规范依据或规范目的的漏洞，则概括条款所代表的"法内漏洞"就是完全的法官法领域，相对于立法者，法官成为真正意义上的"规范的主人"。

也就是说，立法者并未自己或在某些概念中说出其诫命，而是授权法官去形成诫命或进一步确定内容。此时，法官就必须在考虑到立法者或者其他可认识的评价判断上进行补充。换句话说，法律已经以明确授权的方式或者使用不确定而须评价之用语的方式，指明法官可以自己评价。[2]在不确定性程度上，概括条款适用的法律漏洞比"违反计划的不圆满性"的漏洞更高。需要注意的是，在认定法内漏洞的时候需要与立法者有意的沉默（beredtes Schweigen des Gesetzes）相区别。

法内漏洞结合传统法学方法论对于法律漏洞的认识，就可以得出法律漏洞的概念谱系，如表 6-4 所示。

---

[1] Vgl. Lange, Generalklauseln und neues Recht, JW, 1933, S. 2858f. 在瑞士的法学方法论文献中，对这一问题有较为详细的阐述，Germann, Methodische Grundfragen, S. 105, 111, 117, 135f. A. Meier-Hayoz, JZ 1981, 417 (419); D. Göldner, Verfassungsprinzip und Privatrechtsnorm, Duncker & Humblot, 1969, S. 105f.

[2] 参见吴从周：《概念法学、利益法学与价值法学：探索一部民法方法论的演变史》，中国法制出版社 2011 年版，第 293 页。

表 6-4

法律漏洞的分类						
\multicolumn{6}{c	}{按照现行法}	按照将来法
漏洞类型	有意的漏洞	\multicolumn{4}{c	}{无意的漏洞}	法漏洞
^	作为法内/授权漏洞的概括条款	规范漏洞（真正的漏洞）		规整（领域）漏洞	^	^
^	^	公开的漏洞	隐藏的漏洞	^	^	^
适用阶段	?	\multicolumn{4}{c	}{法律内的法的续造}	立法者领域，法律外的法的续造
适用方法	?	类推	目的性限缩	\multicolumn{2}{c	}{目的性扩张/整体（法律）类推}	^

在得出概括条款属于法内漏洞的前提下，接下来的任务就是处理概括条款处于哪一个适用阶段，以及对于概括条款的具体适用方法是什么。但是在回答这两个问题之前，首先需要交代一下既有的填补漏洞方法无法适用于概括条款。将在下一章交代概括条款的具体适用方法。

二、各种漏洞填补方法对于概括条款的不适用性

（一）反面论证

首先假设传统法学方法论体系中存在的漏洞填补方法能够适用于概括条款。在遵守一般法律续造的界限和相应标准的基础上，根据概括条款进行法律续造。其中一种尝试是由比德林斯基介绍的"体系检验（systematische Test）"方法，根据该方法，必须始终考量所得出的具体化，是否可以在与现行法律体系不冲突的情况下进入法律体系中，尤其不应与更精确的法律

第六章　概括条款适用的方法论位阶

规则相抵触。[1]

这种"体系检验"的基本思想是，概括条款作为纯粹的"空白规范"，虽然其有形式化的规范表象，但是不会产生与其他规范一样的法律效果，因此在概括条款的基础上进行造法似乎是不存在的。事实上，它位于制定法所确定的法律解释与法律续造的界限之外。概括条款，只能是被精确化、具体化适用，不能被理解为可以阻止制定法其他规定的适用。概括条款在法典中被安排的地方就决定了概括条款进行法律续造的边界。[2]

最后需要思考的是，概括条款与超越法律的法的续造的界限，这同样与比德林斯基的"体系检验"相似，事实上构成了概括条款适用的背景。例如，根据拉伦茨和卡纳里斯的说法，超越法律的法的续造是被允许的，正如我们所看到的那样，在某种程度上它并不会与现行的法律相冲突，而且还能通过特定的法律标准（如交易上的需要、事物的本质、法伦理）使其合法化。[3]另外，根据比德林斯基所主张的"体系检验"方法，依靠概括条款来修正制定法，同样也是不可接受的。[4]因为纯粹引用概括条款实际上并不能作为法律续造的说理依据。

如果以上所言非虚，则概括条款在法律续造过程中没有独立的合法化适用空间，这最终将导致作为法律体系组成部分的概括条款变为可有可无。当然，如果绝对贯彻这种观点，也并

---

[1] Vgl. Bydlinski, Juristische Methodenlehre und Rechtsbegriff, 2. Aufl., Springer Verlag GmbH, 1991, S. 584f.

[2] Vgl. Bydlinski, Möglichkeiten und Grenzen der Konkretisierung aktueller Generalklauseln, in: O. Behrends/M. Dießelhorst/R. Dreier (Hrsg.), Rechtsdogmatik und praktische Vernunft. Symposion zum 80. Geburtstag von Franz Wieacker, 1990, S. 189, 213f.

[3] Vgl. Larenz/Canaris, Methodenlehre der Rechtswissenschaft, 3. Aufl., Springer, 1995, S. 246.

[4] Vgl. Larenz/Canaris, Methodenlehre der Rechtswissenschaft, 3. Aufl., Springer, 1995, S. 152.

不能令人信服。毕竟，概括条款既然存在于法典，则必将有其自身的功能。因此在此的结论是，概括条款无论其适用是否在传统法学方法论范围之内，是否被传统的法律约束模式所承认，其在法律程序中都具有独立的功能。

在传统的漏洞填补方法中，主要存在针对公开漏洞的类推、基于隐藏漏洞的目的性限缩以及基于规整漏洞的目的性扩张或整体类推方法。下文一一分析各种漏洞填补方法在概括条款中的不适用性。

（二）正面论证

1. 类推、目的性扩张、整体类推与概括条款

1.1 填补公开漏洞的类推与概括条款

类推是基于制定法的类推，因此也被称为单独类推或制定法类推（Einzelanalogie/Gesetzesanalogie）。[1]类推的方法论基础是基于平等原则的（Gleichheitsprinzip）相似性论证（Ahnlichkeitsargument），在适用的时候分为四个阶段，其一，确定待决案件事实并不能被涵摄于既有的规范之下，这就说明了漏洞的存在；其二，研究找出将要适用的规范目的；其三，谁要主张类推，他就必须承担论证责任，也就是要证明既有的构成要件能够扩展于未被规范的事实；其四，通过类推公开的法律漏洞被填补，应该注意类推出的结果不能违反宪法。但是类推方法无法适用于概括条款，原因如下。

首先，二者的适用基础不同。类推适用仅仅是扩大了法律规范的文义涵盖范围，但是其并没有改变规范目的，因此它的功能还是使制定法的立法目的更好地贯彻。类推适用的基础还

---

〔1〕 传统法学方法上的"举重以明轻（argumentum a maiori ad minus）"以及"举轻以明重（argumentum a minori ad maius）"也属于广义的类推，因为均存在规范目的，所以与类推的原理相同。不再详细讨论。

第六章 概括条款适用的方法论位阶

是规范目的。但是对于概括条款来讲，由于其属于法内漏洞的范畴，本身并没有可以类推适用的规范目的，它最初的功能就是不设置规范目的，作为灵活性的条款，在法律适用时刻亦不受法典约束，以应对社会变迁。

其次，二者适用的逻辑结构不同。如果在适用概括条款之时运用类推方法，则会陷入表面论证以及循环论证，因为根据类推适用的四步法则，需要进行相似性判断，如果这种相似性判断能够成立，那么就意味着概括条款在制定法中找到了规范目的，这就进一步预先假设了概括条款适用的前提。但是如前所述，概括条款的宗旨就是摆脱成文法的约束，在具体适用时保持灵活性，因此如果基于其他规范而给予概括条款适用的规范目的，就会有逃脱论证的嫌疑。

1.2 填补领域漏洞的目的性扩张、整体类推与概括条款

目的性扩张与类推极为相似，但是也存在些许不同。类推处理的是已为法律所规范的案例类型与未被规范的案例类型之间的类似性；而目的性扩张则是拟处理案例类型与法律规范已规定的案例类型相似度极低甚至为零，但是之所以还要适用此规范完全是基于规范意旨（der Sinn des Gesetzes）。比如在德国关于运用德民第 844 条第 2 项判决支持死者配偶社会保险金的请求，就是突破了抚养请求权的限制，但是基于法律目的的考量，一并纳入了赔偿范围。[1]

整体类推。相对于前文的单独类推，整体类推来源于大量的单独规定。从形式逻辑上来看，其属于归纳推理。从大量的法律规范中抽象出一般法思想（allgemine Rechtsgedenken），最终解释成为一般法律规范，适用于在制定法中未规定的案件事

---

〔1〕参见［德］卡尔·拉伦茨：《法学方法论》，陈爱娥译，商务印书馆 2003 年版，第 272—274 页。

实。[1]

从目的性扩张、整体类推的结构来看,与单独类推一样,均是基于规范目的的考量。但是概括条款的规范结构恰恰是不存在任何规范目的,或者说,没有规范目的才是概括条款的目的。

2. 目的性限缩与概括条款

目的性限缩的出发点是过于宽泛的文义,因此需要按照规范目的进行限缩。在这里必须论证出例外的情形,为什么归于宽泛的文义不符合规范目的。谁主张目的性限缩,谁就要承担论证负担。[2]这个过程也被称为违反法律续造,[3]或者说基于规范的法律修正。虽说目的性限缩对于制定法的规范文义有所改变,但是改变的基础还是基于制定法的规范目的,在这一点上与上文的单独类推、整体类推以及目的性扩张极其类似,都是属于目的论漏洞(teleologische Lücken)这一类。因此,像概括条款之类不存在规范目的的法内漏洞,也注定无法适用于概括条款。

综上,目前使用的漏洞填补方法都不适宜补充概括条款这一法内漏洞。作为"有计划的不圆满性"的概括条款与"违反计划的不圆满性"其他类型的漏洞(目的论漏洞)虽然都是针对制定法而存在的漏洞,但是在本质上依旧存在不同。概括条款并不存在可供使用的规范目的,其不确定性最大;而有规范依据以及规范目的的其他漏洞类型,不确定性相对较小。因此

---

[1] 参见 [德] 托马斯·M.J.默勒斯:《法学方法论》(第4版),杜志浩译,北京大学出版社2022年版,第381—382页。

[2] 参见 [德] 托马斯·M.J.默勒斯:《法学方法论》(第4版),杜志浩译,北京大学出版社2022年版,第363页。

[3] 参见 [奥] 恩斯特·A.克莱默:《法律方法论》,周万里译,法律出版社2019年版,第191页。

这两大类法律漏洞在本质上存在不同。

第四节　概括条款与法外漏洞在适用方法上的同一性

如前文所述,对于法漏洞(Rechtslücke)的情形,现行法中没有规定或者没有具体规定指导性观点,从将来法的角度出发,属于法律的未完成状态(unfertigkeit des Gesetzes),[1]因此就迫切需要通过法官的法律创制活动去填补漏洞。这就需要法院如同立法者一样创设法律。[2]但是在面对这种情形时,基于法官不得拒绝裁判的原则,法官仍需基于整体法秩序的要求例外允许从事超越法律的法的续造。[3]

对于概括条款的主流认识是,概括条款是立法者对于法官的授权规范。但是如果从其历史变迁以及价值属性来看,它现在所有的功能在法典制定之初并未被立法者所认识,换言之,概括条款是司法实践的产物。在相当程度上,概括条款所承担的功能就是在进行超越法律的法的续造。比如法官在造法时以概括条款为依据所发展出来的诸如权利滥用(Rechtsmissbrauch)、失权(Verwirkung)、行为基础丧失制度(Wegfall der Geschäftsgrundlage)、保护义务(Schutzpflichten)以及缔约过失制度(culpa in contrahendo)等一系列法律制度,通说认为是归属于法漏洞领域的超越法律的法的续造,并且有些法律制度已经被民法典所采纳为

---

〔1〕 参见[德]阿图尔·考夫曼、温弗里德·哈斯默尔主编:《当代法哲学和法律理论导论》,郑永流译,法律出版社 2002 年版,第 186 页。

〔2〕 参见[奥]恩斯特·A. 克莱默:《法律方法论》,周万里译,法律出版社 2019 年版,第 151、159—160 页。

〔3〕 参见[德]卡尔·拉伦茨:《法学方法论》,陈爱娥译,商务印书馆 2003 年版,第 286—287 页。

明确的法律规范。[1]因此这也就难怪魏德士（Ruthers）感慨，二者的区分不易。[2]

概括条款属于法内漏洞这一范畴，完全是出于历史上各个时期司法实践经验的总结，以及当前对于概括条款作"授权规范"式的理解。"内"的原因就是由于在成文法之内具有明确的规范载体。因此表面上所有超越法律的法的续造都以诚实信用作为规范依据，但本质上均是依据民法之内不同的价值之间相互权衡的结果。这一点在瑞士民法上也同样得到了认可。在瑞士民法上，对于概括条款的司法适用也完全是在《瑞士民法典》第1条所谓第三位阶"依基本原则所创造的规则"法源之下而适用的，所遵循的方法也完全一样。[3]因此，概括条款作为"法内漏洞"在功能以及方法上非常接近"法漏洞"这一范畴。[4]

第五节　概括条款与法律修正

在法学方法论中，如果说传统的法律解释以及法律补充（续造）着眼于制定法的完整性，那么修正制定法的缺陷［错误（Fehler）］的着眼点就是制定法的统一性。制定法的错误通过"法律修正（rechtsberichtigung）"来消除。法官在这里起着"违

---

〔1〕 参见［德］卡尔·拉伦茨：《法学方法论》，陈爱娥译，商务印书馆2003年版，第293—294页。

〔2〕 参见［德］伯恩·魏德士：《法理学》，丁小春、吴越译，法律出版社2003年版，第358页。

〔3〕 参见［奥］恩斯特·A. 克莱默：《法律方法论》，周万里译，法律出版社2019年版，第46、152、243—246页。

〔4〕 参见［奥］恩斯特·A. 克莱默：《法律方法论》，周万里译，法律出版社2019年版，第151页。

第六章　概括条款适用的方法论位阶

背法律（contra legem）"、矫正法律依据（corrigendi causa）的作用,[1]这也称为对于制定法的偏离（Richterliche Gesetzabweichungen）。法律秩序的统一性要求消除法秩序的内在矛盾。具体来讲这种矛盾主要有三种表现形式。

一、表面上对制定法的背离

法官表面背离（Scheinbare Gesetzabweichung）的情形，事实上法官只需要根据规范目的对法律条文进行修改或者对例外漏洞（Ausnahmelücke）进行补充，这依旧是在制定法的规范目的之内行事，为的就是让法律规范符合规范目的。

第一，对法律条文进行的修改。也称为制定法技术的矛盾（Gesetzestechnische Widersprüche）。对于规范目的的澄清，文义解释至关重要，但是有时候也会存在谬误。概念清晰的文义并不一定能够完全澄清立法者所追求的规范目的。文义可能因为编纂错误（Redaktionsversehen）而受到误解，即明显的、毫无疑问的错误（offenkundig, ganz zweifellos Fehlgriff）。[2]因此法院在适用制定法的时候并不拘泥于文义，而是始终受到规范目的的约束。即法官适用制定法就是适用立法者的意志，非字面上的服从，而是思想上的服从。[3]

例如，我国原《合同法》第六章所使用的权利义务终止。其实质是传统的"消灭"的含义，"终止"按照传统大陆法系的

---

[1] 参见［德］卡尔·恩吉施:《法律思维导论》，郑永流译，法律出版社2004年版，第168页。

[2] Vgl. Heck, Gesetzesauslegung und und Interessenjurisprudenz, AcP（112）, 1914, S. 141.

[3] 参见［德］伯恩·魏德士:《法理学》，丁小春、吴越译，法律出版社2003年版，第401页。

用法，应该是仅仅针对继续性合同。[1]

第二，对例外漏洞的填充。例外漏洞，与前文提及的隐藏的法律漏洞同义。主要使用目的性限缩来填补，属于"违背文义而符合法律目的"的法律发现方法。需要注意的是，这里的修正依据是按照现行法的规范依据。[2]只是更改范围过广的规范条文，而不会改变规范目的和调整目标本身。这种表面上不忠实文义的解释却在思想上服从法律。非常典型的例子就是德民第181条所规定的"禁止双方代理"。[3]

二、法官对规范目的的修正

法官对规范目的的修正（richterliche Korrekturen am Normzweck），这种情形是法官不仅可以修正法律的文义，还可以背离已经认识到的规范目的。[4]背离的依据就是依据将来法，也就是说规范情况的变迁让最初似乎理性的规范后来被证实为不理性。例如，早在1904年就已经发生了运用德民第242条诚信修正立法目的的案例。这一案例被称为"Eichenlaub"案，该案核心是如何认定原德民第279条所规定的"履行不能"，法院的裁判意见认为"履行不能"并非指种类物在物理意义上的全部灭失，在交易领域发生的履行困难均可以被视为"履行不

---

[1] 参见朱广新：《合同法总则（第2版）》，中国人民大学出版社2012年版，第428—429页。

[2] 参见［奥］恩斯特·A.克莱默：《法律方法论》，周万里译，法律出版社2019年版，第190—191页。

[3] 参见［德］伯恩·魏德士：《法理学》，丁小春、吴越译，法律出版社2003年版，第402页。

[4] 中文文献参见于飞："诚信原则修正功能的个案运用——以最高人民法院"华诚案"判决为分析对象"，载《法学研究》2022年第2期；李夏旭："诚信原则法律修正功能的适用及限度"，载《法学》2021年第2期。

第六章 概括条款适用的方法论位阶

能"。法院的这种认定已然超出了本条的规范目的。[1]

又如本书关于概括条款的历史发展部分所提及的交易基础丧失理论（Die Lehre vom Wegfall der Geschätsgrundlage），在金融体制以及社会体制发展剧烈动荡的时期，导致帝国法院1923年作出的增值判决（Aufwertungsurteil），不得不背离民法中"契约必须严守"的定律，取消了在货币法中"马克与马克等值"的基本原则，也就是对于第一次世界大战之前的贷款抵押，仅需要用很少的一部分就可以偿还，并且还可以进行涂销登记。[2]基于当时尚未有德民第313条的交易基础丧失的规范基础，因此，司法实务以德民第242条作为规范依据背离既有的法律规定。

本书认为法律修正，仅仅局限于对于规范目的的修正，至于法技术错误以及除外漏洞等，均是在立法目的之内为之，因此均属于法内续造的范畴。只有对于规范目的的修正，才是真正意义上的法律修正。在这一意义上的法律修正与法外续造存在共同点，都是以将来法为标准。唯一的区别就是，法外续造对应的是制定法未完成的部分，而法律修正针对的是制定法有缺陷的部分。这也就是概括条款所具备的两大核心功能域，一方面承担法律补充功能，另一方面承担法律修正功能。

---

[1] 基本案情：作为被告的R. zu. Hamburg磨坊按照合同约定应当从12月到次年5月向作为原告的B&H公司每月供应棉花籽面粉1000公斤，共计6000公斤。这种棉花籽是磨坊通过秘密特殊的工序以及自己组装的机器加工而成的。但是在1904年1月30日，因不可归责于被告的原因发生火灾，所有的库存全部被烧毁，从而导致磨坊无法履行给付。原告否认履行不能，认为可以通过在其他磨坊生产或公开市场购买来履行合同，被告认为因不可归责于自己的原因造成的履行不能，没有替代物来承担相应的责任。Vgl. RGZ57, 116.

[2] 参见［德］伯恩·魏德士：《法理学》，丁小春、吴越译，法律出版社2003年版，第405页。

第六节 小 结

法律解释的各种解释方法无法适用于概括条款，同样法律漏洞填补的各种方法也无法适用于概括条款，从理论上来看，概括条款属于法内漏洞的范畴，但是在功能和方法上与法漏洞无甚差别。基于此种认识，关于法律漏洞的知识谱系以及概括条款在法律漏洞中的体系定位可以用表 6-5 表示。

表 6-5

漏洞类型	按照制定法			按照将来法
^	无意的漏洞		有意的漏洞	法漏洞
^	规范漏洞（真正的漏洞）	规整（领域）漏洞	法内漏洞（概括条款）	^
^	公开的漏洞	隐藏的漏洞	^	^
适用阶段	法律内的法的续造		事实上的同一阶段，功能类似，法官法领域	
适用方法	法律类推	目的性限缩	目的性扩张/整体类推	适用方法相同

结合表 6-5 关于概括条款所处的漏洞体系，可以得出概括条款适用的真正场域。

第一，概括条款与基于现行法漏洞的区分。概括条款的补充以及修正功能与表 6-5 中基于制定法之下的几类漏洞的区别就在于评价标准的不同，如果按照将来法评价制定法，则是概括条款发挥补充以及修正功能的场域；如果是按照制定法本来的立法目的来评价，就是"无意的漏洞"之下的诸漏洞类型。另外，按照此种标准，还可以将概括条款的法律修正功能与目

第六章 概括条款适用的方法论位阶

的性限缩区分开来,如果前者称为"强修正",目的性限缩意义上的修正就可以被称为"弱修正"。强修正,就是按照将来法为标准对规范目的的修正;弱修正,就是按照制定法本来的立法目的进行的修正,传统意义上的所谓违反法律文义的法的发现(contra legem)就是从这个含义上理解的。二者最为直观的区别就是被修正的法律规范是否还能够被适用。目的性限缩意义上的弱修正仅仅是排除不适合规范目的的情形;而强修正则是废弃某一条法律规范。

第二,要在内部区分概括条款的补充功能以及修正功能。一般认为概括条款具有四大功能,分别是具体化功能、补充功能、限制功能以及修正功能。[1]但是概括条款的真正功能就是两项,一是补充功能、二是修正功能。[2]所谓的具体化功能,如基于诚信所发展出来的从合同义务以及附随义务等,其实可以归入广义的补充功能;而限制功能,如基于诚信发展出来的禁止权利滥用功能,完全是可以归入广义的修正功能之中。二者都属于法官造法,区别是,补充功能是实现规范的从无到有,对应表6-5就是在功能上存在重叠的"法内漏洞"以及"法漏洞"领域,比如近几十年来从司法实践中所发展出来的"一般人格权";修正功能针对的是既有的法律规范以及规范目的。当然,无论是补充还是修正,表象上都是以概括条款作为规范依据而予以适用的,但本质上还是上述个人主义与社会化、形式正义与个案正义以及法官拘束和法官自由三对私法的基本价值互相权衡的体现。

---

[1] Vgl. Palandt Kommentar/Grüneberg, 78. Auf., 2019, 242, Rn. 15ff.
[2] 参见石佳友:《民法典与社会转型》,中国人民大学出版社2018年版,第272页;也参见[日]菅野耕毅著,付静坤译:"诚实信用原则与禁止权利滥用法理的功能",载《外国法译评》1995年第2期。

第七章 概括条款的具体化方法：案例群

由前文可知，无论是法律解释方法还是漏洞填补方法均无法适用于概括条款。概括条款自身既没有包含相关的指示，相关的评价标准也付之阙如，理论上均认为必须通过价值补充（Ausfüllungsbedürftigkeit oder Wertausfüllungsbedürftigkeit）才能实现具体化适用。[1]本章的任务就是详细说明具体化这一法学方法在私法中，尤其是在概括条款中如何适用，即概括条款如何通过具体化方法用法外的法律评价来充实自身。微观层次的概括条款多有列举式规定，因此，其适用方法多为类推列举式规定。本章所介绍的适用方法多适用于无列举式规定的微观层次的概括条款、中观层次的概括条款以及宏观层次的概括条款。在谈及概括条款具体化之前，首先需要厘清什么是法学方法论中的具体化，以及各种具体化方法在概括条款中的适用可能性以及缺陷，最后证成概括条款具体化适用的过程。

第一节 具体化基础理论

法学方法论涉及三个层次，第一个是具体方法层次；第二

---

[1] Vgl. Canaris, Systemdenken und Systembegriff in der Jurisprudenz, 2. Aufl., Duncker & Humblot, 1983, S. 27; Haubelt, Konkretisierung von Generalklauseln, 1978, S. 8ff; Reimer, Juristische Methodenlehre, 2016, Rn. 264, S. 133.

第七章 概括条款的具体化方法：案例群

个是基本模式层次；第三个是元方法或司法哲学层次。[1]在具体方法层次，涉及的是法律解释以及各种解释方法的适用、漏洞填补以及各种漏洞填补方法的适用、对于制定法不正义的修正，在这一层次具体化存在的空间有限，仅有拉伦茨在谈及不确定法律概念以及概括条款时有所提及。在基本模式层次，法学方法论所涉及的是如何法律裁判以及如何证立法律裁判，前者涉及法的发现，涉及的是法律诠释学，代表性学者是恩吉施所主张的"规范与事实的往返流转"以及考夫曼所代表的"等置模式"；后者涉及法的证立，涉及的是法律论证理论，代表性学者是阿列克西等。元方法层次涉及的问题是司法裁判的目的，是追求依法裁判还是个案正义、规则导向还是后果导向等。

概括条款属于法内漏洞，在具体方法层次，一般的漏洞填补方法没有适用余地，需要适用的方法是具体化；[2]在基本模式层次既要涉及法的发现，又要遵循法的证立；在元方法层次涉及的是在个案正义基础上的规则建构。

一、具体化的发展脉络

（一）卡尔·恩吉施

恩吉施在他的基本专著《我们这个时代法律和法学中的具体化思维》（*Die Idee der Konkretisierung in Recht und Rechtswissenschaft unserer Zeit*）的序言中说："具体化已经在德国的法学理论中存在很长的时间。"[3]自1953年他的著作首次出版以来，一

---

[1] 参见雷磊："法哲学在何种意义上有助于部门法学"，载《中外法学》2018年第5期。

[2] 本书关于具体化的发展脉络及具体化方法论的适用主要参考 Röthele, Normkonkretisierung im Privatrecht, 2004.

[3] Vgl. Engisch, Die Idee der Konkretisierung in Recht und Rechtswissenschaft unserer Zeit, 2. Aufl., Heidelberg, Carl Winter, 1968.

· 193 ·

直到今天，具体化依然是法学研究中的显学。其中最为重要的就是司法中的具体化。它是欧陆法律体系的基本现象，并且一直也是立法者理想与现实之间的缓冲器：法典的编纂理想与立法者有限的立法能力之间的差异越大，法律规范具体化的实际意义也就越大。在权力划分的法律体系中，司法上规范具体化的界限是一个永恒的主题，并且随着时代的发展而不断变化，因此不断变化的法律创造也是常论常新。

具体化对于法理论具有非常大的吸引力。自从恩吉施的著作《我们这个时代法律和法学中的具体化思维》对于具体化思想的系统介绍以来，具体化已经成为法律的重要组成部分。但是与此同时，在方法论上都缺乏对于具体化的系统介绍，长期以来它一直是法官法理论的重要组成部分。在法学的各个法律部门中，都能发现具体化的影子，基本权和宪法原则的具体化、环境和技术法的具体化、刑法规范性构成要件的具体化、私法中概括条款的具体化等。正如1958年拉伦茨所说的那样：具体化正在成为一个"流行语"。[1]具体化之所以如此受欢迎，很大程度上是因为它的开放性特征。但是，具体化也经历了一个污名化时期，特别在纳粹时期通过"具体秩序的思想"对于意识形态以及种族歧视的接纳，[2]不过这种情况在20世纪50年代之后基于恩吉施的阐述，为其恢复了名誉并最终形成当前关于具体化方法论讨论的情形。

恩吉施认为，法律适用的现实化考虑并不一定意味着要受

---

〔1〕 Vgl. Larenz, Wegweiser zu richterlicher Rechtsschöpfung-Eine methodologische Untersuchung, in: FS für A. Nikisch, 1958, S. 279, Fn. 7.

〔2〕 具体化方法的危险在纳粹的意识形态中表露无遗。在纳粹时期，"具体化"作为一种思想体系成为国家社会主义"法律更新"的论证和修正工具。在"具体秩序思维"中，具体化成为偏离规范的论证，是司法矫正规范的工具。Vgl. Rüthers, Die unbegrenzte Auslegung, 6. Aufl. 2005, S. 293ff.

第七章 概括条款的具体化方法：案例群

意识形态的影响，而是可以聚焦于现实情况，后来的法律发展也表明了这一点。将基于现实的规范化，有效的规范实现和实现正义的规范适用与"具体化"思想相结合。[1]换句话说就是，"法律的现实化导向以及在现实中贯彻法律"。[2]恩吉施在《我们这个时代法律和法学中的具体化思维》的最后一章强调了类型化的意义。他认为，如果在谈及具体化时不论及类型化，则具体化将会不完整，类型化与具体化紧密相关，并且类型具有具体化相同的特征，特别是具有接近现实性、经验性以及整体性等特征，因此能在具体化中发挥作用。

自恩吉施对具体化的研究以来，具体化的概念已经在法理论以及方法论中取得了巨大的发展。从更广泛的意义上说，这种具体化的发展是通过社会科学对法学日益加深的影响来实现的。然而最重要的是，具体化已经发展成为传统法学方法所无法包含的一种方法论的研究对象。[3]

首先，法学作为社会科学的对象。从更广泛的意义上来说，对于具体化的持续关注主要是基于20世纪70年代以来对法律的事实基础以及效果的极大关注。法学的这种向具体化的转向就是关注现实，例如，对法律事实的调查研究和法律后果的评估，法律社会学的影响、法律与经济日益紧密的结合，特别是通过法律的经济分析。

其次，具体化越来越成为方法论的研究对象。法学向社会科学中的应用转向主要在方法论中得到体现。处理社会现实的基

---

[1] Vgl. Engisch, Die Idee der Konkretisierung in Recht und Rechtswissenschaft unserer Zeit, 2. Aufl., Heidelberg, Carl Winter, 1968. S. 211ff.

[2] Vgl. Engisch, Die Idee der Konkretisierung in Recht und Rechtswissenschaft unserer Zeit, 2. Aufl., Heidelberg, Carl Winter, 1968. S. 96.

[3] Vgl. Röthel, Normkonkretisierung im Privatrecht, Mohr Siebeck, 2004, S. 10.

本方法论就是以具体化为基础的类型化思维[1]和以问题为导向的论题学思维。[2]这种意义下的法学在社会科学中的总体定位就是米勒（F. Müller）所描述的"规范"的形象，[3]即"法律判决就是社会科学的切入点"。[4]这些观点的共同之处在于它们均源于恩吉施那句广为流传的名言"事实与规范之间的往返流转"。在法律适用中对事实的这种一般性强调的另一种表达是对法律效果的后果导向的追求。[5]

（二）弗里德里希·米勒

米勒在其法学方法论中说道，法学方法不是形式逻辑，也不是解决个案问题的技巧，它的任务是在立法、行政以及司法等不同的法律现实化过程（Rechtsverwirklichung）中，去说明具有共同原则的与现实相关的规范具体化的结构。[6]它的方法论是对传统法学方法操作模式的反思，以诠释学为基础，法律文本必须通过规范具体化的过程，才能使得取向于规范文本的规范现实化获得最大的合理性以及可检验性。

对于米勒而言，既不是传统法学方法所主张的三段论法对法律规范进行涵摄，也不是对预先规定在法条中的利益衡量或评价的事后执行，更不是对在某一既有的规范变得个别化、更

---

[1] Vgl. Leenen, Typus und Rechtsfindung, Duncker & Humblot, 1971; W. Hassemer, Tatbestand und Typus, Heymann, 1967.

[2] 参见 [德] 特奥多尔·菲韦格：《论题学与法学——论法学的基础研究》，舒国滢译，法律出版社2012年版；Neumann, Juristische Argumentationslehre, Wissenschaftliche Buchgesellschaft, 1986.

[3] Vgl. Müller, Normstruktur und Normativität, Duncker & Humblot, 1966, S. 184ff.;

[4] Vgl. Müller/Christensen, Juristische Methodik, 11 Aufl., Duncker & Humblot, 2013, S. 313.

[5] Vgl. Deckert, Folgenorientierung in der Rechtsanwendung, Beck, 1995.; Kriele, Theorie der Rechtsgewinnung, 2. Aufl., Duncker & Humblot, 1976, S. 176ff.

[6] Vgl. Müller/Christensen, Juristische Methodik, 11 Aufl., Duncker & Humblot, 2013, S. 33.

具体，而是在解决案件时的一种规范建构的过程。这是一种动态的流动模式，而非静态的适用结构。

在具体化的过程中，法律与现实并非孤立存在，而是共同于具体化。米勒认为传统法学方法将法律适用理解为解释规则，片面强调对于法律条文的解释，而忽略了法律工作的事实相关性，因此他要求具体化彻底取代解释。[1]

（三）亚图·考夫曼

考夫曼对于法律适用过程的认识在其著作《类推与"事物本质"——兼论类型理论》(Analogie und Natur der Sache—Zugleich ein Beitrag zur Lehre vom Typus) 一书中，他认为法律适用的过程不是传统的涵摄模式，而是一种经由当为与实在的互相对应的类推的过程，他称这种过程是法律现实化的过程（Der Prozeß der Rechtsverwirklichung）。他将法律适用的过程分为三个阶段："第一阶段为抽象的普遍的、超乎实证与历史的法律原则（die erste Stufe sind die abstrakt-allgemeinen, überpositiven und übergeschichtlichen Rechtsgrundsätze）；第二阶段为被具体化的普遍的、形式实证的、非超历史的、一段时期内的制定法［die zweite Stufe ist das konkretisiert-allgemeine, formell-positive, nicht übergeschichtliche, aberdoch für einen mehr oder minder langen Zeitabschnitt (Gesetzesperiode) geltende Gesetz］；第三阶段为具体的、实证的、有历史性的法（die dritte Stufe ist das konkrete, materiell-positive, geschichtliche Recht）。其层级顺序即：法律理念—法律规范—法律判决（Rechtsidee-Rechtsnorm-Rechtsentscheidung）。"[2]

---

〔1〕 Vgl. Müller/Christensen, Juristische Methodik, 11 Aufl., Duncker & Humblot, 2013, S. 263ff.

〔2〕 ［德］亚图·考夫曼：《类推与"事物本质"——兼论类型理论》，吴从周译，学林文化事业有限公司1999年版，第29页。

考夫曼认为法律适用的过程需要遵循两个命题：一是无法律理念即无法律规范，无法律规范即无法律判决；二是法律理念无法单独推导出法律规范，法律规范无法单独推导出法律判决，换言之，法律规范并非当然包含在法律理念中，法律判决并非当然包含在法律规范中。法律理念以及法律规范相对于法律判决而言，都仅仅是法的可能性，要得到具体真实的法，必须从真实的生活中得出，即只有规范与具体的事实相对应、存在与当为相对应，才能产生具体真实的法。[1]

因此，考夫曼认为，法是存在与当为的对应（Recht als Entsprechung von Sollen und Sein）。在这种对应中，存在与当为并非完全相同，也非完全不同，而是类似地连在一起，这是一种对应关系的统一性。这种对应过程其实就是类推的过程，法律知识是类推的知识。因此，他认为法原本具有类推的性质。对于考夫曼而言，类推的过程其实就是具体化的过程。他还批判了传统法学方法论仅仅把类推当做漏洞填补这一认识。

在司法适用上，一方面生活事实必须与法律规范发生关联，必须符合规范，即我们必须将拟判决的案件事实与法律规范的构成要件所涵盖的案件等同处置；另一方面规范也必须和事实发生联系，我们在探求法律规范的意义时，就是解释规范的过程。基于此，考夫曼亦强调了规范与事实之间的来回往返、对向交流，与传统的涵摄适用模式相比，他称这种法律适用方式为"等置模式（Gleichstellung）"。[2]

---

[1] [德] 亚图·考夫曼：《类推与"事物本质"——兼论类型理论》，吴从周译，学林文化事业有限公司1999年版，第29页。

[2] [德] 亚图·考夫曼：《类推与"事物本质"——兼论类型理论》，吴从周译，学林文化事业有限公司1999年版，第16—25页。也参见雷磊：《类比法律论证——以德国学说为出发点》，中国政法大学出版社2011年版，第33—42页。

第七章　概括条款的具体化方法：案例群

（四）卡尔·拉伦茨

拉伦茨对于法律适用的模式的看法，并不如上述三位学者走得那样远。他并没有彻底否定传统法律适用的涵摄模式，只是认为在法律规范的构成要件中存在"类型"以及"需要价值填补的地方"时，具体化才有存在的余地。并且认为具体化的评价标准是一种价值取向的思维。这种价值评价并非法官的主观考量，而是应当把自己当做正义与公平的代言人以及解释者，也就是说他应该将自己的判决指向普遍有效的正义要求。[1]

如果将拉伦茨意义上的具体化称为传统法学方法论进路，那么基于"发现与证立脉络中的实质主义证立立场"，恩吉施、米勒以及考夫曼所主张的方法就可以称为诠释学进路。[2]除了上述这些对于具体化附带地提及以及强调之外，当前的法学方法论已经将具体化发展成为专门的讨论对象并进行专门介绍，它已成为法官法的类型之一，[3]并且在法律判决中也直接使用了具体化方法。[4]关于当前具体化的讨论可以概括为：具体化已成为法官创造和适用法律的修辞。

二、具体化的一般理论以及概括条款具体化

在前文中关于具体化的一般性介绍中，恩吉施、米勒以及

---

〔1〕[德]卡尔·拉伦茨：《法学方法论》，陈爱娥译，商务印书馆2003年版，第四章第三节第四款、第六章第三节、第七章第三节。

〔2〕参见雷磊：《类比法律论证——以德国学说为出发点》，中国政法大学出版社2011年版，第81页。

〔3〕Vgl. Ipsen, Richterrecht und Verfassung, 1975, S. 63ff; Wank, Grenzen richterlicher Rechtsfortbildung, 1978, S. 136ff.

〔4〕Vgl. W. Fikentscher, Methoden des Rechts in vergleichender Darstellung, Bd. IV, Mohr Siebeck, 1977, S. 180ff.；Göldner, Verfassungsprinzip und Privatrechtsnorm in der verfassungskonformen Auslegung und Rechtsfortbildung, 1969, S. 85.；J. Ipsen, Richterrecht und Verfassung, 1975, S. 62ff.

考夫曼的具体化理论均彻底摆脱了传统以法律规范为依据的涵摄适用模式，并且认为整个法律适用过程就是具体化的过程。拉伦茨在受诠释学转向的影响下，虽然也承认规范与事实之间的紧密关系，但是从其体系化的著作《法学方法论》来看，他依然坚持传统的法律适用的三段论模式，并且他也明确提及，虽然传统的法律适用方法不能过高地估计它在法律适用中的意义，但是也不能完全将其弃置不顾。在下文关于具体化所存在的三种模式中，本书将具体化界定为拉伦茨意义上的"规范填充"式的具体化，也就是在制定法中对于无法确定其含义的不确定法律概念以及概括条款才有具体化的余地。

（一）具体化的一般理论

规范具体化是具体化问题的一部分，即法律规范的具体化。随着法学对具体化的一般性介绍，法律规范在适用过程中必须更加"具体"。这种规范的"具体化"反映在当前的方法论中主要有三个层次：第一种是形式意义上的规范的实现（Normverwirklichung）；第二种是在实质意义上，诠释学意义上的规范产生（Normerzeugung）；第三种是规范填充（Normausfüllung）。

1. 规范具体化作为规范实现

从形式意义上来讲，规范具体化可以被理解为法律规范的实现，也就是说规范在其构成、转换、适用和贯彻上更为具体。这样的规范具体化是"法律逐步实现"的结果。梅克尔（A. Merkl）把法律规范逐步的个体化以及法律的不同之处描述为法律实现的不同阶段，这非常类似于凯尔森（Kelsen）所描述的程序："从宪法，经过制定法和习惯法，一直到司法判决并且从判决到强制执行"作为持续不断地个别化和具体化。[1]规范层级中的每一

---

〔1〕 Vgl. Röthel, Normkonkretisierung im Privatrecht, Mohr Siebeck, 2004, S. 15.

第七章 概括条款的具体化方法：案例群

步以及法官对法律的每一次适用都可以理解为具体化的一个步骤。因此，在较低层级中的个性化总是意味着：规范的具体化实现是规范实现的进一步细化，"从法律规范到法律行为的具体化规程中，产生了实际的判决标准"。因此，作为规范实现的这种具体化的特征是法律拘束的合法性问题，即它是涉及规范等级和权威秩序的问题而不是作为方法或认知的问题。法律解释以及法律漏洞的各种填补方法均属于这种意义上的具体化。

2. 规范具体化作为规范创设

与形式化理解所涉及的法律拘束以及合法性相反的是，诠释学意义上的规范具体化，主要涉及规范的形成。

2.1 诠释学意义上的具体化理论

按照米勒的说法，规范具体化并不代表已有规范的实现、实施和应用，而是描述了在解决问题的框架内如何创造法律规范。这种具体化概念的基础是根据伽达默尔的哲学诠释学所启发的"后实证主义"的规范理解的：先前存在的"lex ante causam"观点是建立在"实证主义基本错误"之上。法律规范不是在司法适用过程之前被规定，而是仅在法律的适用中产生。法律只给出了规范文本（"规范和规范文本属于不同的事物"）。[1]

2.2 区分和批评

将规范具体化理解为规范产生与将规范具体化视为规范实现的共同点是，它们都认识法律适用是一般性的含义，并不局限于某些规范情形。但是，它们完全是不同的具体化理解。一个差异在于，通过规范实现的规范具体化在形式上被理解为在法律层级上的拘束力，也就是能够从权威层面获取法律。相比之下，规范创设的具体化涉及对产生、塑造法律规范意义上的

――――――――
[1] Vgl. Müller/Christensen, Juristische Methodik, 11. Aufl., Duncker & Humblot, 2013, S. 263ff.

具体化理解。另一个差异涉及与宪法规范的关系：当规范实现的模型在法律秩序的层级结构上向下移动并因此强调宪法法律规范的拘束，也就是规范合法性约束；规范创设的具体化被理解为一个同级别的规范设定，在没有法律规范的情况下，通过司法实践所创设的规范不能在体系上置于明确的法律依据之下。

当法律判决中主张适用规范创设的观点时，会产生与宪法规律的规定相冲突的情形：根据"规范与规范文本并非同一事物"的观点，诠释学意义上的具体化理论忽视了法治国原则在法创设过程中制定法的权威，也就是立法者的权力在法律判决中对于法律创设所形成规范的拘束力。用这种方式理解，会导致立法者的"隐身化"和规范创设秩序的"混乱"。[1]

但是根据米勒的观点，上述批评属于没有准确认识具体化功能的含义。制定法的"规范文本"对于具体化所创设的规范来讲并不是没有意义的，相反法官在创设规范的过程中，是从已经产生的立法规范文本开始，在形成法律规范的过程中，法官有服从制定法的义务。虽然规范文本不是立法机构预先制定的法律规范的"载体"，但法官创设法律规范必须以法律规范文本为依据，同时规范文本还具有"限制功能"。诠释性具体化理论与传统的实证主义法律学说的区别在于，在每个法律判决过程中，对于法律创造性特征的强调不同，即规范文本并不确定司法判决，而仅仅是"行动指引""援引特征"。这种对法律适用创造性特征的强调，意味着诠释学的具体化理论认为"具体化不是解释"的主张代替了传统法学方法论的主张"解释为规范具体化"。[2]

---

〔1〕 Vgl. Jestaedt, Grundrechtsentfaltung durch Gesetz, 1999, S. 156ff.

〔2〕 Vgl. Müller/Christensen, Juristische Methodik, 11. Aufl., Duncker & Humblot, 2013, S. 216ff., 222ff. S. 263ff.

3. 规范具体化作为规范补充

一般情况下,规范具体化既不被理解为形式意义上规范的实现,也不被理解为诠释学意义上规范的创设。

对于规范具体化理解的正确方式是:补充,如对于概括条款的"更新[1]"清晰化[2]"或"内容上的进一步确定"。在这种形式下,规范具体化已成为方法论和法官法的一个组成部分。[3]这种规范具体化的概念有两个方面:规范具体化的一般特征以及概括条款如何具体化的问题。

3.1 规范具体化的一般特征

上面所提及的两个规范具体化的类型,在规范层级秩序中的规范具体化实现的是法律拘束,诠释学意义上的规范创制实现的是法律自由。而作为真正具体化的"规范补充"既与宪法和法律的拘束相关,也与规范创制的创造性因素相关。里诺夫(R. Rhinowe)将此种具体化称为"两个要素":[4]一是规范约束意义上的法律拘束,作为转化整体法秩序之内其他法律规范的媒介;二是规范创制意义上的法律自由,充分吸收法外的各种因素。

3.2 概括条款的具体化问题

由于概括条款放弃了广泛而细致的调整,法官在个案中必须考虑社会价值以及制度原则将其具体化。[5]概括条款的具体化问题,既不同于形式意义上的规范实现,亦不同于诠释学意

---

[1] Vgl. Haubelt, Die Konkretisierung von Generalklauseln, 1978, S. 5ff.; Werner, Generalklauseln und Richterrecht, 1966, S. 179.

[2] Vgl. Wieacker, Zur rechtstheoretischen Präzisierung des § 242. 1956.

[3] Vgl. Ipsen, Richterrecht und Verfassung, 1975, S. 63ff.

[4] Vgl. Rhinow, Rechtsetzung und Methodik, Helbing & Lichtenhahn, 1979, S. 177f.

[5] 参见 [德] 曼夫雷德·沃尔夫著,丁晓春译:"民法的法典化",载《现代法学》2002 年第 3 期。

义上的规范创制。方法论讨论的通说认为，在关于概括条款的每一个法律判决中，两种力量共同发挥作用。任何一个法律解释都具有创造性特征，没有任何法律判决是基于纯粹的法律涵射。传统上立法和法律适用的二分这一通说在概括条款这里失去了意义。[1]因此，可以将概括条款具体化理解为他律的法律约束和自主法律形成的结合。

（二）概括条款的具体化

1. 具体化的任务

概括条款具体化的任务一是要阐明其要满足的基本条件；二是通过什么样的方式和方法，概括条款具体化的任务能够被理性地实现。

2. 具体化需要满足的基本条件

概括条款具体化是法官造法，应该形成具有拘束力的法律规则作为裁判依据。因此法官在具体化此类规范时，也必须满足普通法律规范的一般特征。满足这一要求的出发点是立法权与司法权区分下的平衡思想。法官的具体化不仅需要满足正当性的要求，而且需要对法官的这种具体化的程序、内容和效果进行宪法约束。根据我国宪法以及立法法的要求，立法程序的特点是公开化、多元化以及需要互相讨论协商，而法官具体化的判决主要是根据具体情况和当事人的不同特点来实现的。[2]法律普遍性和判决的个别性的对立，给予法官具体化更高的要求。

如果法官在具体化过程中对所要调整对象的特殊性进行合理证明，那么他所执行的判决由于并非立法机关所产生的缺陷，必须要额外地要求法官承担论证义务，特别是在法律事实评价

---

[1] Vgl. Rhinow, Rechtsetzung und Methodik, Helbing & Lichtenhahn, 1979, S. 222ff.

[2] Vgl. Ipsen, Richterrecht und Verfassung, 1975, S. 146ff.

和法律后果方面的论证义务。[1]当然这种平衡思维并非立法权、司法权之间权力的转移，而是对于法官具体化的附加要求，也就是说宪法、立法法将对于立法过程的要求转移给司法机关。[2]因此平衡思维就是要求法官具体化时需要满足像立法程序一样的要求。

基于平衡思维，在法官具体化形成法官法的层面需要满足事实正义、安定性，平等对待、规范清晰以及宪法基本权的约束。这给法官造法所提出的基本要求是确保事实上的正义性，确保安定性，确保平等对待以及确保最终的规范满足清晰性。最后，法官所创造的规则还必须受宪法基本权的约束。

2.1 准确性（Sachrichtigkeit）

具体化首先在于对事实的掌握。在个案判决中，相比于立法者，法官对于案件事实通常具有更深入的认识。法律事实的获取，特别是对具体化假定的后果的确定可以很快超过司法适用程序的可能性。如果没有充分了解现实，法官具体化所得出的规范就会缺乏必要的实质正义和理性。恩吉施正是在"转向事实"中看到了具体化的核心特征，[3]并将立法者和判决赋予了"与现实相关的"法律形成；[4]法官就像立法者一样必须"与现实一致，这样做才能找到正确的法"。[5]从这个意义上说，现在已经越来越注意到法律续造或具体化时事实的重要性。

---

[1] Vgl. Röthel, Normkonkretisierung im Privatrecht, Mohr Siebeck, 2004, S. 85.

[2] Vgl. Schneider, Richterrecht, Gesetzesrecht und Verfassungsrecht, Frankfurt a. M: Klostermann, 1969, S. 34f., 37ff.

[3] Vgl. Engisch, Die Idee der Konkretisierung in Recht und Rechtswissenschaft unserer Zeit, 2. Aufl., Heidelberg, Carl Winter, 1968. S. 85ff.

[4] Vgl. Engisch, Die Idee der Konkretisierung in Recht und Rechtswissenschaft unserer Zeit, 2. Aufl., Heidelberg, Carl Winter, 1968. S. 120ff.

[5] Vgl. Engisch, Die Idee der Konkretisierung in Recht und Rechtswissenschaft unserer Zeit, 2. Aufl., Heidelberg, Carl Winter, 1968. S. 121.

因此，法官法的形成来源于法院，正如拉伦茨所说，"经济，法政策以及其他后果能够完全影响法官法的形成"以及"他可以得到的必要的经验数据"。[1]

法官裁判在规范具体化时实际上承担着立法的功能，因此在确定和评估具体化的事实时需要满足互相比较的要求。这特别适用于诸如"商业惯例""交易习惯""通常"或"技术标准"之类价值概念的具体化。在此，符合准确性的具体化要求所形成的法官法必须基于有说服力的社会或者技术基础。[2]

准确性要求对于具体化的时间和具体化的深度具有直接意义。随着具体化过程的深入，法律判决的事实性认识会越来越多。在符合事实正义的要求下，法律判决通常会从评估标准等更一般的认识逐步具体化到更为细化的标准。

2.2 法律安定性的要求

制定法保证了法律的安定性，法律会发挥约束作用，如果要改变他们只能在新的立法程序中，它的基础就是必须尊重宪法上信赖保护原则。这意味着制定法具备这种拘束力以及作为可信赖原则的"担保人"。但是对于法律判决没有那么高的期望：原则上它必须通过其判决的法律效力确保相关当事人之间的法律确定性。当法律后果被全部的预先决定所约束时，法律判决能够获取全面的与法律完全相同的安定性。[3]

2.3 法律平等的要求

平等原则并不仅仅对立法者适用，对于法律判决同样适用。

---

[1] 参见［德］卡尔·拉伦茨:《法学方法论》，陈爱娥译，商务印书馆2003年版，第305页。

[2] Vgl. Röthel, Normkonkretisierung im Privatrecht, Mohr Siebeck, 2004, S. 88.

[3] 关于法律约束与先例之间的关系，可参见 F. Bydlinski, Hauptpositionen zum Richterrecht, JZ 1985, S. 149 (152ff.); Germann, Präjudizien als Rechtsquelle, Almqvist & Wiksell, 1960, S. 28ff.

对于立法者而言，要求法律制定的平等，而对于司法者而言要求法律适用的平等。然而，最重要的是立法机关，它负责法律制度的一致性：在法律约束的法律制定上，违反平等首先就是违反了制定法的平等。衡平思维在这里也起作用，当法官根据法律的授权具体化时，必须确保法律判决的平等性。

2.4 规范明确性的要求

在规范清晰性的概念下，是为了确保"立法者意图的可识别性"。法律规范明确性的要求意味着法律的可理解性和可获取性。最重要的是，在充分确定性和一致性的意义上，可理解性被理解为法律规范的公开性。可理解性和可获取性规则通常与立法机关的职能直接相关。但是，如果具体化由于法律授权而具备实质意义上的立法的特征，那么它也必须以规范的明确要求来衡量。[1]

2.5 宪法基本权的约束

如果将上述所介绍的准确性，法律安定性要求，法律平等性要求和规范明确性要求称为具体化法律规范的形式要求，则这里所要介绍的宪法基本权就是对于法官具体化实践的实质约束。

在法官具体化时不允许背离宪法及其宪法价值的约束。[2]法官在具体化时，必然会受到宪法的约束。但是，通过具体化所形成的规则是在法律没有具体规定的地方进行，因此与宪法及其价值保持一致就非常重要，这反映了体系一致的要求。比如"宪法的第三人效力"，就是通过对于德民第823条第1款的"其他权利"通过宪法价值的引入而续造出了"一般人格权"

---

[1] Vgl. Schneider, Richterrecht, Gesetzesrecht und Verfassungsrecht, Frankfurt a. M: Klostermann, 1969, S. 38f.

[2] Vgl. Ipsen, Richterrecht und Verfassung, Duncker & Humblot, 1975, S. 73

等概念。这既是对于宪法的基本价值在民法中的适用，同时也体现了宪法对于具体化适用的约束。

第二节　概括条款具体化方法的不足

概括条款具体化问题的重要性显而易见，例如，比德林斯基曾清楚地表明，概括条款中的"具体化问题"，从形式上来讲"等同于需要具体化的规则……用作实证法的组成部分"，但并非直接针对案例评价，而是作为必要的规范性材料的指南。[1]很明显所有具体化考虑的最终目标是从概括条款中得出更精确的规范性内容，尽管它们具有不确定性，但是能根据法律适用一般规则，从而能够在方法论上实现理性化。同时他还强调："规范的具体化"意味着……从最初的规范和经验或具有安定性的规范性语句中推导出解决案件问题所需的更具体的规则。"这项努力的结果是给出一项规则，允许通过个案，必要的个人价值判断……以最简单的涵摄模式来解决那些实际存在的问题。"[2]

通过本书第六章的介绍，能够发现概括条款具体化适用并不能为传统法学方法所包容。规范具体化的基本思想是从不确定中获取更精确，更能具体适用的规范内容。具体适用可以分为三个步骤：个案判决的获取——案例群（Fallgrupp）——类型建

---

〔1〕 Vgl. Bydlinski, Möglichkeiten und Grenzen der Konkretisierung aktueller Generalklauscln, in: O. Behrends/M. Dießelhorst/R. Dreier（Hrsg.）, Rechtsdogmatik und praktische Vernunft. Symposion zum 80. Geburtstag von Franz Wieacker, 1990, S. 189, 199.

〔2〕 Vgl. Bydlinski, Möglichkeiten und Grenzen der Konkretisierung aktueller Generalklauscln, in: O. Behrends/M. Dießelhorst/R. Dreier（Hrsg.）, Rechtsdogmatik und praktische Vernunft. Symposion zum 80. Geburtstag von Franz Wieacker, 1990, S. 189, 196; Engisch, Die Idee der Konkretisierung in Recht und Rechtswissenschaft unserer Zeit, 2. Aufl., Heidelberg, Carl Winther, 1968, S. 79.

构（Typenbildung）。本节将重点讨论传统上概括条款具体化适用的不足。即具体化来源的不足、具体化方法的不足[1]。并在本章第三节针对传统的适用方法进行修正，探讨概括条款适用方法的中国模式。

一、具体化的来源及其不足之处

获取个案判决的过程是概括条款具体化的第一步。从内容上来讲就是确定具体化可供援引的材料，换句话说，就是更准确地确定概括条款援引标准的规范性来源。通过这种方法所获取的是一条具有明确构成要件与法律效果的法律规则。

概括条款具体化所需要的内容，从来源上看有必要进一步区分"法律外"和"法律内"两大类。也就是说，概括条款具体化的主要来源为道德或社会伦理规范，以及法律，特别是宪法及其价值。此外，还有一个特殊的问题是已经讨论过的委托或授权理论（Delegations/Ermächtigungstheorien），即概括条款的内容是授权法官的法律续造，因此概括条款的内容当然也包含法官的自我评价本身。但是上述各种具体化方法均存在某种程度上的不足。

（一）援引法外素材及其不足

事实上，诸如公序良俗以及诚实信用等概括条款，可以"援引习惯或交易习惯（Sittlichkeit oder Verkehrsmoral）"，通过法律外的道德或社会规范来具体化，似乎与它的文义非常接近，首先就是德民第138条第1款的善良风俗。例如，德民第138条第1款中对善良风俗的提及应被解释为基于"普遍的法律和社

---

[1] 具体化来源不足主要参考自 Auer, Matrialisierung, Flexibilisierung, Richterfreiheit, 2005；具体化方法不足主要参考自，Weber, Einige Gedanken zur Konkretisierung von Generalklauseln durch Fallgruppen, Acp192（1992）.

会道德"意义上的"道德秩序（Sittenordnung）"用来修正私人自治；[1]同样德民第 242 条的诚实信用被理解为在法律中获取"社会中普遍存在的社会伦理观念的手段。"

但是，并非任何的法律外的素材均可以被概括条款所援引：一方面，纯粹事实上的习惯应该被排除在外，因为"习俗或习惯可能是一种坏习惯（Sitte Unsitte, Brauch Mißbrauch sein）"，[2]另一方面，在缺乏最终论证的背景下的实质伦理以及未经认真反思的道德伦理原则也应被排除在外，[3]因为法律强制……是实现这种道德的最不适当的方式。换句话说，概括条款援引法律外规范，必须以尊重现行法的原则以及评价基础为前提。[4]

"一般的道德观念"或"基本道德"最适合作为善良风俗援引的对象，这与绝大多数社会成员所认可的道德相符合，即全社会行为普遍期待的"道德观"，例如，维亚克尔、亨克尔（Henkel）以及拉伦茨对善良风俗以这种方式进行解释。[5]当然这种观念还可以追溯到鲁道夫·冯·耶林（Rudolph von Jhering）和埃利希，首先在商法以及竞争法中使用，最近托伊布纳将其转移到整个民法，实际上善良风俗援引有效的道德和习惯，即在经验上能够被解释为确定的社会规范。[6]类似的德民第 242 条

---

[1] Vgl. Lindacher, Grundsätzliches zu § 138 BGB, AcP 173（1973），S. 124, 125; Mayer-Maly, Was leisten die Guten Sitten? AcP 194（1994），S. 105, 107ff.

[2] Vgl. Emmert, Auf der Suche nach den Grenzen vertraglicher Leistungspflichten, Mohr Siebeck, 2001, S. 216f.

[3] Vgl. Teubner, Standards und Direktiven, 1971, S. 15ff., 99ff.

[4] 参见［德］卡尔·拉伦茨：《法学方法论》，陈爱娥译，商务印书馆 2003 年版，第 340 页。

[5] Vgl. Wieacker, Rechtsprechung und Sittengesetz, JZ, 1961, S. 337, 339f.; Henkel, Einführung in die Rechtsphilosophie. Grundlagen des Rechts, 2. Aufl., Beck, 1977, S. 71ff.

[6] Vgl. Teubner, Standards und Direktiven, 1971, S. 29ff., 61, 65ff.

所援引的交易习惯,用于确定在个案中诚信的要求。[1]因此,概括条款总是作为一种向法律外规范开放的规范,这些规范在没有绝对道德约束主张的情况下,实际上在社会中具有非常重要的规范意义,法律制度并不能忽略它们的效力主张。

但是,先面临两方面的质疑。一方面,在概括条款的框架内为道德或社会规范赋予普遍的法律效力会与"分离命题(Trennungsthese)"相矛盾,即法律与道德或伦理之间的分离,质疑在概括条款的框架内赋予某些法律外规范内容的规范拘束力。[2]另一方面,鉴于不可能从"存在"中获得"应该"这一理论命题,即使在事实上遵守这些规范本身能够得到广泛的支持,也不足以让这些法外的规范在概括条款的框架内合法正当化。[3]因此这两个反对意见共同导致概括条款援引法外规范含义的不成立。

在这里,概括条款具体化出现的困境是:一方面,"善良风俗"或"诚实信用"等概括条款不可避免地要与道德或社会规范相结合。另一方面,这种结合受限于道德和社会规范的相对化,因此在具体化概括条款时,可以否定任何法外规范的相关性,因为它不符合主流的法律和社会道德或正义感(Anstandsgefühl aller billig und gerecht Denkenden)。这种困境的间接后果是,法外规范通常仅在司法审查的条件下使用,在任何情况下都不能被视为概括条款具体化的唯一内容。

(二) 援引法内素材及其不足

将概括条款具体化的内容聚焦于法律内,主要构成要素包

---

〔1〕 Vgl. Heldrich, Die Bedeutung der Rechtssoziologie für das Zivilrecht, AcP 186 (1986), S. 74, 96ff.

〔2〕 Vgl. Mayer-Maly, Die Guten Sitten als Maßstab des Rechts, JuS 1986, S. 596, 599.

〔3〕 Vgl. Teubner, Standards und Direktiven, 1971, S. 36.

括宪法。[1]从这个角度看，似乎比援引法外规范能够更好地服务于概括条款的适用。因此，道德规范和社会规范与概括条款无关，恰恰相反，正如宪法基本权第三人效力的重要性日益增长一样，大部分是基于宪法的价值。[2]总之，概括条款作为限制私人自治的功能在最近几十年已崭露头角，并逐渐取代了道德评价。[3]

然而，这种具体化理论难以持续。概括条款适用的宪法化存在通过不断在私法中增加宪法控制而过度限制私人自治的严重危险。[4]

概括条款的具体化，它们的功能并不比已经讨论过的援引法外规范具体化理论更具正义性，如果概括条款仅具有此类评价的功能，那么概括条款将是多余的，因为宪法在任何情况下都是法律制度的一部分，完全可以通过法律解释和法律续造来实施。正如卡纳里斯适切地指出，不只是在概括条款领域，在所有其他的私法规范领域，都应考虑到基本权利的间接第三人效力，如果不存在概括条款作为媒介，那么就可以在其他地方主张基本权的价值。[5]

（三）法官的自我评价及其不足

前两类观点认为，概括条款具体化的基础在法外或法内，在此讨论第三种情形：法官的自我评价。概括条款的内容将由法官自行决定。这个观点完全对应于前文提及的"授权规范"

---

[1] Vgl. Simitis, Gute Sitten und ordre public, 1960, S. 162ff., 174.

[2] Vgl. Teubner, Standards und Direktiven, 1971, S. 37ff.

[3] Vgl. Teubner, Standards und Direktiven, 1971, S. 37ff, 56ff.

[4] Vgl. Medicus, Der Grundsatz der Verhältnismäßigkeit im Privatrecht, AcP 192 (1992), S. 35, 55ff.

[5] Vgl. Canaris, Grundrechte und Privatrecht, AcP184 (1984), S. 201, 222ff., 232ff.

第七章 概括条款的具体化方法：案例群

或"授权理论（Delegations/Erma-chtigungstheorien）"。

以卡纳里斯、比德林斯基和托伊布纳为代表的学者认为在必要时除了其他标准外还将法官的自我评价作为具体化的辅助方法。[1]但在这种情况下，授权思想的不可信赖性显得尤为明显，通过无实质内容的法官自我评价不能具体化概括条款。

（四）多种材料的混合使用及其不足

综上，法外标准、法内标准或法官自我评价都不适合单独作为具体化的基础。多种材料混合使用是综合前述几个标准来弥补它们各自的弱点，从而实现综合适用。[2]

这种方法主张，对于法外规范只有在司法审查的基础上做到与法律相一致的情形下，才能予以适用。从这个意义上说，拉伦茨认为善良风俗具有"双重援引功能（doppelte Hinweisfunktion）"，一方面要援引社会道德，另一方面援引法律制度的基本价值，承认社会道德的内容仅在与基本法律价值相一致的范围内具有拘束力。[3]同样，托伊布纳在已经提到的善良风俗三层级模型的背景下，通过将善良风俗的"接受"功能置于司法审查的控制之下，从而将法律外的社会规范与法律原则结合起来。[4]这一方法的第二个特征在于尽可能地抑制或限制法

---

〔1〕 Vgl. Larenz/Canaris, Methodenlehre der Rechtswissenschaft, 3. Aufl., Springer, 1995, S. 109ff.; Bydlinski, Möglichkeiten und Grenzen der Konkretisierung aktueller Generalklauscln, in: O. Behrends/M. Dießelhorst/R. Dreier (Hrsg.), Rechtsdogmatik und praktische Vernunft. Symposion zum 80. Geburtstag von Franz Wieacker, 1990, S. 189, S. 203f.; Teubner, Standards und Direktiven, 1971, S. 61. 106ff.

〔2〕 Vgl. Bydlinski, Möglichkeiten und Grenzen der Konkretisierung aktueller Generalklauscln, in: O. Behrends/M. Dießelhorst/R. Dreier (Hrsg.), Rechtsdogmatik und praktische Vernunft. Symposion zum 80. Geburtstag von Franz Wieacker, 1990, S. 189, S. 203f.

〔3〕 参见[德]卡尔·拉伦茨：《法学方法论》，陈爱娥译，商务印书馆2003年版，第169页以下。

〔4〕 通过接受功能、转移功能和授权功能（Rezeptions-, Transformations- und Delegationsfunktion）. Vgl. Teubner, Standards und Direktiven, 1971, S. 61. 99ff.

官自我评价作为概括条款的援引标准。例如，托伊布纳认为，只有在法律外的社会规范作为善良风俗的主要援引对象没有或没有足够的社会规范的情况下，法官对于法律形成的参与乃至自由的法律形成才是合法的。[1]

这种对法官自我评价的限制以及对法外规范的限制在卡纳里斯那里变得更加清晰。[2]其具体化理论是对于四个评价标准之间的顺位进行排序：首先是法律，特别是宪法评价（verfassungsrechtliche Wertungen）、附属于法伦理的准则（subsidiär rechtsethische Maximen）以及"一般法律意识（allgemeine Rechtsbewußtsein）"，而像交易习惯（Verkehrssitte）一样的法外标准处于第三顺位并且它们要符合法律制度的价值。如果这个标准也失败了，只有在最后阶段才能建立在法官自我评价的基础上，即使是这样，法官也不能根据自己主观偏好进行评价，而是尽可能最大程度地得到一般人的认可。[3]同样，比德林斯基将援引的内容区分为法律基本价值观、法伦理原则、交易习惯、社会伦理观点以及法官的自我评价（gesetzlichen Grundwertungen, rechtsethischen Prinzipien, Regeln der Verkehrssitte, sozialethischen Anschauungen und richterlicher Eigenwertung）。[4]最后，海因里希将援引的内容区分为法律体系的基本原则、有关法律的具体指导原则、论题学、类型和先例（Rechtssatzes, Topik, Typenlehre und

---

[1] 仅剩转移功能和授权功能。Vgl. Teubner, Standards und Direktiven, 1971, S. 61. 99ff. 106ff.

[2] Vgl. Canaris, Anmerkung zum Urteil des OGH v. 27. 6. 1969, 4 Ob 46/69, ZAS, 1970, S. 147.

[3] Vgl. Canaris, Anmerkung zum Urteil des OGH v. 27. 6. 1969, 4 Ob 46/69, ZAS, 1970, S. 147.

[4] Vgl. Bydlinski, Möglichkeiten und Grenzen der Konkretisierung aktueller Generalklauscln, in: O. Behrends/M. Dießelhorst/R. Dreier (Hrsg.), Rechtsdogmatik und praktische Vernunft. Symposion zum 80. Geburtstag von Franz Wieacker, 1990, S. 189, S. 203f.

第七章　概括条款的具体化方法：案例群

Präjudizien）为具体化标准。[1]

可以看出，上述卡纳里斯、比德林斯基以及海因里希所提到的方法肯定比前面讨论的援引单一对象的所有理论更接近使概括条款具体化以及合法化这一目标。这一方法实际上弥补了个别援引对象的弱点。这在援引法外规范与司法审查之间的联系中尤为明显。另一方面，这种方法通过在每种情况下累积四个或五个可能的援引对象来对概括条款的开放式结构（即它们的"实现价值的需要 Wertausfüllungsbedürftigkeit"）进行正当化处理，并且与那些单一的援引对象相反，从一开始就不会导致概括条款的开放式结构与援引内容限制的不相协调。[2]

但是这种观点同时也说明，概括条款的内容永远不能在这种观点的基础上完全确定，恰恰相反，概括条款由于内容开放式的结构特征，相关的价值评价永远不能被详尽列举或分类。这意味着基于这种列举的理论，即使是详尽列举所有的援引材料，也无法在概括条款的框架内对可能潜在的相关的价值进行正当的处理。

最终，这种方法也导致了两难困境：一方面，为了具体化概括条款，有必要指定和限制概括条款的内容；另一方面，过度的限制与其特有的开放性不相容。因此，在不与概括条款开放式援引的特征相抵触的情况下，深入而完整的内容具体化是不可能的。

（五）"功能理论"下概括条款具体化的基础及其不足

"功能理论"下概括条款具体化不关注具体化的内容或过程，而是直接关注概括条款的功能，根据案例群区分不同的

---

[1] Vgl. Heinrich, Formale Freiheit und materiale Gerechtigkeit, Mohr Siebeck, 2000, S. 329 ff., S. 335, 369.

[2] Vgl. Larenz/Canaris, Methodenlehre der Rechtswissenschaft, 3. Aufl., Springer, 1995, S. 109.

"功能圈"来进一步阐明它们。

1. 诚实信用的功能理论

在诚实信用领域,首先应该提及的就是希伯特,后来维亚克尔区分合同义务创立的三个功能层面,即合同从给付义务的创立、禁止权利滥用以及债法现代化法之前的行为基础丧失理论,到目前为止,以这种或类似的形式形成的制度成为大多数论文和评注对于德民第242条研究的基础。[1]

维亚克尔的特殊贡献在于将这些功能与诚信所隐含的法理论影响联系起来,即具体解释适用、补充、修正法律(iuris civilis iuvandi, supplendi, corrigendi gratia)。[2]在第一个功能层次的框架内,即合同履行义务的具体化,法官在法律价值框架内解释法律;而基于滥用权利的背景下限制法律权利和义务,是作为法律补充(praeter legem);最后,在法律修正领域,正如交易基础丧失理论发展所显示的那样,新的法官法已经突破了制定法的界限。

现在,这些功能是否还可以继续是值得怀疑的。例如,维亚克尔关于解释功能与补充功能的介绍被反对,一方面是合同的补充和修正,另一方面是制定法以及每一种所连接的不同的论证负担,这二者之间的区分并不充分。与此同时,诚实信用的法律修正功能伴随着行为基础丧失理论的法典化(德民第313条)而不存在。

但是必须认识到,维亚克尔所介绍的关于诚实信用的功能仅可以被理解为描述性,而不是规范性的。补充以及修正功能

---

〔1〕 Vgl. Wieacker, Zur rechtstheoretischen Präzisierung, 1957, S. 20ff. 如慕尼黑法律评注、帕兰特以及施陶丁格评注对于德民第242条的评注均是如此。

〔2〕 Vgl. Wieacker, Zur rechtstheoretischen Präzisierung, 1957, S. 21, 22ff., 26ff., 36ff.

的认可并不意味着以法律为基础的法律发现在方法论上总是可以被接受。特别是维亚克尔本人所强调的那样,[1]经常被引用的"法律创设的备忘录（Eselsbrückenfunktion）"不应被理解为对法官自由创设法律的授权,而主要是对概括条款的法律创造功能进行恰当的描述性尝试。总之,以这种功能为基础的概括条款具体化的目标并不能够实现,也就是对于概括条款的具体化不能仅是描述性的,还应该着眼于规范性。

2. 善良风俗的功能理论

善良风俗的功能理论与诚信类似。如果看一下德民第138条第1款的评注,会发现对于善良风俗可以区分为不同的功能,违反善良风俗的行为通常是针对商业伙伴以及公众或第三方（sittenwidrigen Verhaltens gegenüber dem Geschäftspartner sowie gegenüber der Allgemeinheit oder Dritten）,一方面是类似暴利行为的法律行为（wucherähnlichen Rechtsgeschäfts）,另一方面尤其是侵犯婚姻、家庭、性行为和职业操守的行为（Verstöße gegen die Ehe-, Familien-, Sexual- und Standesordnung）。[2]对于德民第826条以及德国反不正当竞争法中的善良风俗也拥有不同的功能。[3]总而言之,在善良风俗领域由于缺乏一般性功能区分,基于善良风俗所形成的案例类型相比诚信更加清晰。在纯粹的描述性层面上它们越是富有成效,这种具体化理论的规范有效性就越减弱,反之亦然。[4]

---

[1] Vgl. Wieacker, Zur rechtstheoretischen Präzisierung, 1957, S. 42.

[2] Vgl. Münchener Kommentar/Armbrüsterm, 6. Aufl., 2012, BGB § 138, Rn. 40-128.

[3] Vgl. Deutsch, Entwicklung und Entwicklungsfunktion der Deliktstatbestände, JZ, 1963, S. 385, 389f.

[4] Vgl. Heinrich, Formale Freiheit und materiale Gerechtigkeit, Mohr Siebeck, 2000, S. 323 ff.

在这个意义上，托伊布纳的方法占有特殊的位置，[1]其特征是结合了善良风俗的功能理论和规范内容理论。托伊布纳区分了善良风俗的三个功能，但同时又将它们分别分配给需要内容填充的社会规范或法官的自我评价。因此，在接受功能方面，社会规范是核心，法官的参与仅限于单纯的司法控制功能；与之相反，在转换功能方面，根据托伊布纳的观点，法官的创设权能具有重要意义，在委托授权的背景下，法官的创设权能被进一步深化为全面授权。因此，对于托伊布纳的方法而言，建立善良风俗的描述性功能理论与规范性主张之间的联系是至关重要的，只有这样，在概括条款不同的功能区中，规范性要求才能提供各自的标准。

但是这种方式有说服力吗？所有上述的介绍都是有条件的。其一，就其内容方面而言，托伊布纳的方法与前述基于法外的社会规范或法官的自我评价的具体化存在一样的问题。其二，具体化理论越是将其规范性要求放在首位，就越会失去描述性的解释力，反之亦然。在托伊布纳的方法中，其规范性内容显然是从善良风俗大量的司法实践中归纳出来的。

二、具体化方法及其不足之处

概括条款的适用方法，大致可以分为两大类。一类是卡纳里斯所主张的"动态系统理论"方法；另一类是豪普特所主张的"个案-案例群-类型建构"方法，[2]这种类型的方法几乎为概括条款适用的通用方法。以下分别介绍这两种方法及其不足之处。

---

[1] Vgl. Teubner, Standards und Direktiven, 1971, S. 61.

[2] Vgl. Haubelt, Konkretisierung von Generalklauseln, 1978, S. 80ff.

第七章　概括条款的具体化方法：案例群

（一）"动态系统理论"方法及不足

由于传统法学方法对于概括条款适用的无效性，卡纳里斯的方法无疑是一个新的思考方向，[1]他以威尔伯格的"动态系统理论（beweglichem System）[2]""类型思考理论（typologischen Denken）[3]"和菲韦格（Viehweg）意义上的"论题学（Topik）"为基础，[4]来描述概括条款开放式的结构体系。概括条款具体化在很大程度上是通过类型的形成，进而在某种程度上形成确定的构成要件，从而促成体系的确立，最终形成确定的构成要件。威尔伯格意义上的动态因素、完全开放的类型、论题三者相互作用。[5]与此类似的是海因里希，他将动态的或"灵活的"体系置于具体化考虑的中心：[6]"概括条款应当借助于明确表达的特定价值进行具体化。价值应当根据动态体系的规则权衡、考量以及适用。论题、类型理论和先例构成了可能的辅助考虑因素，在必要时可以借助这些支持因素进一步权衡。"[7]

---

[1] Vgl. Canaris, Systemdenken und Systembegriff in der Jurisprudenz, 2. Aufl., Duncker & Humblot, 1983, S. 81ff., 150ff., S. 152.

[2] Vgl. Wilburg, Entwicklung eines beweglichen Systems im bürgerlichen Recht, 1950, S. 4ff.

[3] 关于类型在民法中的适用，详细参见 Vgl. Larenz/Canaris, Methodenlehre der Rechtswissenschaft, 3. Aufl., Springer, 1995, S. 290ff.; Wolf, Typen im Recht und in der Rechtswissenschaft, in: Studium Generale V (1952), S. 195ff.; Heinrich, Formale Freiheit und materiale Gerechtigkeit, Mohr Siebeck, 2000, S. 324 f.; Leenen, Typus und Rechtsfindung, Duncker & Humblot, 1971, S. 25ff.

[4] 参见［德］特奥多尔·菲韦格：《论题学与法学——论法学的基础研究》，舒国滢译，法律出版社2012年版，第八章对于论题学与民法的关系有非常详细的介绍。

[5] Vgl. Canaris, Systemdenken und Systembegriff in der Jurisprudenz, 2. Aufl., Duncker & Humblot, 1983, S. 152.

[6] Vgl. Heinrich, Formale Freiheit und materiale Gerechtigkeit, Mohr Siebeck, 2000, S. 205ff, 201ff, 315ff, 336ff.

[7] Vgl. Heinrich, Formale Freiheit und materiale Gerechtigkeit, Mohr Siebeck, 2000, S. 335.

首先，动态系统和类型概念（bewegliches System），被用作固定的构成要件（fester Tatbestand）和开放的概括条款的中间阶段，[1]从而满足法律确定性和司法约束的要求，而同时又不完全放弃法官自由的优势。正如卡纳里斯所认识的那样，动态系统考虑了两个相反的需求，一方面"通过形成一般的裁判标准"，另一方面"具体的法律后果也能取决于特定案件中这些方面的相互作用"。[2]例如，基于德民第242条所形成的失权行为的动态性构成要件，[3]似乎增加了法律适用的确定性，同时又没有破坏它们的灵活性，从而为具体化问题提供了富有成效的解决方案。[4]

这种观点同样适用于法官法规则（richterrechtlicher Regeln）以及案例类型（Fallgruppen），法官法规则和案例类型在概括条款具体化的过程中扮演着重要角色。实际上，司法判例特别是最高法院的司法判例可以通过不断的确认和区分，逐步巩固为典型的案例类型，这些案例类型在准确性，规范理由和实际适用方面几乎与法定的构成要件没有什么不同。[5]在概括条款范围内绝不仅仅是在事实上，而且需要在规范意义上正当化法官法的意义，从已经深入讨论过的理论来看，似乎非常接近先例拘束。例如，卡纳里斯认为比德林斯基对先例的附属拘束的处

---

[1] Vgl. Canaris, Systemdenken und Systembegriff in der Jurisprudenz, 2. Aufl., Duncker & Humblot, 1983, S. 82, 84.

[2] Vgl. Canaris, Systemdenken und Systembegriff in der Jurisprudenz, 2. Aufl., Duncker & Humblot, 1983, S. 83.

[3] Vgl. Canaris, Systemdenken und Systembegriff in der Jurisprudenz, 2. Aufl., Duncker & Humblot, 1983, S. 152.

[4] Vgl. Heinrich, Formale Freiheit und materiale Gerechtigkeit, Mohr Siebeck, 2000, S. 335. 365ff.

[5] Vgl. Larenz/Canaris, Methodenlehre der Rechtswissenschaft, 3. Aufl., Springer, 1995, S. 258.

理是"对不可否认的事实的极其完美的解释,即尽管法律保持不变,但现行法律因其适用过程而不断变化"特别是对于那些"概括条款和不确定法律概念逐渐导致规范形成"的情形。[1]

在此基础上,最多实现的是概括条款的部分具体化。在上述所讨论的动态系统、类型思考以及其他的方法主张,正如我们已经看到的那样,它仅能达到"中间"阶段具体化,这样就不可能在法律的基础上彻底地合理化概括条款法律适用的过程。

(二)"个案-案例群-类型建构"方法及其不足之处

1. 案例群方法

1.1 案例群方法的教义学基础

如上所述,概括条款的不确定性特征被理解为法内漏洞。但是概括条款这一漏洞类型并非违反计划的不圆满性。相反概括条款是立法者故意创设的缺乏详细规则的领域。但是根据定义,只有在违反计划的不圆满性出现时,才需要由法官法所发展的案例群来实现概括条款的填补。概括条款被认为是不可避免地要填补的立法者故意创设的法律漏洞,通过具体和详细的案例体系来适应社会现实的个案通道。[2]简单来讲,案例群理论的思想基础与传统的法律实证主义具有共同的目标,即纯粹地依制定法裁判并尽可能缩小法官裁判的空间。由此可以看出,案例群方法并非程序性的,它依旧是传统实证主义理想的再次呈现:任何一个法律判决都必须通过涵摄的方法,并且受到制定法的约束。

在法学作为一门科学要求可检验性的背景下,概括条款早

---

[1] Vgl. Larenz/Canaris, Methodenlehre der Rechtswissenschaft, 3. Aufl., Springer, 1995, S. 258.; Bydlinski, Juristische Methodenlehre und Rechtsbegriff, 2. Aufl., Springer Verlag GmbH, 1991. S. 506ff.

[2] Vgl. Weber, Einige Gedanken zur Konkretisierung von Generalklauseln durch Fallgruppen, AcP192(1992), S. 528ff.

期适用所引起的"过分个别化"已经遭到了强烈的反对。[1]基于科学证明和可验证的方法,对于法律适用者而言必须找到一个符合法律安定性的适用方法。因此,在概括条款开始适用时的个别化特征之后,法理论中出现了完全相反的潮流,即在实践中通过案例群的方法,将概括条款转向了制度化。[2]

1.2 个案的获取以及案例群作为替代性构成要件特征

传统的涵摄方法不能从概括条款的规范文本中获得任何正当性说明,因此在理论界一直致力于从法律判决处对概括条款进行研究,并试图从数量众多的法律判决中进行归纳总结而形成案例群。案例群方法的首要目标就是从概括条款之中获取具体的个案判决,然后在这些个案之间进行个案比较(Einzelfallvergleichung,)并按照"平等原则(Gleichheitssatz),即同等情况同等对待,不同情况区别对待(Gleiche Fälle gleich zu behandeln, gleiche Fälle ungleich zu behandeln.)"的方式从内容上归类。[3]但是需要注意的是,从概括条款已经适用的案例中凝练出法律规则以及规范目的,通过对这些规范目的的归纳,能够从概括条款之中发展出一种或多种法律思想。通过这种"目光的来回穿梭"并总结所有的这些规则,在这之中能够产生共识性的一般法律思想,进一步形成更具体的规则束或案例群。

在案例群方法的框架内,对于从个案中推导出来的案例群而言,通常会取代概括条款所缺乏的构成要件。由此被称为一种准规范制定功能,[4]最终形成法官法规范(Richterrechtliche

---

[1] Vgl. Henkel, Recht und Individualität, 1958, S. 44.
[2] Vgl. Henkel, Recht und Individualität, 1958, S. 45.
[3] 在英美法上,是理由相同的案件(ratio decidendi)作统一处理。
[4] Vgl. Müller, Richterrecht, Duncker & Humblot, 1986, S. 29.

第七章 概括条款的具体化方法：案例群

Normbildung)。[1]通常情况下，要从比较的个案中经过非常复杂的推导得出具体的判决，这种方法已经被取代。也就是说，与其在每个个案中进行新的价值评价，不如将其自身置于已经以案例群方式所形成的中间结论之中（Zwischenergebnissen）。案例群方法因此取代了个案比较。最终要判决的个案不再被归入概括条款之下进行价值评价，而是将其涵摄于抽象的案例群方法所形成的替代性构成要件特征之下。[2]与个案相分离的案例群作为抽象的法官法规范被当做概括条款的替代性构成要件（Ersatztatbestandsmerkmalen），并以此种方式进一步促进概括条款的具体化。[3]

抽象的案例群成为概括条款的替代性构成要件。从案例群发展到抽象的替代性构成要件就是基于法的安定性考虑。[4]通过此种方式，不确定的概括条款可以按照传统法学方法论的程序进行适用。概括条款适用的重点就是形成案例群，就其自身而言形成了抽象的法律，法官通过此种案例群来处理个案，被当做替代性构成要件特征的案例群作为概括条款成为可以直接涵摄适用法律规范。[5]

具体的适用过程为：具体要被适用的个案涵摄于通过案例群的方式所形成概括条款的替代性构成要件，也可被称为下位规范（Unternorm），这种从具体的案件事实到抽象的下位规范的转换没有任何困难。因为所形成的下位规范，忽视纯粹的个性化因素，根据需要也可以多次重复，满足此需要的案例群在任

---

[1] Vgl. Ohly, Generalklausel und Richterrecht, AcP 201 (2001), S. 31ff.

[2] Vgl. Müller, Richterrecht, Duncker & Humblot, 1986, S. 31.

[3] 参见吴从周："当代德国法学上具体化之理念及其方法（上）"，载《万国法律》2001年第117期。

[4] Vgl. Haubelt, Konkretisierung von Generalklauseln, 1978, S. 8ff.

[5] Vgl. Weber, Einige Gedanken zur Konkretisierung von Generalklauseln durch Fallgruppen, AcP192 (1992), S. 532.

何时候都具有可重复性而适用于新的案件事实。如此还可以确保拟判决案件的正义性。案例群是根据个案而形成的并且针对它们所创立，因此反过来根据它们对要判决的案件进行衡量，就不会发生错误。因为案例群的抽象性，它不像普通的法律规范那样足以适用于案件的所有特殊情况，所以在出现偏离典型的案例群情形时，只能以该案例群不适合本案为理由予以拒绝，而不能说不适用于概括条款。[1]

毫无疑问，案例群方法的优点是，对于概括条款通常所涵盖的抽象领域能够提供比较具体化的构成要件，再出现类似的案件时就无须重新进行概括条款的具体化。这有效地简化了法律判决的过程并保证了法的安定性。正是由于这个原因，案例群方法才被接受为概括条款具体化的一般方法。

1.3 案例群的形成过程

案例群如何形成？各个不同的案例群之间的界限是什么？什么是案例群形成的决定性因素？有的学者认为案例群建构的核心因素是重要性观点或评价观点（Wertgesichtspunkt）。[2]众所周知，案例群的形成离不开大量类似的个案判决。这些数量庞大的个案判决中判断彼此之间的"评价观点"必须依据一定的方法。从相关先前裁判到案例群形成的第一步就是进行类似性判定。相关案例作为法官法的产物，根据不同的标准，可以对其进行分类，如果在评价上可作等同处理，便可以组合成为一个案例集群。[3]通常认为，案例群能够通过比较的方法来形成，也就是说一方面要体系化已经形成的判例，另一方面通过

---

[1] Vgl. Weber, Einige Gedanken zur Konkretisierung von Generalklauseln durch Fallgruppen, AcP192（1992）, S. 532.

[2] Vgl. Leenen, Typus und Rechtsfindung, Duncker & Humblot, 1971, S. 42.

[3] 参见孙海波："'同案同判'：并非虚构的法治神话"，载《法学家》2019年第5期。

第七章 概括条款的具体化方法：案例群

剥离相关的案件事实进而凝练出相关的评价标准来形成案例群。[1]案例群的目的就是从要点上相互类似的数个判决的总和中提炼出一个可一般化的法律命题。类比的核心就在于找寻"比较点",[2]而比较点的选取并非仅凭逻辑因素就能实现,更多的是权力运用以及理性论证等多种因素的共同作用,因此"选择"成分较为浓厚。[3]

如何进行类似性判断,可以区分为两大类。一种是民法法系基于规则的类推,另一种是普通法系基于先例的类比。[4]本书仅涉及在先前裁判与待决案件之间进行相似性判断,更加类似于普通法系基于先例的类比。但是,案例群方法所适用的类比,仅仅是类比推理,它与一般意义上我们所理解的先例拘束存在不同。这也正是案例群方法本身所具有的独特性。先例拘束,被称为遵循先例拘束原则,[5]也称为强制性先例,是基于其权威地位阻止法官得出一个他更倾向的当下判决,这强调的是约束性,法官在某事上没有选择余地。而案例群方法的类比则是对各个作为类比源的候选案件具有广泛选择的权利。[6]在

---

〔1〕 Vgl. MünchKomm/Schubert, 6. Aufl. 2012, BGB, §242, Rn. 47.

〔2〕 参见张骐:"再论类似案件的判断与指导性案例的使用——以当代中国法官对指导性案例的使用经验为契口",载《法制与社会发展》2015年第5期。

〔3〕 参见高尚:"司法类案的判断标准及其运用",载《法律科学（西北政法大学学报）》2020年第1期。

〔4〕 ［德］卡特娅·朗恩布赫:"欧洲法中的类比推理",雷磊译,载郑永流主编:《法哲学与法社会学论丛》[二〇一〇年第一期（总第十五期）],北京大学出版社2010年版,第24—31页。

〔5〕 具有拘束力的仅仅是裁判理由（ratio decidendi）,是指法官在个案审判中对法律作出的适用解释,对后来的类似案件具有法律拘束力;而附带意见（obiter dictum）对以后的判决可能会有影响,因此,虽然它不是一个有拘束力的判决先例,但是一个有说服力的判决先例。

〔6〕 参见［美］弗里德里克·肖尔:《像法律人那样思考:法律推理新论》,雷磊译,中国法制出版社2016年版,第98—100页。

类似性判定时,首先,必须确定与案件事实紧密相关的先前裁判的裁判理由;其次,待决案件与该先前裁判的比较,决定是否可以将先前裁判的评价转移到待判决案件。仅在这两种案件事实基本吻合的情况下,才可转移适用先前裁判的裁判理由。法官在此可以有三种选择,如果在评价上类似,则直接适用先前裁判的裁判理由,若认为在评价上存在差异,在适用上可以区别(distinguishing)或推翻该先前裁判(overruling)。[1]

多数德国学者在谈及此问题时也认为,案例的比较过程,一方面要确定被比较的案例群之间的一致性因素,另一方面要确定这些案例之间的不同之处。秉持实质上相同的案例同等对待,实质上不同的案例不同对待的原则进行权衡比较。[2]它是一种从特殊到特殊的推理。在比较标准的选定上,多主张适用类推中对于类似性判定的方法,只不过区别是一般的类推适用发生在法律层面,而案例类推是发生在事实层面。[3]在对待决案件进行类似性判断时,必须将先前裁判的裁判理由以及所包含的基本案件作为一个整体来看待。[4]根据恩吉施的表述,在规范涵摄适用时,需要规范与案件事实之间的视域流转,[5]现在可以转用到先前裁判适用,即先前裁判的裁判理由与所包含的案件事实与待决案件之间进行视域流转。

我国学者也有类似观点,例如,王利明教授认为,判断相似性应该包含四个方面:其一,案件事实相类似。即考虑系争

---

[1] Vgl. Langenbucher, Die Entwicklung und Auslegung von Richterrecht, Beck, 1996, S. 68ff.

[2] [德]齐佩利乌斯:《法学方法论》,金振豹译,法律出版社2009年版,第106页。

[3] Vgl. Vogel, Juristische Methodik, De Gruyter, 1998, S. 166.

[4] Vgl. Ohly, Generalklausel und Richterrecht, AcP201, H1 (2001), S. 41f.

[5] Engisch, Logische Studien zur Gesetzesanwendung, 3. Aufl., 1963, S. 15.

第七章 概括条款的具体化方法：案例群

案例和指导性案例中的关键事实是否具有类似性。其二，法律关系相类似。法律关系即法律规范所调整的社会关系。在进行案件的比较时，要判断指导性案例中的法律关系与待决案件中的法律关系是否具有相同的性质。其三，案件的争议点相类似。法官的主要任务就是解决案件的争议，所以在适用指导性案例时，应该要求案件中争议点相同。例如，案件都是以是否构成根本违约为争议的焦点。其四，案件所争议的法律问题具有相似性。"[1]黄泽敏、张继成二位学者区分"断定同案"与"形成同判"，在"断定同案"上是待判决的一系列个案与所获取的个案判决的"裁判要点、裁判理由"相对比，在"形成同判"上是与个案判决所形成的"裁判结论"相对比，但是形成"同案同判"的最终标准是实质理由论证。[2]雷磊教授强调的是"重要性特征"相似。[3]张骐教授认为在判断类似性的问题上，应该着重关注争议问题和关键事实。[4]张志铭教授认为，对于待决案件与个案判决的结论之间相似性的判断，需要区分两个步骤，第一步为案件性质上的定性分析，第二步为案件情节上的定量分析。[5]还有的观点将"裁判要点"作为相似性的标准，具体来讲就是，待决案件事实与裁判要点所包含的必要事

---

〔1〕 王利明："成文法传统中的创新——怎么看案例指导制度"，载《人民法院报》2012年2月20日，第2版。

〔2〕 参见黄泽敏、张继成："案例指导制度下的法律推理及其规则"，载《法学研究》2013年第2期。

〔3〕 参见雷磊："为涵摄模式辩护"，《中外法学》2016年第5期。

〔4〕 参见张骐："再论类似案件的判断与指导性案例的使用——以当代中国法官对指导性案例的使用经验为契口"，载《法制与社会发展》2015年第5期；张骐："论类似案件的判断"，载《中外法学》2014年第2期。

〔5〕 参见张志铭："司法判例制度构建的法理基础"，载《清华法学》2013年第6期。关于"定性"与"定量"的详细阐释，参见张志铭："中国法院案例指导制度价值功能之认知"，载《学习与探索》2010年第3期。

实具有相似性，待决案件所要解决的法律问题与裁判要点所涉及的法律问题具有相似性。[1]高尚博士认为类案的判断标准是"关键事实"，并且以"借名买房"为例进行了详细说明。[2]

综上可见，在类似性判断这一问题上，两大法系学者的观点趋于一致。本书也认为在类似性判定上，可借鉴上述标准。在对先前裁判类推适用时，不能仅仅适用先前裁判所确立的法官法规则，同时还需要顾及作为先前裁判基础的案件事实。既要做到形式上的相似，又要保证实质评价上的类似。[3]只有在案件事实和实质上的价值评价类似的情况下，才能称为先前裁判的适用。总之，关于比较点的类似性判断并非基于纯粹的逻辑比较，而是权力运用和理性认知等多种因素共同作用的结果，两个案件是否类似的比较过程中往往包含了"选择"的成分，[4]例如，案件的关键事实、法律关系、案例的争议点、案件所争议的法律问题等。[5]

从相关先前裁判到案例群形成的第二步就是案例群形塑。通过上述过程，司法判例特别是最高法院的司法判例可以通过不断的确认和区分，逐步巩固为典型的案件类型，这些案例类

---

[1] 四川省高级人民法院等："中国特色案例指导制度的发展与完善"，载《中国法学》，2013年第3期。

[2] 比如，在借名买房类案件中，关键事实是借名人是否全部出资以及是否存在实质上的借名合意，如果两个案件在以上关键事实上存在不同，则不属于类案，不具有类似案件类似审判的必要性。参见高尚："司法类案的判断标准及其运用"，载《法律科学（西北政法大学学报）》2020年第1期。

[3] 参见钱炜江："论民事司法中的类推适用"，载《法制与社会发展》2016年第5期；屈茂辉："类推适用的私法价值与司法运用"，载《法学研究》2005年第1期。

[4] 参见高尚："司法类案的判断标准及其运用"，载《法律科学（西北政法大学学报）》2020年第1期。

[5] 参见王利明："成文法传统中的创新——怎么看案例指导制度"，载《人民法院报》2012年02月20日，第2版。

型在准确性、规范理由和实际适用方面几乎与法定的构成要件没有什么不同。案例群的目的就是为法官适用不确定法律概念以及概括条款创建指导性的集群,[1]进而产生构成要件的一般化法律命题。换句话说,案例群通常会取代不确定法律概念以及概括条款所缺乏的构成要件,也被称为一种准规范制定功能。[2]与个案相分离的案例群会被当做不确定法律概念以及概括条款的替代性构成要件(Ersatztatbestandsmerkmalen)或中间结论(Zwischenergebnissen),[3]最终要判决的个案无须归入不确定概念和概括条款之下进行价值评价,而是涵摄于案例群方法所形成的替代性构成要件特征之下,[4]案例群方法最终取代个案比较。[5]

通过此种方式,概括条款可以按照传统法学方法论的涵摄程序进行适用,尽可能缩小法官裁判的空间。通过案例群所形成的替代性构成要件,忽视纯粹的个性化因素,可以多次重复适用于新的案件事实。比如在德国民法典中,对于判断毛皮大衣、比赛用的自行车、游泳池、工作室等损害时是否属于物的使用可能性丧失作为财产损害(entgangene Nutzungsmöglichkeit einer Sache als Vermögensschaden)这一不确定法律概念时,就用到这种方法。[6]

---

〔1〕 Vgl. Haubelt, Die Konkretisierung von Generalklauseln, 1978, S. 100ff.

〔2〕 Vgl. Müller, Richterrecht, Duncker & Humblot, 1986, S. 29.

〔3〕 Vgl. Weber, Einige Gedanken zur Konkretisierung von Generalklauseln durch Fallgruppen, AcP192(1992), H. 6, S. 527.

〔4〕 参见吴从周:"当代德国法学上具体化之理念及其方法(上)",载《万国法律》2001年第117期。

〔5〕 Vgl. Weber, Einige Gedanken zur Konkretisierung von Generalklauseln durch Fallgruppen, AcP192(1992), H. 6, S. 535.

〔6〕 参见[德]托马斯·M. J. 默勒斯:《法学方法论》(第4版),杜志浩译,北京大学出版社2022年版,第436页。

1.4 案例群的非终局性

必须要注意的是，通过比较方法所形成的案例群，并非终局固定，在不同的情形下，可能存在不同的适用方式。一般来讲案例群共有四种适用情形。

第一，直接适用案例群。如果先前裁判的案例已经产生了相对固定的案例群，则可以直接检视是否新的待决案例能够涵摄于这种案例群之下，若可以，那么对于新的案件裁判，法官就可以直接采用案例群的结论并且缩短论证的过程。

第二，扩展或限缩案例群的适用范围。将新的待决案件与案例群已经形成的替代性构成要件进行比较可以使案例群更窄或更宽。案例群的形成是以先前裁判的案例作为基础。而新的待决案件可能包含此前已经裁判案例未曾包含的新的因素，这些新的因素可能导致案例群结论的延伸或限缩。[1]

第三，直接改变案例群。除了需要注意新的待决案件可能延伸或限制案例群的结论之外，还需要注意是否可能会改变某一案例群结论。[2]理论上认为基于法律安定性和平等对待原则的考虑，一定程度上的案例群拘束是合理的。因为针对新案例，法官在面对若干合理解决方案可供选择时，案例群结论的连续性应该优先于法官的自我评价。[3]然而，基于先前裁判所形成的案例群结论不应当具备绝对的拘束力，既不应该成为修正既有案例群结论的绊脚石，也不应该成为排除不确定法律概念或

---

[1] Vgl. Kamanabrou, Die Interpretation zivilrechtlicher Generalklauseln, AcP 202., H. 4 (2002), S. 674.

[2] 参见许德风："论法教义学与价值判断——以民法方法为重点"，载《中外法学》2008年第2期。

[3] Vgl. Bydlinski, Hauptpositionen zum Richterrecht, JZ 1985, Nr. 4, S. 152.

第七章　概括条款的具体化方法：案例群

概括条款对价值变迁保持灵活性的障碍。[1]案例群结论的拘束力具有有限性，法官可以基于新的案例情形而重新评价该案例群，某案例群结论也会随之被否定。

第五，不适用某一案例群。对某一不确定法律概念或概括条款来讲，即使将所有的相关案例进行归纳总结进行最精确的说明，最终在内容上也还是无法全面地反映该规范的内涵，穷尽的案例群体系是不可能的。相反在任何时候都能发现超出案例群而存在的新的待决案件。如果新的待决案件与案例群的结论毫无关系，则必须适用前文所介绍的先前案例的裁判方法，通过此方法所得出的法官法规则作为新的指标性案例或开创性判决，以此为基础形成新的案例群。

综上，在法律体系内，概括条款是立法者创设的自由空间。真正功能在于缓和法典刚性的规范体系，为个案正义创造规范依据。而案例群方法所形成的替代性构成要件既保证了法律适用的安定性，同时在个别情况下又不失灵活性。

1.5　从案例群到类型

案例群的形成以及作为概括条款的替代性构成要件绝不是概括条款发展的终点。相反它仅仅是法学上类型形成的中间站（zwischenstation）。因为作为"法律上相同现象的集合（Zusammenfassung rechtlich gleicher Erscheinungen）",[2]作为"对象处于同一思想的范围内（Umgrenzung eines objektbereiches durch Ausrichtung auf einen Rechtsgedanken）",[3]不仅适用于案例群方法，而且适用于所谓的类型学说。唯一的区别是，案例群方

---

[1] Vgl. Larenz/Canaris, Methodenlehre der Rechtswissenschaft, 3. Aufl., Springer, 1995, S. 254, S. 256.

[2] Vgl. Leenen, Typus und Rechtsfindung, Duncker & Humblot, 1971, S. 65.

[3] Vgl. Leenen, Typus und Rechtsfindung, Duncker & Humblot, 1971, S. 65.

法至少在开始时突出了"要组合的单个案例的个别性",而类型在很大程度上放弃了基本的个案或情形,只强调了"基本法律思想的统一性"。[1]

但是需要注意的是,从基本案例所完全抽象出来的案例群将进一步发展为法学上的类型,尚需一个过程。在此需要区分两个概念,经验类型(也叫生活类型,Lebenstypus)和[2]规范类型(Normatives Typus,也叫理想类型,Idealtypus,以及法的构造类型)。[3]前文所形成的所有案例群仅仅是经验类型,它们或是发生的频率较高(频率类型,Häufigkeitstypen),或是较为均匀(平均类型,Durchschnittstypen)。以上过程遵循一个诠释学循环,类型既是来源于有意义且互相结合的个别规定,同时类型又能帮助理解之后类似个别规定的意义。

若案例群所形成的经验类型成为能够直接适用的替代性构成要件,就必须取得规范的拘束力,也就是成为法的构造类型,成为法的构造类型最为彻底的方式就是由立法者直接肯认,成为法律规范,如我国《民法典》合同编的分则部分诸多有名合同的分类均是类型化的结果。

无论如何,类型理论是概括条款适用的更高一个层级的抽象。尽管案例群方法有其教义学基础,但基本上处理的还是相关的个案比较,只是这种案例在发展过程中被逐渐地遗忘,但是类型学说没有这种基础,它基本上以抽象的法律思想为导向。以上过程并没有展示出案例群方法存在的不足之处。其不足主要存在于在案例群未被立法者所明确规定之前,案例群以及类

---

[1] Vgl. Haubelt, Konkretisierung von Generalklauseln, 1978, S. 83. S. 84.

[2] 还有很多不同的称呼,但是基本含义相同,如实际类型(Realtypus)、直观类型(Anschauungstypus)等。

[3] 参见[德]卡尔·拉伦茨:《法学方法论》,陈爱娥译,商务印书馆2003年版,第344页。

第七章 概括条款的具体化方法：案例群

型是否可以取得规范上的拘束力，而成为概括条款适用的替代性构成要件。

2. 对于案例群方法的批评

在法律体系中，对于概括条款教义学处理的重点就是不确定性。具体化不确定性以及消除不确定性是当代法学方法论的主题。通过案例群方法努力把概括条款变成能够直接涵摄适用的规范，从而将它们纳入传统法学方法论范畴中。案例群方法在民法的司法实践中被广泛使用，并且在当代概括条款的教义学法学中几乎变得不可或缺，但是一直到如今并没有对该方法进行严格系统的方法论检讨。另外，在案例群方法论的背景下，可能会丧失概括条款的基本目的和功能。众所周知，调节社会生活关系的法律规则处于法律确定性和个案正义之间的紧张关系中，形式上的法律规则基本上是固定刚性的，严格的法律规则仅保护普通情形的正义。[1]在此背景下，概括条款的任务就是考虑在个案情形下的个案正义。但是通过概括条款越来越多的具体化以及概括条款向确定性规范转化，案例群方法最终会导致概括条款完全脱离个案特殊性这一属性。

因此对案例群方法的批评一方面是基于教义学的考虑，另一方面是基于法政策的考虑，它们共同表明通过案例群方法对于概括条款具体化的不适当性。

2.1 教义学方面的批评

a. 案例群方法不具备规范性

将案例群方法所形成的替代性构成要件特征视为概括条款的具体化，从表面上看具有可行性。因为借助于这种方法至少符合传统法学方法论的要求，即将依据案例群所作出的判决与

---

[1] Vgl. Coing, Grundzüee der Rechtsphilosophie, 2. Aufl., 1969, S. 17.

概括条款之间架起了桥梁，这就相当于概括条款的具体适用具有可涵摄的特征。但是严格来讲，这种方法并不会产生概括条款的替代性构成要件，因为从法学方法的角度而言，概括条款具体化的特征恰恰在于以下事实：需要具体化的主要内容均是从概括条款所包含的一般法律思想中推导而来，并且对具体化的内容规定了明确的法律后果。[1]但是基于案例群方法所获取的替代性构成要件并非如此。案例群方法形成的判决标准，并非基于概括条款所包含的一般法律思想。即使是主张案例群方法中最积极的代表也没有主张这一点。来自一般法律思想和法律原则所作出的具体决定，最后还是应该努力从"最高法律原则"去寻找。

因此，具体的案例群规范不是从概括条款中推导而来，而是从众多的法律案件事实中归纳形成的。[2]以这些案例事实为素材，通过对个案中个别化因素的删减，从而抽象出中间规范。最后，如果能够证明该抽象的中间规范与特定的法律案件相关，则可以在各个案例规范的基础上继续抽象出基本的法律思想并将其视为概括条款的适用。案例群规范并非一开始就是从概括条款所包含的基本思想中推论出的，而是从具体的个案判决中凝练出案例规范，进而抽象为案例群规范，从而置于概括条款之下。

按照上述方法所得出的案例群均是先对具体案例的理论抽象，然后按照概括条款进行体系化。这一点至少可以通过以下事实得到证明：某些案例群的体系化首先是在德民第138条下进行的，然后，随着德民第242条适用范围的无限扩展，这些

---

〔1〕 Vgl. Weber, Einige Gedanken zur Konkretisierung von Generalklauseln durch Fallgruppen, AcP192（1992），S. 537.

〔2〕 Vgl. Ohly, Generalklausel und Richterrecht, AcP 201（2001），S. 17.

第七章　概括条款的具体化方法：案例群

案例群被归入德民第 242 条之下进行体系化。[1]如果案例群是从某一个概括条款中推导出具体内容，那么就不可能对适用的基础进行改变。使用案例群方法通过涵摄得出的结论并不等于基于概括条款所推导出的结论，因此案例群方法至少在方法论上不适合作为概括条款具体化的方法。[2]

就此而言，案例群方法不是"规范性思考方法",[3]而是对具体个案的"经验分析"。归入概括条款之下的这种经验分析表面上阐明了概括条款在实际的判决中如何起作用，但是真实的情况是，具体的判决在归入概括条款的时候已经具备了明确的结论。也正因为如此，概括条款无法为所裁判的案件提供正当性的理由。虽然依据案例群方法能够说明"适用的是什么"，但是不能对"适用的为什么"作出任何正当性的陈述。制定法中的法律规范以及传统法学方法论不仅能够对于"适用什么"作出明确的指示，而且也能够对"为什么如此适用"提供正当性的理由。案例群方法准确地阐明了概括条款在实务中适用的"实然情形"，但是并没有对其适用的"应然情形"作出任何说明。通过经验归纳所得出的替代性构成要件若要在裁判时作为裁判依据适用，就必须要解决这种实然与应然之间的二分。从这个角度讲，案例群方法本身并不能满足其自身设定的要求。

b. 案例群方法的不周延性

批评案例群方法的第二个理由是各个案例群的不周延性。对某一概括条款来讲，即使是将迄今为止所有的相关案例进行归纳总结，对概括条款进行最精确的说明，最终在内容上也还

---

[1] Vgl. Weber, Einige Gedanken zur Konkretisierung von Generalklauseln durch Fallgruppen, AcP192 (1992), S. 538.

[2] Vgl. Wieacker, Zur rechtstheoretischen Präzisierung, 1957, S. 17ff.

[3] Vgl. Haubelt, Konkretisierung von Generalklauseln, 1978, S. 68.

是无法全面地反映概括条款的内涵。因为已经成型的案例群并不总是能够涵盖一些新型案件。根据每个案例群的相关定义，事实上在已经形成的案例群中缺少新型案件的相关特征。这种情况恰恰是案例群方法所期待处理的。即使是案例群方法的支持者也不得不谨慎地承认，穷尽概括条款的案例群体系是不可能的。相反在任何时候都能发现，超出案例群而存在的新型案件。

以德民第138条第1款为例[1]，慕尼黑法律评注列举了非常多的类型，到目前为止具体可以划分为七大类，如确保普遍承认的秩序、预防对于自由的限制、防止利用优势地位、防止侵害第三人、防止严重的对价失衡、去除应受谴责的思想以及防止不受允许的商品化。在每一种子类型下还有许许多多的子类型，如在第一类确保普遍承认的秩序之下，就有基本权和宪法秩序；刑法、税法以及法律保护；社会法；违反职业道德；违反章程；规避法律；违反性道德以及家庭秩序的基本原则（性行为合同、违反善良风俗的出租屋合同、对于性刺激行为的表演契约、情妇遗嘱、同居报酬、妓院之租赁、买卖性用品、夫妻间放弃抚养权之约定、抛弃离婚清请求之约定、收养行为）等等子类型。存在这么多的类型还是无法全面掌握德民第138条第1款的内涵，因为还是有新型案件层出不穷，无法涵盖上述既有的类型。

c. 先前裁判在法源意义上的拘束力问题

关于先前裁判是否具备法源意义上拘束力存在三种观点。[2]一是将普通法作为模型，认为先前裁判具备严格的拘束力；[3]

---

[1] Vgl. Münchener Kommentar/Armbrüsterm, 6. Aufl., 2012, BGB § 138, Rn. 40-128.

[2] 本书意义上的先前裁判，在普通法上被称为"先例"。

[3] Vgl. Fikentscher, Methoden des Rechts in vergleichender Darstellung, Bd. TV, Mohr Siebeck, 1977, S. 202ff.

第七章　概括条款的具体化方法：案例群

二是先前裁判不具备形式的拘束力，[1]在法学上仅仅将先前裁判作为法律认识的来源；三是折中观点，这种观点主张先前裁判具备推定的拘束力，在对先前裁判有疑问时，在进行论证的前提下可以偏离。[2]其中，第一种观点以及第三种观点对于案例群方法的适用不存在理论障碍，真正对于案例群方法构成障碍的是第二种观点。就我国而言，恰恰是第二种观点先前裁判不具备形式上的拘束力占据通说地位。[3]

1）先前裁判不具备严格的拘束力

我国理论界不承认先前裁判具有拘束力主要基于两个原因。一是基于法源理论的界定，承认先前裁判的拘束力与传统的法源理论相冲突；二是基于宪法学的思考，先前裁判拘束违反了立法权与司法权分立、制定法约束等原则。

首先，将先前裁判归类为有拘束力的法律渊源与法律渊源的概念及功能不相兼容。所谓法源就是某种规范被承认为有拘束力所具备的正当理由，[4]一般被理解为由抽象的一般性规范所组成的体系，适用范围清楚明确。据此定义，就可以很清楚地认识到只有制定法以及习惯法可以被称为有拘束力的法源。[5]先前裁判或者"法官法"被通说否定其具有法源的性质。[6]它本身不是法源，只是法律认识的来源，或者"习惯法

---

[1] Lüke, Die Bedeutung von Präjudizien im deutschen Zivilprozess, in: K. Kroeschell (Hrsg.), Recht und Verfahren, 1993, S. 83.

[2] 参见颜厥安：《法与实践理性》，中国政法大学出版社2003年版，第158页。

[3] 参见梁慧星：《民法总论》（第五版），法律出版社2017年版，第28—29页。

[4] 参见雷磊：《"法的渊源"意味着什么？》，中国政法大学出版社2021年版，第43页。

[5] Vgl. L. Ennesserus/H. C. Nipperdey, Allgemeiner Teil des Bürgerlichen Rechts. 15. Aufl. 1959, S. 206.

[6] 参见[德]伯恩·魏德士：《法理学》，丁小春、吴越译，法律出版社2003年版，第108—109页。

的来源"。[1]在此观点下,拒绝承认先前裁判具备任何形式的规范拘束力,先前裁判的功能只在于正确解释和具体化规范。

其次,承认先前裁判的拘束力与制定法约束相违背。根据我国宪法以及立法法的规定,立法权归属于人大及各级常委会。各级人大及其常委会通过的法律均是各级人大代表充分协商讨论审议通过,充分代表了人民意志、充分体现了权威性与正当性。人民法院作为司法机关根据我国宪法规定,其由人大产生,对人大负责。在我国,立法机关与司法机关是产生与被产生的关系,即立法作为一项创制性权力,而司法作为一项执行性权力,司法机关在适用法律时,必须对立法机关经过充分权衡所通过的法律予以适用,绝不能轻易僭越立法者意志。这同时也是比较法上的共识,例如,根据《德国联邦基本法》第20条第3款,裁判要受到制定法和法的约束。[2]立法者专注于立法,司法者专注于司法裁判。如果承认裁判的拘束力,尤其是在立法者对于某些社会关系欠缺调整规定的时候,极有可能导致司法者代行立法者的工作。因此,承认裁判的拘束力,尤其是着力于提出一般规则的裁判,会明显违反立法机关与司法机关的职权分配。

2) 先前裁判不具备推定的拘束力

在比较法上有观点认为先前裁判具备"推定拘束力"。[3]这种观点赋予法官一个"额外的论证负担",即除非有足够且正当的理由,否则不能轻易地偏离先前裁判。[4]原因有二:一是

---

[1] Larenz, Über die Bindungswirkung von Präjudizien, in, H. W. Fasching/W. Kralik (Hrsg.), Festschrift für Hans Schima, 1969, S. 262.

[2] Vgl. Wank, Grenzen richterlicher Rechtsfortbildung, Duncker & Humblot, 1978, S. 154ff.

[3] Larenz/Canaris, Methodenlehre der Rechtswissenschaft, 3. Aufl., Springer, 1995, S. 258f.

[4] Vgl. Müller, Richterrecht, Duncker & Humblot, 1986, S. 14.

第七章　概括条款的具体化方法：案例群

尊重已经作出裁判的法院的权威；二是从法的安定性角度而言，先前裁判对于某一问题已经给出了明确答案，在没有提出令人信服的理由的情况下不能偏离先前裁判。[1]

遵从已经作出的裁判的确可以确立其他法院及其法官的"自我约束感"。但是从我国法律角度而言上述关于"推定拘束力"的主张不能成立。我国各级法院的司法裁判均遵循"以事实为依据、以法律为准绳"这一裁判原则，即使最高人民法院《关于统一法律适用加强类案检索的指导意见（试行）》第 4 条明确规定了类案检索的情形，也仅能将检索到的先前裁判作为裁判说理的依据，而非强制遵循义务。其他法院对某一种情形的先前裁判的裁判结论并不能取代后来法院自身的论证，因为后续裁判是否能够正当化，应就裁判本身进行检验并以后来法官的单独评价为前提。如果后来的法官得出的裁判与先前裁判所确立的规则相同，那么这也不是受到先前裁判的拘束而作成的裁判，而是法官自行论证的结果，尽管二者在裁判结果上是相同的。因此，先前裁判推定性拘束这种观点在我国的理论上也无法成立。

当然，先前裁判在例外情况下也具备严格的拘束力。比如在比较法上的德国，根据《德国联邦宪法法院法》第 31 条第 1 款，联邦宪法法院的判决对于所有国家机关都具有拘束力，并且第 31 条第 2 款还规定判决具有与成文法同等的效力，但是也仅限于此。除了联邦宪法法院的判决对所有的国家机关均有拘束力之外，其他法院的判决都没有拘束力。[2]退一步讲，即使

---

[1] Vgl. Weber, Einige Gedanken zur Konkretisierung von Generalklauseln durch Fallgruppen, AcP192（1992），H. 6, S. 547.

[2] 参见［奥］罗伯特·阿列克西、拉尔夫·德莱尔，高尚译："德国法中的判例"，载《中国应用法学》2018 年第 2 期。

是承认先前裁判具备推定的拘束力,理论上的阐述也都针对的是最高法院的裁判案例,对于大量级别较低的法院的裁判案例是否具有法源意义上的拘束力,仍未可知。

总之,案例群方法若适用于我国,至少需要满足先前裁判具备推定拘束力这一前提条件。

2.2 法政策方面的批评

上述对于案例群方法所提出的批评仅仅是从法教义学的角度,并且这些批评仅停留在技术层面。假设上述的案例群方法在概括条款处不存在任何法技术上的瑕疵,则基于法政策的角度而言,案例群方法也不适合作为概括条款具体化的方法。

a. 在法秩序内概括条款的功能

从概括条款的概念及其功能来看,在法律体系中概括条款的法政策功能实际上承担了立法者的任务。在法典体系中,法律体系通常建立在抽象的规范基础之上并遵循涵摄的方法适用。但是在立法中的概括条款与之不同。

对于立法者来讲,既要求其对于典型的情形用普通规范予以调整,又要求其针对个别化的非典型情形进行个别规整,这显然是不可能的。因为可预见的以及普遍性的生活现象仅出现在比较典型的情形中,而非在个别化的非典型层面。就个案而言,由于它的特殊属性,立法者基于有限理性并不能对个别案件的多样性予以认识。对于潜在的个案由于没有可预测性,所以对于特殊性极强的个案情形已经完全超出了立法者的立法计划,对于立法者来讲,传统法学方法没有适用余地。[1]

法律规范的概念化必然具有抽象性,并使其与个别案件的非典型特征区分开来。但是现代的立法者,在构成要件上具有

---

[1] Vgl. Weber, Einige Gedanken zur Konkretisierung von Generalklauseln durch Fallgruppen, AcP192 (1992), S. 555.

第七章 概括条款的具体化方法：案例群

多种选择余地。他既可以明确规定构成要件用以调整某类典型情形，这些情形中的案件特殊性被排除，并且法的安定性得到了极大的确保，在具体司法适用时也可以追溯到自己的规范目的；同时立法者也可以将概括条款专门用作构成要件的对立面，作为立法技术上的概括条款。[1]正如亨克尔所说，这是制定法对于特殊个案的妥协。它的适用方法就是只要制定法中的规范无法对于特殊的个案进行调整，法官就必须基于法律外道德秩序和标准对个案进行裁判。当然需要注意的是，法律外的道德标准并没有具体的行为规范或行为模式，只是提供了比较原则性的指导。[2]

在法律体系内，概括条款是立法者故意创设自由的空间。概括条款为法律体系创建了必要的弹性区域，在法律规范对于灵活性的个案没有规定的时候，依据概括条款，法官具有创造并超越所有规范领域的自由，也就是说，从个案正义上讲，概括条款允许立法者为了个案正义而补充法律。概括条款的真正功能是为了缓和法典刚性的规范体系，为个案正义创造规范依据。

b. 案例群方法与概括条款的功能相矛盾

前文所提及的概括条款的功能并非现在才发现的。其实亚里士多德早就对此有初步的认识。只是在法典编纂时期对于法典的过于迷信遮蔽了这一功能。但是随着经济社会的不断发展，人们不得不放弃将法官视为"自动售货机"的想法。概括条款在法律体系中是"允许的法律发现（gesetzlich ausdrücklich zugelass-

---

[1] Vgl. Weber, Einige Gedanken zur Konkretisierung von Generalklauseln durch Fallgruppen, AcP192 (1992), S. 556.

[2] Vgl. Henkel, Recht und Individualität, 1958, S. 37.

enen Rechtsschöpfungsvorgang eigener Art）",[1]是一种"故意保留的公开立法（Stück bewußt offengelassener Gesetzgebung）"[2]。

在适用概括条款时，必须特别遵守并维护由立法者有意创造的这种自由，用来调整具有特殊性的个案。但是案例群方法与概括条款的适用范围相矛盾。概括条款具体化的边界必定是在法律体系中所具有的特殊功能。根据概括条款的功能，拟裁判的每个案例的具体情况对于裁判都至关重要，但是案例群方法所形成的替代性构成要件具有普通规范的特征，相关案例的特殊性可能会被案例群所掩盖。因此，案例群体系与概括条款的任务互相矛盾。

案例群方法对于概括条款适用的弊端恰恰是由于它的精确性过早地减少了概括条款的不确定性，这种方法从根本上误解了概括条款这一特殊的规范类型。放弃清晰的界定是概括条款的意义和功能。概括条款作为法律规范的特殊性有可能因案例群方法而丧失。概括条款与其他法律规范的不同之处不仅在于所使用的不确定法律概念，还在于其规范结构采用了不同的规范技术，即援引法律外标准。因此，概括条款允许对社会变迁作出灵活的反应，这正是概括条款在法律体系中真正的独特的功能。如果以上所言非虚，我们应该认真对待概括条款的不确定性，不要一开始就通过案例群的方法将概括条款予以澄清。综上，必须拒绝案例群方法，因为它隐藏了概括条款的特殊功能。[3]

---

[1] Vgl. Haubelt, Konkretisierung von Generalklauseln, 1978, S. 69.

[2] Vgl. Hedemann, Die Flucht in die Generalklauseln: eine Gefahr für Recht und Staat, Mohr, 1933, S. 58.

[3] Vgl. Weber, Einige Gedanken zur Konkretisierung von Generalklauseln durch Fallgruppen, AcP192（1992）, S. 559f.

第三节　概括条款适用方法的中国模式

根据案例群方法适用存在的缺陷，可以发现，透过案例群方法实现概括条款具体化的想法存在缺陷。无论是概括条款具体化的来源，抑或是概括条款具体化的案例群方法，二者均面临着一个永恒的"休谟难题"，即"事实与规范"的不可通约，也就是说从实然性无法推导出应然性。本节的任务就是处理在中国法背景下着眼基于经验积累的事实或案例群能否实现规范化？实现规范化在我国现行民法之中是否可能？在回答这一系列问题之前，首先对前文中概括条款具体化的案例群方法作一简要的评述，以作为下文论证的出发点。

一、对案例群方法批评意见的评价

（一）对于教义学批评的评价

如前文所述，教义学对于案例群方法主要有三种批评，首先就是案例群的规范性问题。案例群方法最关键的问题是经过归纳总结的案例群能否取得规范性。对于案例群方法的不周延性，本书认为基于对概括条款的本质认识，案例群方法不可能存在周延的时刻，因为概括条款是发展中的条款，它的主要功能就是克服成文法的局限性，不断适用社会变迁，实现个案正义。因此案例群方法只能是阶段性的总结，在不同的社会时期可以发展出不同的案例群，如德民第242条在第一次世界大战结束时所发展出的增值判决，创建了行为基础丧失理论；而在第二次世界大战之后根据基本法所发展出的基本权利的间接第三人效力理论，可以大胆地推断随着科技革命、人工智能等的发展，面对一系列新兴的问题，在既有法律的规范无法调整时，概括条款还会焕发出新兴的案例群。对于先前裁判的法源地位问题，也是案例群方法适用的核心问题。

（二）对于法政策批评的评价

法政策的批评主要是担忧案例群方法会逐渐淹没概括条款的特殊性，进而发展成为与普通法律规范没有区别的法律规范，如此就会与概括条款的立法宗旨相矛盾。本书认为这一批评忽略了概括条款发展性这一特征，即使在某些案例中逐渐形成了案例群，这些案例群所形成的替代性构成要件特征并非具有终局性，在例外情况下也可以偏离已经形成的案例类型，而重新形成新的案例类型。因此，案例群方法并不会僵化概括条款，更不会导致概括条款特有功能的丧失。

综上，案例群方法的构造模式若要在方法论上成功适用，必须解决先前裁判是否具备拘束力、案例群是否具备规范性这两大理论障碍。如果这两大理论障碍能够为我国的法律体系所恰当处理，那么案例群方法就可以成功地为我国民法典中大量的概括条款在方法论上提供适用方法。

二、以法律论证的方式获取个案判决

（一）个案获取的前提性认识

如上所述，概括条款并非能够直接涵摄适用的规范。概括条款的适用场域为既有法律规范以及规范目的无法涵盖的区域；以及适用某一法律规范会给一方造成严重不利的甚至无法忍受的后果之时。前者涉及法律补充，后者涉及法律修正。然而在这两大区域并无既有的方法论可供遵循，因此会造成法官的司法活动不受方法论规训的嫌疑，甚至造成"卡迪司法"。

第七章　概括条款的具体化方法：案例群

虽然概括条款会导向价值评价，基于个案的特殊情况会导向衡平，但并不会导致无法证明以及无法检验的司法恣意。相反，概括条款具体适用必须认识到即使概括条款能够援引法律外、法律内以及法官的自我评价等因素，但这些援引也只是为具体化提供了纲领性的方向，并不能取代在个案中的具体论证；还必须认识到在概括条款具体适用的情况下，司法判决的依据无法像传统法学方法论所主张的那样进行客观验证，每一次具体的个案判决的取得都是主观的。

因此，在适用概括条款获取个案判决的时候，需要法官证明为何立法者针对普通案件类型所规定的法律规范无法涵摄，或者证明为什么适用既有的法律规范会造成无法容忍的后果。[1]也就是说，法官必须披露以及合理化形成判决的依据和理由。这就要求法官不断权衡个案所涉及的各种利益并依照一定的方法得出结论。但是必须要注意的是，法官在此处的司法造法犹如真正的立法者，应受到整个法秩序的约束，即给出一般化的裁判理由、符合平等原则以及公开的论证。[2]

概括条款适用的个案获取究其本质是规范形成。在这一领域内，方法论正义的要求起着极为重要的作用。符合方法论正义的法律形成首先意味着法律形成的理性理由。一般认为此处法伦理、事物的本质以及交易的需要可以作为法官造法的依据，[3]

---

[1] 参见李敏："论民事裁判中的法官造法"，载《中国社会科学院研究生院学报》2018年第1期。

[2] 参见［奥］恩斯特·A.克莱默：《法律方法论》，周万里译，法律出版社2019年版，第214—217页。《葡萄牙民法典》第10条第3款规定，在没有类似可适用的规范时，适用该案件的规范应该是：解释者假设由其本人根据法制精神立法时，会制定的法律。

[3] 参见［德］卡尔·拉伦茨：《法学方法论》，陈爱娥译，商务印书馆2003年版，第286—300页。

但是也经常会被诟病为法官造法的表面论据,确切地说,在这些表述背后隐藏着法官在法政策上的造法。这些概念看似在科学的依据的庇护下,常常放弃公开他们对有意识的立法行为非常重要的价值观和调整目的,[1]但是它本质上是论证理论。前文所讨论过的方法论的新发展,例如,法律论证以及权衡理论,在这里也被当做概括条款具体化的潜在基础而进行讨论。总之,概括条款视野下个案获取的过程不是基于既有法律的认知过程,而是具有价值导向的创造性过程。因此,符合方法论正义所形成的规范就意味着具备正当性。

(二) 个案获取的可能方法

根据上述关于个案获取的要求,如下的论题学方法以及结果导向的思考方法均无法满足要求,二者均处于个案获取的准备阶段。

1. 论题学方法作为个案获取的不适当性

菲韦格将论题学定义为以解决问题为导向的思维技术,[2]它的主要特征在于应用若干确定的一般性方法以及论据,也就是论点的运用,这些观点被用于支持或反对特定意见,并指示通往真实的途径。具体的适用程序可以分为两个阶段,第一阶段为任意性地选择一些偶然性观点,并将之适用到问题上;第二阶段则要寻找特定问题的观点,并且将之汇编为"观点目录"。通过这种遍及周遭的讨论方式,使当事人获致合意。[3]这

---

[1] 参见 [德] 伯恩·魏德士:《法理学》,丁小春、吴越译,法律出版社2003年版,第380页。

[2] 参见 [德] 特奥多尔·菲韦格:《论题学与法学——论法学的基础研究》,舒国滢译,法律出版社2012年版,第27页。

[3] 参见 [德] 卡尔·拉伦茨:《法学方法论》,陈爱娥译,商务印书馆2003年版,第25—27页。

第七章 概括条款的具体化方法：案例群

种方法特别适用于宪法[1]以及需要具体化的概括条款。

论题学方法不仅可以适用于宪法的具体化，而且与需要价值填充的概括条款的具体化密切相关。从这个意义上说，比得林斯基将民法概括条款的具体化描述为一种程序性方法，其中必须使用与这相关的规范——法律理由和法律原则。[2]在获取个案的过程中，概括条款所援引的素材多种多样，法律三段论意义上的演绎裁判论证模式在这里无法适用。存在适用可能的是"论题式"的问题导向思维，它对于来自法律外以及法律内的解决方案或论点（Topos/Topoi）进行归纳诠释学的衡量。

但是论题学方法对各个论点之间的顺序排列并无任何实质标准。各个论点并非被单独排列，它们各有一定的价值，并且在一定的意义脉络之中各具含义。在法律适用中，各个论点被提出讨论证明，但是任何一种论点都必须提供理由，因此在适用时并非杂乱无章，而是应该按照一定的顺序最终得出具体的判决。因此仅仅收集法律上重要的论点，或单纯的观点目录永

---

[1] 由于宪法不包含封闭的"逻辑公理"的制度体系，宪法规范的具体化只有在具体问题上才有可能性。这就需要一种"论题方法"，必须发现证明"推论的观点"，在对各种观点的赞同和反对中并尽可能合理和有说服力地证明某决定是合理的。此外，德纳（Cöldner）对原则具体化的考虑也采用了论题思维。德纳提出了"具体化"或"援引标准"，这指导法官"可能的解决方案。除了先例之外，德纳还提出了法教义学、比较法的研究结果以及法政策因素等导向性的观点。德纳对这些"援引标准"设定了"价值评价标准"，包括实证法的评价，道德评价标准，一般法律意识，事物的本质以及最终的效率原则，最终指导法律适用者在援引标准之间做出选择。Vgl. K. Hesse, Grundzüge des Verfassungsrechts der Bundesrepublik Deutschland, 1999, Rn. 60ff, 67, 68, 70; Kriele, Theorie der Rechtsgewinnung, 2. Aufl., Duncker & Humblot, 1976, S. 114ff.; Detlef Christoph Göldner, Verfassungsprinzip und Privatrechtsnorm in der verfassungskonformen Auslegung und Rechtsfortbildung: Verfassungskonkretisierung als Methoden- und Kompetenzproblem, 1969, S. 112ff, 131ff, 124ff.

[2] Vgl. Bydlinski, Juristische Methodenlehre und Rechtsbegriff, 2. Aufl, Springer Verlag GmbH, 1991, S. 583.

远不会导致具体化的解决方案。[1]对于规范具体化来讲，论题的方法论内容主要在于指出相关具体化论证和论证相关的背景。在这方面，论题思维连接了具体规则建构的理性论证的因素。因此，该论题的核心含义可能仅仅在于对法律形成过程的描述。[2]

2. 结果导向论证方法作为个案获取的不适当性

结果考量（Folgenberücksichtigung）作为一种法律思维方式，在德国法理论界有较多提及，例如，学者克里勒、埃克尔（Ecker）、埃塞尔等都提及"结论（Ergebnis）"或"结果（Folgen）"在法律思维中的重要性。[3]在我国法理论界也有涉及。[4]

学者埃德·德克特（ED·Decter）更将德国实务上结果考量的案例归类为23种类型，即"预测""利益论证""公共福利（Gemeinwohl）、政治性结果论证""原则论证""法安定性""正义""衡平""结果""目的论证""滥用论证（Miß-brauchsargumente）""谬误论证（Argumentum ad absurdum）""妥适性（Sachgerechtigkeit）、实践需求（妥适论证）""对规范适用者的实用性（适用及实现可行性）""诉讼经济、程序论证（Verfahrensargumente）""对释义理论影响（Dogmatikfolgen）""对当事人影响""刑法中的受判决人""对间接关系人、周遭环境影响""社会团体、一般公众""公共意见""法律专业社群""成本、国家财政""结果的不可预见性（Nicht-Absehbarkeit von

---

[1] 参见［德］卡尔·拉伦茨：《法学方法论》，陈爱娥译，商务印书馆2003年版，第27页。

[2] Vgl. Röthel, Normkonkretisierung im Privatrecht, Mohr Siebeck, 2004, S. 143.

[3] Vgl. Ecker, Gesetzesauslegung vom Ergebnis, JZ 1967, S. 265.; Esser, Vorverständnis und Methodenwahl, 2. Aufl., 1972, S. 38.

[4] 参见雷磊："反思司法裁判中的后果考量"，载《法学家》2019年第4期。但主要讨论的是后果导向在法学方法论中的地位。

第七章 概括条款的具体化方法：案例群

Folgen）"。[1]

德克特认为结果考量可以窄化个人评价的空间，在经过"结果评价"之后，就可以选出最佳的结果，而该最佳结果所对应的法律解释方法就是应该采取的法律解释方法。因此结果考量所强调的理性系一种"目的的理性"，而不是"工具的理性"，它不是着眼于分析各种解释方法之意涵及优劣去决定最好的解释方法是什么，然后再用该解释方法去处理某个具体个案，而是先让各种解释方法进入具体个案加以运用，然后再从各种解释方法产生的结果分别由经验面及评价面一步一步地筛选，最后找到最佳的结果，而该最佳结果所对应的法律解释方法就是应该采取的法律解释方法。由此也可以得知，结果考量必须高度结合个案事实方得运作，各种解释方法的优劣并非抽象性、一般性的认定，而是要在个案中具体思考个别决定。

但是这种方法正如帕劳斯基（Pawlowski）所言，前文所称的结果，都是经验的总结，范围不够明确，分类有欠严谨，各类别之间关系紊乱或可能有所重叠。[2]虽然可能在司法实践中确实具有上述某一种或某几种因素的特征，但是在适用程序以及论证程序上都不会对法官形成严格的约束，甚至可能会成为法官在获取个案中的阻碍因素。与前文的论题学方法一样，这些因素都仅仅是参考因素，并没有直接形成符合论证程序的法律规范，因此均处于法律论证的前阶段。

（三）权衡和法律论证作为个案获取的恰当性

1. 权衡方法的一般性介绍

自利益法学以来，权衡（Abwägung）思维就被用于平等主

---

〔1〕 Vgl. Deckert, Folgenorientierung in der Rechtsanwendung, Beck, 1995, S. 252 ff.

〔2〕 Vgl. Pawlowski, Einführung in die juristische Methodenlehre, 2. Aufl., Heidelberg: Müller, 2000, Rn. 324.

体之间，并使其成为典型的民事思维。[1]在个案获取上，权衡是私法规则形成的天然规则。权衡与个案获取具有非常紧密的关系。权衡所得出的规则形成于平等主体之间的个人利益冲突。权衡主要是规则形成，并非规则的适用或规则续造。由立法机关所制定的法律也是利益冲突和权衡的结果。权衡的创造性特征与法律确定性特征相违背。在此法官会透过权衡方法成为实际的"立法者"。

需要注意的是在许多情况下，立法者在现行的普通规范里也明确授权法官在判决中权衡相关的利益和法益，如德民第275条第3款，德民第281条第2款，德民第286条第2款第4句，德民第314条第1款第2句，德民第323条第2款第3句，德民第626条第1款等。在我国民法中同样要求法官进行权衡，如最高人民法院《关于当前形势下审理民商事合同纠纷案件若干问题的指导意见》第3条、第4条以及第7条。权衡现在已经成为法官法创立的主要论证规则。此外通过权衡，可以优化私法主体之间利益冲突背后所反映出的宪法基本权价值秩序。个案获取过程的权衡方法同时实现了基本权利对于私法的间接约束和宪法民法关系的整合。

2. 权衡的结构

第一步就是选择权衡相关的因素。在选择权衡相关的因素时并非任意选取。在权衡过程中所有相关的原则都要集合起来，这些原则都是当事人所主张的并且也符合权衡相关的保护目的。除了原则之外，价值、利益都是要被权衡的参数。

---

[1] 权衡方法本来适用于公法层面，尤其是宪法基本权之间的权衡，只是后来逐渐在私法中被使用。法—民法关系越来越紧密结合的时候，这种方法适用越发明显。参见冯威："基本权利的紧张关系与权衡裁判——以德国雷巴赫案对一般人格权的保护为例"，载《交大法学》2017年第4期。

第二步就是确定权衡因素的抽象权重（Gewichtung）。在第一步里面，要侵犯的一方以及要被保护的一方两种不同的价值被抽象为各自的权重。如果要被衡量的基本权、共同利益处于同一价值层次，也就是出现"平手"的情形，则必须在个案中进行处理。抽象的权重仅仅是众多标准中一种比较稳定的标准，它表明了一种趋势。

第三步就是在个案中具体权衡。在第二步中，能够确定侵入方在具体的个案中侵入的强度。因此在此时就必须同时要检查值得保护一方的利益，比如在合同中的风险负担是由谁来承担还是这一风险是由其自身所引起。在这过程中，抽象的权重根据这一情形再进行调整。[1]

上述步骤仅仅是描述了权衡这一过程，在每一个步骤中还需要进一步的方法将其理性化。

3. 权衡方法的理性化

权衡并没有提供固定的判决标准，而是在利益之间的相互对比和衡量中所产生。由于在民事主体之间缺乏可验证性的标准，权衡总是会陷入司法专断，从而面临着缺乏合理性的质疑。[2]权衡实现理性化必须仰赖于法律论证，在具体的个案获取时与实质性的论据相连接。

学者乌尔弗里德·诺依曼（Ulfrid Neumann）在《法律论证学》（*Juristische Argumentationslehre*）一书，将法律论证定位为"确定主义"与"决断主义"的"中间路线"。所谓"确定主义"，系指任何法院裁判都系由法律完全决定，也就是使用涵摄的方式；所谓"决断主义"，系指法院的裁判系出于法官的意志行

---

[1] 参见［德］托马斯·M. J. 默勒斯：《法学方法论》（第4版），杜志浩译，北京大学出版社2022年版，第531—533页。

[2] 参见雷磊："为权衡理论辩护"，载《政法论丛》2018年第2期。

为，而法律论证理论认为法官的裁判并非对法律单纯地适用，也不是法官的任意行为，而是一种可以"理性证立"的决定。[1]关于法律论证的种类主要有三种进路，即"逻辑进路""程序进路或理性言说理论"（Theorien des rationale Diskurses）与"论题—修辞学（topisch-rhetorisch）进路"。但是适用较为广泛的方法是"程序进路"意义上的法律论证理论。因此在概括条款个案规范的获取上，适用程序进路的法律论证方法对于权衡进行理性化。

在具体个案获取适用步骤上，可以区分为内部证成与外部证成，内部证成的形式就是权衡法则，即某一方利益不满足或者受侵害的程度越高，则另一方利益被满足的重要性就越大，具体表现就是重力公式，外部证成就是确定支持各方利益的实体性论据在要适用的个案中的分量，方法就是普遍实践商谈和法律实践商谈。[2]

在我国民法中对于一般性的实体性论据已经在《民法典》中给出了明确规定。如《民法典》第1条所规定的目的条款，明确要求在私法裁判中弘扬社会主义核心价值观，维护社会经济秩序；第4条、第5条、第6条以及第9条，分别规定了平等原则、意思自治的自愿原则、形式上的公平原则[3]、绿色原则，这些条款是民法的基本理念在法典中的显现，[4]以及我国

---

[1] 参见［德］乌尔弗里德·诺伊曼：《法律论证学》，张青波译，法律出版社2014年版，第2页。

[2] 参见雷磊：《规范、逻辑与法律论证》，中国政法大学出版社2016年版，第276—277页；雷磊："为权衡理论辩护"，载《政法论丛》2018年第2期。

[3] 公平原则区分为形式上的公平与实质上的公平，在民法的基本理念上主要指形式公平。参见易军："民法公平原则新诠"，载《法学家》2012年第4期。

[4] 内在体系的外显是根据特定的规范指导思想（原则、评价、基本目的）进行法律素材外部划分的全部尝试。参见方新军："内在体系外显与民法典体系融贯性的实现：对《民法总则》基本原则规定的评论"，载《中外法学》2017年第3期。

民事法官在个案判决时必要考虑的"本土资源"。需要进一步注意的是,立法者还进一步就民法秩序框架内个案适用的实体性论据的价值位阶作出了安排,即体现私人自治的原则具有优先性,如权益保护原则、平等原则、形式公平原则,而限制私人自治的原则,如合法、实质公平、环境保护原则具有劣后性。[1]如果前者能被称为民法的"一般性原则",则后者被称为"例外性原则",[2]如果法官要超越作为民法基础的"一般性原则",必须提出足够且正当的理由,遵守实体性论证规则。[3]因此在适用概括条款获取个案判决时,必须严格遵循《民法典》一般规定部分对于法官的指引,主张私人自治一方的人的利益具有保护优先性,如果另一方主张的利益要求限制对方的私人自治,则必须要衡量自身的利益具有足够的正当性以至于能够打破对于私人自治的保护。

4. 示例:权衡方法在公序良俗条款中的适用

在此处以具有公序良俗第一案的"泸州遗赠案"作示范性案例来验证上述权衡方法以及法律论证方法的适当性。本案的关键点在于有配偶的丈夫能否将自己的那部分财产遗赠给与自己有同居关系的第三人?[4]有同居关系的第三人主张遗赠合同

---

[1] 参见易军:"民法基本原则的意义脉络",载《法学研究》2018年第6期;方新军:"内在体系外显与民法典体系融贯性的实现:对《民法总则》基本原则规定的评论",载《中外法学》2017年第3期;于飞:"认真地对待《民法总则》第一章'基本规定'",载《中国高校社会科学》2017年第5期;龙卫球:"我国民法基本原则的内容嬗变与体系化意义——关于《民法总则》第一章第3—9条的重点解读",载《法治现代化研究》2017年第2期。

[2] 参见易军:"原则/例外关系的民法阐释",载《中国社会科学》2019年第9期。

[3] 参见王轶:"民法价值判断问题的实体性论证规则——以中国民法学的学术实践为背景",载《中国社会科学》2004年第6期。

[4] 四川省泸州市中级人民法院(2001)泸民1终字第621号民事判决书。

是意思自治的体现，是有效的合同，背后的法条依据是原《中华人民共和国继承法》第22条，所体现的基本原则是私法主体的意思自治；而妻子一方主张虽然遗赠合同是意思表示的体现，但是主张无效合同，背后所体现的基本原则是《宪法》以及《中华人民共和国婚姻法》所规定的一夫一妻制度。一审以及二审法院经过权衡的结果是支持了遗嘱无效的理由。

本案从深层次来看，涉及两项宪法性的原则，一是以意思自治为代表的宪法上的自由；二是宪法上对于婚姻制度的保护。这二者就是原被告双方所主张权利的实质性论据，但是二者同为宪法的基本权利且均要求实现，因此二者的冲突在所难免。法官在经过论证之后，认为维护一夫一妻的婚姻制度以及家庭秩序相对于无限制的自由更具保护性。经过权衡之后就可以得出一条明确的法律规范，即对于破坏婚姻关系的第三人的遗赠合同无效。通过上述的权衡论证过程，我们就可以获取"违反公序良俗的合同无效"这一概括条款的子案。上述过程所获取的个案判决同时也是处理后续类似案件的基础。事实上在本案判决之后，后续不少与之类似的案件均采取同样的判决结论。[1]

三、民法案例群方法适用的中国模式

通过上述权衡以及法律论证方法所形成的规则是在概括条款作为法内漏洞的情况下由法官所形成的法官法。这与法律解释以及法律内的法的续造所形成的"先例"存在明显不同，前者所形成的规则是创设性的"先例"；而后者所形成的规则是围

---

[1] 江苏省启东市人民法院（2007）启民初字第0594号民事判决书；江苏省无锡市中级人民法院（2013）锡民终字第0453号民事裁定书；福建省高级人民法院（2015）闽民终字第587号民事判决书；安徽省阜阳市中级人民法院（2017）皖12民终3453号民事判决书。

第七章 概括条款的具体化方法：案例群

绕制定法所阐释的"先例"。分别表述为"创设性先例"和"解释性先例"。

在通过权衡论证的方式得到个案判决之时，案例群方法要求之后所发生的类似案例均要与之比较（Fallvergleich），按照相似性特征形成案例群，并从中抽象出替代性构成要件特征作为替代规范。但是如前文对于案例群方法的批评可知，案例群方法凸显的是事实面，基于归纳而产生；而概括条款本身属于规范面，基于事实与规范之二元分离的观点，并不能从实然推导出应然。因此案例群本身要具有规范效力，必须要从"个案判决"着手，如果能够证明"个案判决"所得出的结论具有规范效力，则案例群方法所形成的替代性构成要件必然会具有规范性。

综合"先例是否具有法源地位"这一传统理论，我国《民法典》第 10 条所规定的"二位阶"法源体系，以及我国独特的司法制度安排能否在我国的司法体制内证成"个案判决所形成的规则"具有拘束力为本部分的主要任务。本部分的核心观点是：在我国既有的立法以及司法体制下，对于适用概括条款获取的"个案判决所形成的规则"是否具有拘束力不能单一看待，应采多维视角。

（一）证成的可能性

在抽象的概括条款与具体的个案之间，先例具有"中介功能（mittlerfunktion der Pra-judizien）"。[1]在概括条款的范围内发展出"法官法层级（Stufenbau des Richterrechts）"。因此，具有个案裁判所得出的法律规则能否成为各级法院的"一贯见解"甚至判决先例（Präjudizien），并且为实务工作者所长期遵循，

---

［1］ Vgl. Schlüchter, Die Mittlerfunktion der Präjudizien, Berlin, De Grugter, 1986, S. 103ff.

关键就在于司法机关（特指最高法院）所形成的个案裁判是否具备民法所规定的法源特征。比德林斯基认为先例是一种附属法源（subsidiare Rechtsquelle），他曾经这样传神地形容个案判决："不管是司法界人士、提供法律服务人士，任何一位实务工作者，其工作的绝大部分就是在找寻替代性判决，找寻一个对当前案件适合的个案规范，并依此作出法律判断。"[1]个案裁判所形成的法律规则是否能够直接适用，存在三种证成的可能性，分别为弱证成模式、中证成模式以及强证成模式。这三种证成模式分别可以表述为事实上的拘束力、推定的拘束力、完全的拘束力。

1. 弱证成模式：事实上的拘束力

这种见解以拉伦茨为代表，[2]他认为先例对包括最高法院在内的各级法院以及社会交易均有广泛的拘束力，但这种拘束力只是一种"事实上之效力"（tatsächliche Wirkung），或者称为是一种单纯"法社会学上有益的事实"（ein rechtssoziologisch interessantes Faktum）。判决先例并没有因此就取得"规范上的效力（normative Geltungsgrund）"。也就是说，德国通说的立场强调，真正的法源只有两种，即制定法与习惯法。先例不具备法源特征，只是认识法律的来源（Rechtserkenntnisquellen）。

先例，基于法律安定性、判决的继续性以及信赖保护，除非有重大事由可以采取与该判决不同的看法，否则应该赋予该先例事实上的拘束力，而不得任意偏离该先例。先例虽然具有稳定性以及可预见性等价值，但是如果先例中所表示的实质论点已经不合时宜，则法官就可以偏离该先例判决。这也是弱证

---

[1] Vgl. Bydlinski, Juristische Methodenlehre und Rechtsbegriff, 2. Aufl., Springer Verlag GmbH, 1991, S. 502.; Bydlinski, Hauptpositionen zum Richterrecht, (4) JZ1985, S. 149-155.

[2] 参见［德］卡尔·拉伦茨：《法学方法论》，陈爱娥译，商务印书馆2003年版，第300—305页。

第七章　概括条款的具体化方法：案例群

成模式不敢承认先例具有法律上拘束力的主要原因所在，依旧保留法官独立的判断空间。

2. 中证成模式：推定的拘束力

这种观点以克里勒为代表。[1]他认为判例具有推定的拘束力（die präsumtive Verbindlichkeit der Prajudizien）。克里勒指出，判决先例虽然不像法律规范般作为法源而具有拘束力，但它具有推定的拘束力。所谓推定的拘束力是指：对法官而言，先例课予法官论证的负担（die Argumentationslast）。也就是说，先例是法官思考的起点。在法律结论上如果与最高法院的判决先例相一致，就可以被视为裁判结果是正确的。法官从判例的理由出发，然后与判例进行论辩、对话、区分、限制或扩张，或者主张该判例不符合眼前的新情形，或者主张该判例自作出起就是不正确的，然后提出充分的理由来反对。如果法官无法提出具有说服力的反对理由偏离或修正判例，那么判例就被推定为具有拘束力，它就不仅仅是判决的出发点，而是会成为判决的基础。

需要附带提及的是阿列克西也认为判例具有推定的拘束力，法官如欲偏离判例应该负担论证责任，也是透过"论证负担"的方式来解决判例拘束力的问题，因此对于判例提出的论证规则为"当一个判例足以支持或反对某个裁判时，必须引用；主张反对某一判例的时候，必须要负论证责任"。[2]

―――――――――
〔1〕 Vgl. Kriele, Theorie der Rechtsgewinnung, 2. Aufl., Duncker & Humblot, 1976, S. 93f. S. 328. Esser, Vorverständnis und Methodenwahl in der Rechtsfindung: Rationalitätsgrundlagen richterlicher Entscheidungspraxis, 1972, S. 184. Picker, JZ 1988, S. 73（"materiale Bindungswirkung"）

〔2〕 Vgl. Alexy, Theorie der juristischen Argumentation, 3. Aufl., 1996, S. 339. 原文为："（1）Wenn ein Präjudiz für oder gegen eine Entscheidung angeführt werden kann, so ist es anzuführen.（2）Wer von einem Präjudiz abweichen will, trägt die Argumentationslast."中文参见颜厥安：《法与实践理性》，中国政法大学出版社2003年版，第158页。

3. 强证成模式：完全的拘束力

这种观点以菲肯切为代表。[1]他认为法官所得出的"个案规范（Fallnorm）"本身就是一种法律规则，待判决的案件事实可以直接涵摄个案规范而得出判决。"个案规范"可以适用于其他的案件，主要是基于平等原则，即同等情况同等对待，不同情况区别对待。"个案规范"在其核心意义上，具有"将来效力"或"扩张效力"。

具体来讲，个案规范首先是通过法律规范而取得，虽然个案规范仍然在法律规定的文义界限内，但并非解释。如果个案规范无法在法律规定的文义界限内取得，那它就属于法官法的一部分。法官法又可以区分为二种情形：第一种是成为习惯法的法官法；第二种就是尚未成为习惯法的法官法。当然无论是制定法、习惯法还是法官法都仅仅是获取个案规范的辅助工具。菲肯切所主张的拘束力，实质上是主张个案规范具有拘束力。

4. 关于先例是否具有拘束力争议的本质

前文关于先例是否具有拘束力的三种证成模式，本质就在于如下五点争议。

第一，是否有助于实现法的安定性。任何一个判决除了定纷止争之外，均要符合彼此之间无矛盾、一致性以及可预见性等要求。

第二，是否有利于形成法律制度。在民法理论界所形成的理论，若要成为稳定的制度并为成文法所吸收，必须通过法官的判决。如果法官对此问题的处理缺乏一贯的稳定性，则不利于形成固定的法律制度。

第三，是否有利于减轻法官的论证负担。由法官所形成的

---

[1] Vgl. Fikentscher, Methoden des Rechts in vergichender Darstellurg, Bd. TV, Mohr Siebeck, 1977, S. 202ff.

法律制度，例如，缔约上过失、积极侵害债权、交易基础丧失等制度建立，从民法理论变为民法制度，因此成为法官援引的法律依据，从而使法官不必在每个具体的个案中重复理论上存在的争议问题。也就是说，先例是否具有拘束力决定着是否可以降低法官论证的复杂性。

第四，是否有利于法官的自我约束。法官在裁判个案时，他作出判决的依据和理由可能会被普遍化与一般化。同样，法官援引相关的先例作出判决时，先例是否具有拘束力直接决定着法官是否会考量，他现在所作成的判决，将来也可能被一般化成为先例，因此会促使他超越个案而做更为一般化的思考。换句话说，法官并非仅仅是处理个案裁判，他同时还负责形成规范。就此而言，他的判决理由具有抽象而普遍的性格。

第五，是否有利于避免僵化。判例具有何种程度的拘束力直接决定着对他的偏离程度。如果是事实拘束力，则先例仅仅是法官认识的来源，随时可以偏离；如果是推定拘束力，这时法官被赋予对于判例说理论证义务，如果存在足够且正当的理由，法官可以偏离先例而作出与先例不同的判决；如果是完全拘束力，则法官只有遵从的义务。

（二）证成的可行性

理论上"先前裁判不具备法源意义上拘束力"以及"案例群方法形成的替代性构成要件不具备规范性"，必须将其置于我国既有的实证法源体系中来考察。我国的实证法源体系既包括《民法典》第10条规定的"法律和习惯"二位阶法源体系，同时也包括最高人民法院于2010年颁布的《关于案例指导工作的规定》、2015年的细化规定《〈关于案例指导工作的规定〉实施细则》、2020年发布的《关于统一法律适用加强类案检索的指导意见（试行）》。对于不确定法律概念以及概括条款所裁判的

· 259 ·

制定法的第二大法源的地位,习惯法只是不断以相同形式出现的判决的总和,剩下的第一及第三顺位法源制定法与法官法才是能够不断创新的法律规范。他把法官法变成是制定法以外的第二大法源,并且把法官法一分为二:达到具有特别确信力的法官法,以及"尚达习惯法阶段的法官法"。习惯法只是法官法的一个子类型。[1]

法院向来之判决见解作为法官法能否被承认为"习惯法",进而使其具有"规范上之拘束力"?难点就在于法院的判决先例或者向来的判决,是否具备构成习惯法的第二个要件,也就是法律确信。对此存在不同的争议,肯定说、否定说均存在。但是本书认为并非所有的法院判例均可以成为习惯法。一般情况下法院判决并不会具备习惯法的第二个构成要素,只有判决持续地演变为一项固定的规则并为民事主体所普遍遵循方可满足此要求。

因为法院尤其基层以及中级法院,争议解决的任务要高于规则形成。如果对某一问题有新的理解,则随时都可以偏离甚至修正之前关于这一问题的见解。这也是概括条款开放性的表现,它有助于吸纳新的法律见解,适应社会生活与法意识的变迁,有助于各级法院自己能够在个案的解释适用中发展法律,更可以借以不断地完善概括条款的内涵。但是,如果完全否定法院一贯之判决具有习惯法的法律效力,也不妥当。因为各级法院一贯之法律判决,也可能在交易上被广为接受而演变为一般法律制度,进而成为习惯法而被遵守。例如,在德国由判决逐渐形成的缔约上过失责任、一般人格权、交易安全保障义务或者基于合同或先合同关系所产生的照管或者忠实义务等,在

---

[1] Vgl. Fikentscher, Methoden des Rechts in vergleichender Darstellung, Bd. TV, Mohr Siebeck, 1977, S. 222f.

其被法典化之前均可以视为是一种习惯法。[1]这也符合前文菲肯切对于法官法与习惯法关系的看法，即习惯法是法官法的一个子类型。

我国《民法典》第10条规定了习惯法作为第二位阶的民法法源，虽然有学者认为这里的习惯不是习惯法，而仅仅是一种认知的法源，[2]但是民法学界的主流观点还是认为，这里的习惯就是习惯法。[3]鉴于习惯法空洞化以及判例法化的趋势，如果要避免《民法典》第10条"习惯"二字成为具文，必须要在"法官法"中寻找其存在空间。习惯法某程度上就是"法官法"或"判例法"的一种。因此，本书将我国司法实践中由基层人民法院、中级人民法院甚至高级人民法院所作出的具有高度相似性的判决，认定为一种"习惯法"。并且我国的司法实践也具备这样的制度条件，如最高人民法院在其公报上每期都会刊载大量的案例；还有很多针对典型案例的出版物、如《人民法院案例选》，特别是"中国裁判文书网"的建设运行，更为类似案例群的形成提供了材料支持。习惯法在我国可以说已经接近"判例法化"。习惯法中"普通一般的确信"这一内在因素由本书所理解的"法院的惯常实践"所取代。

基层以及中级人民法院针对概括条款所形成的大量案例，如果能够经过分析能够形成足够稳定的案例群，或者形成所谓的替代性构成要件，或者法律制度，并且成为民事主体的法律

---

[1] [德]卡尔·拉伦茨:《法学方法论》，陈爱娥译，商务印书馆2003年版，第303页。

[2] 参见雷磊:"习惯作为法源？——以《民法总则》第10条为出发点"，载《环球法律评论》2019年第4期。

[3] 参见王利明主编:《中华人民共和国民法总则详解》（上册），中国法制出版社2017年版，第53页以下；龙卫球、刘保玉主编:《中华人民共和国民法总则释义与适用指导》，中国法制出版社2017年版，第39页以下。

结，可以形成的"替代性构成要件"为"违反性道德而为的赠与合同无效"，具体的规范可以表述为对于影响家庭关系的第三者实施的赠与合同无效。

最后，习惯法的形成。上述案例群所形成的替代性构成要件可以称为法院的持续性裁判，或者称为法院向来之裁判见解，这一固定的结论完全符合我国《民法典》第10条规定的"习惯法"，从而在以后遇到类似的案件用三段论的方法，将案件事实直接涵摄该习惯法中的"替代性构成要件"之中，从而不必在每次遇到类似案件时重新开启对公序良俗条款进行新的论证。

第四节 小 结

具体化不同于传统法学方法论中的法律解释，其并非复述立法者的意图，而是法官在整体法秩序之内的创设活动，且创设的法律规则具有安定性、明确性以及合宪性等特征。

在概括条款的具体过程中，具体化所依据的来源均存在不足，并且所适用的具体化方法"动态系统理论"以及"案例群"要么存在无法全面反映概括条款内涵的缺陷，要么存在无法克服的"规范与事实"不可通约的法理论难题。针对以上既有的概括条款具体化方法所存在的不足，本书结合我国既有的司法体系提出案例群的恰当适用方法。

个案判决的结论就是私法不同原则相互权衡的结论，遵循的方法是权衡方法，并且在权衡过程中论题学方法以及结果导向方法无法体现权衡的正当性，必须依据法律论证方法才能确保所获取个案判决的公正性。这避免了具体化来源的单一性以及判断上的恣意。个案判决所得出的具体规则结合我国特有的司法体制，无论是被最高人民法院遴选为指导案例，还是由基

第七章 概括条款的具体化方法：案例群

层、中级甚至高级人民法院逐渐形成的案例群，二者均可以最终演变为我国《民法典》第 10 条意义上的"习惯法"，如此针对概括条款案例群方法适用的"事实与规范"不可通约的责难即可消除。

第八章 概括条款的适用范例：权利滥用

本章以我国《民法典》第 132 条规定的"禁止权利滥用"制度为例阐释概括条款的具体化过程。如果权利产生于不道德、不法或违约行为，那么行使该权利就构成滥用，其最终是不容许任何人援用自己可耻之行为。[1]在 2017 年通过的《民法总则》中权利滥用制度首次以立法的形式进入制定法。在此之前，这一制度都是依据民法的基本原则而适用，比如原《民法通则》第 4 条的自愿平等公平以及诚实信用、第 5 条权利不得侵犯以及第 7 条民事活动应该遵守社会公德、不应违反社会公共利益，均是这一制度在司法适用中的成文法依据。[2]《民法典》在"民事权利"章的第 132 条规定了对权利行使的一般性限制。通说认为权利滥用制度是诚实信用的具体化，因此全面考察我国权利滥用的体系定位尤为重要。另外，权利滥用制度作为在立法上新产生的制度，有必要考察其是如何从诚信所产生的全过程，这也涉及一项法律制度是如何从法律理念（Rechtsideen）发展为法律原则（Rechtsprinzip），进而从法律原则发展为教义学上的法律制度或法律规范（Rechtsinstitute/Rechtssatze）。最后

---

[1] 参见［德］莱因哈德·齐默曼、［英］西蒙·惠特克主编：《欧洲合同法中的诚信原则》，丁广宇等译，法律出版社 2005 年版，第 241 页。

[2] 参见李敏："我国民法上的禁止权利滥用规范——兼评《民法总则》第 132 条"，载《法律科学（西北政法大学学报）》2018 年第 5 期。

第八章　概括条款的适用范例：权利滥用

探讨权利滥用具体化的程序以及可能形成的案例群。

第一节　权利滥用的体系定位

权利滥用制度，在不同的国家由于历史发展、法典体系的不同，对于这一制度在法典中的体系安排以及所发挥的作用存在显著的不同。下文分别探讨德国、瑞士对权利滥用制度的历史变迁、适用现状以及功能，以期能为我国权利滥用的教义学化提供比较法上的参考依据。

一、域外法的体系定位

（一）德国法上的权利滥用制度

在德国民法上对于权利滥用制度的规定较为复杂。主要有如下三个条款：德民第226条的"禁止恶意行使权利"（Schikaneverbot）、德民第826条的"故意违反善良风俗致人损害"以及德民第242条诚信条款所发展出的其他的"不允许的权利行使"（die unzulassige Rechtsausu-bung），[1]但是由于违反善良风俗的标准太过严苛，司法实践主要是依据德民第242条的诚信作为不允许权利行使的规范依据。[2]之所以造成这种多规范发展，是因为德民第226条所规定的适用范围过于狭窄且难以证明，仅限于损害他人利益为行使权利的唯一目的时，方可适用本条。[3]鉴于司法实践中许多不当行使权利的行为无法落入德民第226条的调整范围，因此，司法实践不得不绕道善良风俗

---

〔1〕 Vgl. Larenz/Wolf, Allgemeiner Teil des Bürgerlchen Rechts, 9. Aufl., 2004, S. 293ff.

〔2〕 Vgl. Medicus/Petersen, Allgemeiner Teil des BGB, 2016, 11. Aufl. S. 67.

〔3〕 Vgl. Münchener Kommentar BGB/Grothe, § 226, 2012, 6. Aufl, Rn. 1.

或诚信等概括条款来对这些行为予以调整。

但是为什么德国的权利滥用制度适用范围如此狭窄,这就必须回溯到德民第 226 条的立法史进行考察。禁止权利滥用是在有限的范围内作为一项法伦理原则而被纳入民法典。在法制史上对于德民第 226 条的规定是伴随着"一般诈欺抗辩"或"诚信"的关系而附带讨论的。

1. 法典化时期对于权利滥用的讨论

在法典编纂时期处于主流地位的概念法学占据支配地位,但在 19 世纪末期,此思想也越来越受到批评,首先表现为耶林在方法论上的自我反省,[1]另外就是基尔克对法典草案的批评,他认为应该在民法典中规定一般诈欺抗辩以及权利滥用。伴随着这一思想的转变,19 世纪 80 年代以来,围绕主观权利的形成,禁止恶意行使权利被广为讨论。比如在早期,许多法学家认为所有权可以不受任何限制地自由行使,但是现在必须承认权利的行使,一方面要受到法律的限制,另一方面要受到社会的约束。

但是法典的起草者们对这一思想的巨大改变表现得无动于衷。他们一如既往地支持传统的观点,而反对禁止恶意行使权利。[2]在《库贝尔草案》中关于诚信的适用范围还较为保守,库贝尔对诚信的解释原则持谨慎态度,[3]但是第一委员会大多数的成员不同意对于此规定的保守意见。在审议过程中一致认为,诚信不仅对合同义务的约定和实证法的约束具有意义,还对承诺具有很大的益处。1882 年,第一委员会明确决定,除了"合同的性质和习惯"之外,将按照"诚信的义务履行"纳入

---

[1] 参见吴从周:《概念法学、利益法学与价值法学:探索一部民法方法论的演变史》,中国法制出版社 2011 年版,第 38 页。

[2] Vgl. HKK/Haferkamp, Band I, §§226-231, 2003, Rn. 12.

[3] Vgl. HKK/Vogenauer, Band I, §§133, 157, 2003, Rn. 26.

第八章　概括条款的适用范例：权利滥用

法律文本中。[1]

如上所述，通过在德国民法典第一草案第359条（德民第242条前身）对于诚信的明确规定，诚信有着较为广泛的适用范围。这就挤压了"一般诈欺抗辩"在债法中的适用。尽管如此，在第一草案颁布之后关于一般诈欺抗辩的讨论并没有减少。例如，德恩堡（Dernburg）定义了一般诈欺抗辩。他认为，当基于制定法的一项规定进行裁判案件时，如果与一般的法感觉相违背，法院在这种情形下就不能否认一般诈欺抗辩。[2]从这个角度来看，哈德曼强调，一般诈欺抗辩在制定法规范中有适用的空间。[3]鉴于一般诈欺抗辩扮演着实质正义的角色，巴尔（Bähr）认为德国民法典草案中缺失一般诈欺抗辩是彻头彻尾的灾难。

因此德国民法典第二草案的委员会成员非常担心"司法机构只会僵化地适用法律文本"。[4]曼德里（Mandry）特别指出相对于形式上的制定法，法律判决应该考虑衡平这种有益的方法。[5]基于一般诈欺抗辩具备的体系功能，因此主张在法典中具有相应的规定，特别是诉诸德民第226条的权利滥用，德民第226条就是这一思想的产物。但是他们也同样担心，一般诈欺抗辩会将法官的主观感受设定为法律规范，并模糊法律和道德之间的界限。[6]"在许多情况下，制定法与衡平之间存在冲突

---

〔1〕 Vgl. Jakobs/ Schubert, Recht der Schuldverhältnisse, Bd. I, De Gruyter, §§241-432, 1978, S. 47.

〔2〕 Vgl. Heinrich Dernburg, Lehrbuch des Preußischen Privatrechts, Bd. I, De Gruyter, 1875, §127, Anm. 3.

〔3〕 Vgl. Gustav Hartmann, Der Civilgesetzentwurf, das Aequitätsprinzip und die Richterstellung, AcP 73 (1888), 309ff., S. 342.

〔4〕 Vgl. Jakobs/Schubert, Allgemeiner Teil, Bd. II, 1985, S. 1171.

〔5〕 Vgl. Jakobs/Schubert, Allgemeiner Teil, Bd. II, 1985, S. 78.

〔6〕 Vgl. Jakobs/Schubert, Allgemeiner Teil II, 1985, S. 1171.

的假设，实际上只是对法律行为或法律规定的解释过于狭隘。"[1]也正是因为一般诈欺抗辩强大的体系功能，所以德民第226条规定的权利滥用的构成要件才极为严格，这也是为了防止法官权限过大。也就是说，为了避免严格的制定法遵从而导致的不正义，所以才有"一般诈欺抗辩"的存在空间，但是为了防止法官过度利用"一般诈欺抗辩"这一制度，才对体现其思想的规范依据德民第226条规定了极为严格的构成要件。

由于对是否接纳"一般诈欺抗辩"这一制度存在巨大争议，在1896年正式通过民法典之际对于此制度引发了相当多的讨论。有的议员要求接纳一般诈欺抗辩，但是斯特鲁克曼（Struckmann）指出，对整个债法来讲，诚信已经使得一般诈欺抗辩成了多余。最后，立法通过的法典对于一般诈欺抗辩未作明文规定，但是原本体现此思想的德民第226条被保留下来。

法典通过初期是否承认一般诈欺抗辩成为一个亟待解决的问题。随着法典颁布，司法实践对于体现"衡平"思想的"一般诈欺抗辩"的追求越来越强烈，这一思想不断地在民法典中寻找规范依据，从德民第903条到德民第226条，这似乎变成是针对民法典一般权利的限制。[2]与此同时，现行德民第826条也被扩展到权利行使，因此出现了与侵权法规范存在竞合的情形。德民第242条也与一般诈欺抗辩有关。但是由于德民第226条适用的狭窄以及证明的困难，德民第826条构成要件极其严格，因此更多体现"一般诈欺抗辩"思想的权利滥用归入了德民第242条之下，并且德民第242条也承担了"一般诈欺抗辩"的全部功能。

2. 权利滥用的进一步发展

1934年，希伯特发表了《权利失效和权利滥用》一文，该

---

[1] Vgl. Jakobs/Schubert, Allgemeiner Teil II, 1985, S. 1171.

[2] Vgl. HKK/Haferkamp, Band I, §§226-231, 2003, Rn. 14.

第八章　概括条款的适用范例：权利滥用

文一方面明确接受了卡尔·施密特的建议，[1]另一方面通过整理判例并以德民第242条规定的诚实信用为理论基础，将德民第242条看成是正义法到实证法的转换通道，对于失权行为以及权利滥用进行进一步的研究。希伯特参照了许多比较法上的制度，特别是法国、比利时关于禁止权利滥用（abus de droits）的讨论。虽然法国法关于此部分的讨论与《法国民法典》第1382条相关，但是希伯特的理论在德国民法中找到了规范依据。希伯特看到了自己观点的巨大进步性，即社会利益应该先于个人利益这一伟大原则。

因此，每项权利都应以诚信为衡量标准，违反就发生失权的效果。德民第242条自动适用于所有法律规范，包括物权法、家庭法以及公法。对于存在特殊结合关系的权利滥用适用德民第242条，对于不存在特殊结合关系的权利滥用适用德民第826条。这意味着适用德民第242条来软化民法规范的强约束。与民法规范的强约束相比，权利滥用适用德民第242条等条款具有前所未有的灵活性。根据希伯特关于权利滥用的学说，"一旦私法关系根据其内容以及效果直接影响共同利益……在某种程度上需要衡平，自动地适用权利滥用制度。"[2]

希伯特的思想也贯穿于人民法典中关于权利滥用的讨论。在赫德曼、雷曼（Lehmann）和希伯特于1942年提交的人民法典草案中，由于之前德民第226条在构成要件上的狭隘性，于是他提出了关于滥用权利所涉及的基本规则：其一，行使所有

---

〔1〕 Vgl. Siebert, Verwirkung und Unzulässigkeit der Rechtsausübung, Marburg in Hessen: Elwert, 1934, S. 113. 卡尔·施密特被称为"皇冠法学家"，关于他的思想参见韩毅："卡尔·施密特的法律方法论演进史述评"，载《法律方法》2014年第2期。

〔2〕 Vgl. HKK/Haferkamp, Band Ⅱ, 1. Teilband, § 242, 2007, Rn. 74.

权利必须本着诚意并符合国家社会公认的原则。群体的利益优先于个人利益。其二，对于滥用权利的情形不提供保护。特别是以下三种情况：一是要求履行的债务没有意义或没有目的；二是主张权利，与之前的行为陷入自相矛盾以至于不可忍受；三是强制执行的强度严重违背了人们的普遍感觉。

3. 战后时期的权利滥用

在权利滥用方面，联邦最高法院在其判决中说明了现在对该理论的完全不可预测性：" 每一次权利行使都不仅要考虑到自己的利益和整体利益，还要考虑到每个人的个人利益，因为他们必须遵守民法典第 242 条所规定的整个法律秩序。"[1]虽然这种说法尚未达到令人满意的程度，但是希伯特关于权利滥用的理论构造基本上取得了共识，即 1945 年之后德民第 242 条作为权利滥用的规范依据以及依照客观评价标准进行评价。这种理论一直到今天仍然适用。例如，在帕兰特（Palandt）法律评注中，1939 年"所流行的国家社会主义观点"被当今通说的标准所取代。虽然长期以来权利滥用制度存在意识形态纠葛，[2]但是教义学文献在很大程度上有意忽略这点，并继续使用希伯特的理论而不考虑他与时代有关的特征。[3]整个过程中直到今天，希伯特的理论仍然是权利滥用的基本出发点。[4]如今翻阅任何一本法律评注，均可以验证德民第 242 条已经完全成了权利滥用的规范依据。[5]

---

〔1〕 BGHZ (v. 27. 1. 1954 – VIZR 16/53) 12, 154, 157

〔2〕 Vgl. Haferkamp, Die heutige Rechtsmißbrauchslehre – Ergebnis nationalsozialistischen Rechtsdenkens? 1995, S. 193ff.

〔3〕 Vgl. Medicus, Schuldrecht, Bd. 1, 14. Aufl., 2003, S. 75.

〔4〕 Vgl. Palandt/Heinrichs, 78. Aufl., 2019, § 242, Rn. 38.

〔5〕 Vgl. Soergel/Fahse, 13. Aufl, 1999, Rn. 2, Rn. 3.; Münchener Kommentar/Grothe, 6. Aufl., 2012, § 226, Rn. 1.

第八章　概括条款的适用范例：权利滥用

基尔克是权利滥用理论问题讨论的开创者。在民法典形成期间，他将这一理论引入民法典的讨论之中。他的目标是在即将形成的民法典中置入一个特定的"政治理想"，即他所认为的私法中的社会化因素。但是在法典的安排中规定了德民第226条体现这一思想的规范依据，立法者也担心这一社会因素会导致法官权限过大，因此对德民第226条也规定了严格的构成要件，仅限于主观标准，专以损害他人为主要目的。这也就导致了此条文几近具文。[1]

随着社会的变迁，德民第226条所调整的权利滥用情形过于狭隘，无法满足众多的权利滥用类型，因此权利滥用通过与德民第242条的结合被分配了新的任务。另一方面相对于立法者，希伯特将权利滥用在民法中以第242条作为规范依据，开启了诚实信用的政治化内涵。考虑到这一点，海因里希·兰格指出，希伯特的权利滥用理论对基尔学派产生了很大的影响，[2]因为他根据实践的需要发展了他的理论。[3]希伯特的理论结合德民第242条作用于法律修正的权利滥用理论被认为是符合体系以及立法目的的，即使在1933年之后也符合法官的自我理解。[4]在这种相互作用中，德民第242条的权利滥用理论与政治密切相关。如果在这个层面继续寻找影响，会发现1956年贡特·杜里格

---

〔1〕　参见陈瑞堂："土地所有人请求拆除侵占其土地之公共建设，是否构成权利滥用"，载杨与龄主编：《民法总则争议问题研究》，清华大学出版社2004年版，第326页。

〔2〕　基尔学派（Kiel Schule），特指纳粹时期的法学家。具体参见舒国滢："战后德国评价法学的理论面貌"，载《比较法研究》2018年第4期。

〔3〕　Vgl. Lange, Die Entwicklung der Wissenschaft vom Bürgerlichen Recht seit 1933. Eine Privatrechtsgeschichte der neuesten Zeit, Mohr, 1941, S. 15.

〔4〕　Vgl. Haferkamp, Begründungsverhalten des Reichsgerichts zwischen 1933 und 1945 in Zivilsachen verglichen mit Entscheidungen des Obersten Gerichts der DDR vor 1958, in: R. Schröder (Hg.), Zivilrechtskultur der DDR, Bd. II, 2000, S. 15ff.

(Günter Dürig)所发表的《民法中的符合价值和价值补充的概括条款》一文是将基本法的价值体系间接地固定在私法中。[1]杜里格关于基本权利的间接第三人效力学说在1954年使用了概括条款作为"接入点",于1933年被海因里希·兰格首次使用。[2]

(二)瑞士法的权利滥用制度

1.《瑞士民法典》第2条的一般性介绍

《瑞士民法典》第2条第1款规定的是诚信,第2款规定了"权利滥用"制度。关于两个条款的关系,可以用图8-1表示。[3]

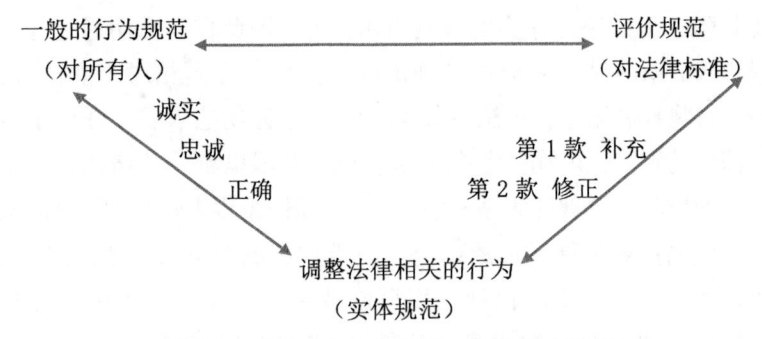

```
     一般的行为规范 ←————————→ 评价规范
     (对所有人)                （对法律标准）
          ↘   诚实
              忠诚          第 1 款 补充
              正确          第 2 款 修正        ↙
                    调整法律相关的行为
                      （实体规范）
```

图 8-1 《瑞士民法典》第 2 条的基本思想

《瑞士民法典》第2条的基本思想调整法律相关行为:①处理尚未确定但是属于与法律相关的关系(如缔约过失);②处理已经存在的法律关系中并未调整的问题(如附随义务以及保护义务);③处理由于实际的事实关系改变,已经存在的法律规则

---

[1] Vgl. Dürig, Grundrechte und Zivilrechtsprechung, in: Vom Bonner Grundgesetz zur gesamtdeutschen Verfassung. Festschrift zum 75. Geburtstag von Hans Nawiasky, 1956, S. 157ff., S. 176,

[2] Vgl. Lange, Generalklauseln und neues Recht, JW, 1933, S. 2858.

[3] Vgl. ZK - Zürcher Kommentar/Baumann, 3. Aufl., 1998 Band/Nr. I/1, Art. 2-A, Rn. 15.

第八章 概括条款的适用范例：权利滥用

无法调整的问题（如情势变更）。

图 8-1 展示的基本内容就是《瑞士民法典》第 2 条的基本思想。第 2 条的两个条款按照时间顺序贯穿法律关系的始终，也就是说第 2 条被区分为不同的阶段而分别适用：一是基本上所有的法律关系都要遵守第 2 条；二是在形成"法律上特别结合关系"之前的阶段或此类关系之外的阶段；三是法律关系存在期间；四是法律关系结束之后的阶段以及后续的影响；五是存在法律争议的阶段。[1]

《瑞士民法典》第 2 条是基本保护规范（Grundschutznorm）。在法律交往活动中（在需要法律解释的范围内）均要遵守诚实、忠诚和正确（Redlichkeit, Loyalität und Korrektheit）的伦理价值。自《瑞士民法典》生效以来，瑞士联邦最高法院一贯认为《瑞士民法典》第 2 条的意图是处理"公共秩序以及善良风俗"。这一目标的设定具有社会因素，信赖作为"社会黏合剂"在法律交易中毫无疑问应该受到保护。[2]

作为法典中规定的"公共秩序以及善良风俗"的基本保护规范，《瑞士民法典》第 2 条的首要目的就是保护诚实的行为，并且达到间接保护交易双方当事人的目的。这种思考方式通过借助例外规则以及辅助的方式来处理一些由普遍的法律规则所不能解决的难题，如是否必须以"特别结合的法律联系"为前提，如何既能阻止过度地摆脱制定法的约束，又能避免"对私人自治造成危险"。[3]

---

[1] Vgl. ZK - Zürcher Kommentar/Baumann, 3. Aufl., 1998 Band/Nr. I/1, Art. 2-A, Rn. 2.

[2] Vgl. ZK - Zürcher Kommentar/Baumann, 3. Aufl., 1998 Band/Nr. I/1, Art. 2-A, Rn. 3.

[3] Vgl. ZK - Zürcher Kommentar/Baumann, 3. Aufl., 1998 Band/Nr. I/1, Art. 2-A, Rn. 4.

正如道路交通法成为保护道路使用者必不可少的前提，人际交往也需要某些规则，否则就会陷入崩溃的状态。这些规则中的大多数并非由法律规定，而是包含在伦理、道德以及习惯之中。相对于车辆行驶的规则，对于法律相关的行为，《瑞士民法典》第2条就包含相关的规则，联邦法院最近将之称为"行为规范（Verhaltensnorm）"。[1]

　　如果要是出现欺骗、不遵守既定的承诺以及自相矛盾的行为，法律行为规则就会像交通规则一样，陷入崩溃。诚实、忠诚和正确在法律关系中具有相同的功能。这也就是为什么每个人都必须诚实地行使权利以及履行义务的原因。[2]

　　《瑞士民法典》第2条并非较高的伦理标准，只是遵守诚实、忠诚、正确的"行为规范"。《瑞士民法典》第2条也不是用来保护弱势群体的社会保护规范。恰恰相反，其是基于法政策的考量来缓和成文法的刚性。《瑞士民法典》第2条甚至没有要求个人在法律上具有相关性，仅仅是被视为"行为规则"。

　　事实上与通过沉默或容忍方式所表达的意思表示相比、与在合同中仅约定关键之点而忽略在通常情况下同样重要的其他规则相比、与由一方设定的只能由相对方整体接受的条件相比、与处于持续磋商但是没有达成一致协议的关系相比，表达明确以及相互一致的法律行为可能只占少数。在所有的合同要点达成一致之前，合同效力是不可能具备的，因此对于那些已经改变的或者被忽略的情形，要求法官进行评价。[3]

---

　　[1] Vgl. ZK – Zürcher Kommentar/Baumann, 3. Aufl., 1998 Band/Nr. I/1, Art. 2-A, Rn. 5.

　　[2] Vgl. ZK – Zürcher Kommentar/Baumann, 3. Aufl., 1998 Band/Nr. I/1, Art. 2-A, Rn. 6.

　　[3] Vgl. ZK – Zürcher Kommentar/Baumann, 3. Aufl., 1998 Band/Nr. I/1, Art. 2-A, Rn. 9.

第八章　概括条款的适用范例：权利滥用

《瑞士民法典》第 2 条规定的"行为规则特征"还解释了为什么不能对所要求的诚实、忠诚和正确性采取主观标准，而必须采取客观标准。不言而喻，在评估案件（如道路交通事故）时，必须考虑具体情况（交通状况）。《瑞士民法典》第 2 条在如下三大案例群中显得尤为重要，即：①在确立法律关系之前，特别是在缔约过失；②在所谓的附随义务方面——通常是交易各方不注意并且通常不知道的情况；③情势变更领域。

如此，在法律或合同上不受调整的领域，《瑞士民法典》第 2 条在这些领域中就显得尤为重要。《瑞士民法典》第 2 条规定了对于私法自由至关重要的规则。这不仅适用于法律和合同已经调整的领域，而且适用于此类规范产生之前，以及之后的相关行为。私人自治并不会受到《瑞士民法典》第 2 条的压制，反而是以本条为前提。《瑞士民法典》第 2 条旨在建立有效的法律体系。诚实信用只有在被理解为客观的行为规则，被理解为一般的行为和评价规范时才可达到该目的，其目的不是通过对双方实际的权利义务的极端化来危害法律关系，而是通过衡平的方式间接保护所有的交易参与者。[1]

2.《瑞士民法典》第 2 条两个条款之间的关系

首先，《瑞士民法典》第 2 条第 1 款是行为规范、授权规范、评价规范。其对于当事人来讲是行为规范，对于法官来讲是授权规范。法官必须基于诚实信用对相关行为进行评价。《瑞士民法典》第 2 条第 1 款除了是行为规范、授权规范之外，还是评价规范，就此而言，必须遵循相关的评价标准。评价规范的内容就是取决于法官如何依照诚信调整法律行为，就这一角度而言，并不存在其他可适用的规则。也就是说，《瑞士民法

---

[1] Vgl. ZK - Zürcher Kommentar/Baumann, 3. Aufl., 1998 Band/Nr. I/1, Art. 2-A, Rn. 13.

典》第 2 条第 1 款不包含可直接适用的可供裁判的法律规则：行为和评价规范并不能实际决定问题的解决。[1]

其次，关于《瑞士民法典》第 2 条第 2 款，情况则有所不同。该规范仅仅着眼于外部角度，从形式正义和实质正义的角度进行区分，在亚里士多德时代就已经存在。欧根·胡伯（Eugen Huber）警告，"正式的法律制度本身就是一件好事。法律秩序始终只是一种外部强迫或形式，但是只有当它真正起到保护作用，它才是好的。"也就是说，出于法律安定性的目的，形式的法律制度具有自身的价值，只有存在明显的权利滥用时，才会打破甚至修正形式上的法律制度。"如果在某些案件中，通过行驶的权利会产生明显不公正的结果，则第 2 款就会被作为案件的'紧急出口'"，甚至称第 2 条第 2 款为"紧急制动"。这也表明，权利滥用的适用始终是例外情形，在每个需要使用这一制度的案件中都必须检查其正当性。特别是要权衡法律安定性所表现出来的形式化法律价值。当且仅当适用形式上法律会导致明显违反"正义"时，才可以适用《瑞士民法典》第 2 条第 2 款"紧急制动"。从这个角度来讲，《瑞士民法典》第 2 条第 2 款也是作为评价标准，作为法律标准的指引。[2]

最后，在法律实践中，《瑞士民法典》第 2 条也已成为在侵权责任和合同责任之外的其他类型责任的基础，即对于没有明确的法律或合同依据的情形（比如缔约过失以及附随义务），或由于事实情况的变化而使现有规则过时的情况（情势变更），特别是对于那些既非侵权责任又非合同责任的过渡阶段的责任。

---

[1] Vgl. ZK - Zürcher Kommentar/Baumann, 3. Aufl., 1998 Band/Nr. I/1, Art. 2-A, Rn. 14.

[2] Vgl. ZK - Zürcher Kommentar/Baumann, 3. Aufl., 1998 Band/Nr. I/1, Art. 2-A, Rn. 14.

第八章　概括条款的适用范例：权利滥用

在这些领域中，《瑞士民法典》第 2 条是一项独立的实质性规范，用于规范法律或合同以外的相关行为。这种类型的"实质规范"可能与以下事实有关：社会变迁更加快速、更加多样化和更加复杂化。从体系上讲，实质性规范更适合安置在债法的一般规定中。由于缺少这一规定，《瑞士民法典》第 2 条承担了这一功能。正如道路交通规则既规范道路使用者的行为，同时也向警察提供有关如何处理交通规则的指示一样，作为一条实质规范，《瑞士民法典》第 2 条同样起着决定是否正义的功能。[1]

《瑞士民法典》第 2 条的调整范围为尚未产生的、不受既有法律或合同调整的，以及法律关系终结之后的一切法律关系。能够基于诚信原则推导出各种从属原则，以及实质规范。

《瑞士民法典》第 2 条第 1 款以及第 2 款具有不同的功能，第 1 款具有双重功能，解释以及补充功能，第 2 款承担修正任务。这种更为严格的表述优于默兹（Merz）的表述，默兹认为第 2 款具有"禁止权利滥用的个案纠正功能（Normberichtigenden Funktion des Rechtsmissbrauchsverbotes）"。禁止权利滥用必须被看作是个案相关的"紧急制动（Notbremse）"，起初并不是用来修正规范，而是限制个案相关的规则的适用：规范的突破在通常情况下并不等于规范修正。《瑞士民法典》第 2 条第 2 款一般不会因为某些类型的案件就使得民法规范无效，而只是指示法官考虑每种案件的具体情况。默兹指出："根据第 2 条作出的实质性裁判证实了法院的重大修正，即除了在适用法律或填补漏洞的情况下仍然可以进行修正。"只有在多次出现相同问题时，才能通过制定规则的形式进行实际的法律修正。因此，

---

〔1〕 Vgl. ZK – Zürcher Kommentar/Baumann, 3. Aufl., 1998 Band/Nr. I/1, Art. 2-A, Rn. 14.

《瑞士民法典》第2条第2款的"规范纠正"功能仅是次要的，个案修正功能才是其主要的规范目的。只有在通过解释、补充，以及个案中的修正仍然无法得出令人满意的结论时，第2条第2款才会作为修正规范出现，通过修正缺陷而使规范更为完善。[1]

《瑞士民法典》第2条第1款不仅是对任何人的行为规范，而且也是针对法官的裁判规范。这也就解释了为什么《瑞士民法典》第2条第1款不是直接适用，而是要求具体化或者使用诚实、忠诚以及准确作为具体个案的最低行为标准。从这个角度来看，第2条第1款称为"不完全的法律（lex imperfecta）"。程序性的规范不能直接决定实质问题的解决。相反《瑞士民法典》第2条第2款则包含了一个裁判规范，同时也是一个表现为实质性的禁止规范，能够被直接使用。其公开提及了权利滥用以及纠正权利滥用的效果，并且要求损害赔偿。泽勒（Zeller）承认禁止权利滥用为"有限的司法自主权"，尽管他混合了权利滥用的条件和后果。但是，在适用该原则的情况下，"限制"的仅仅是范围，并非在案例里的直接适用。[2]

如图8-2所示，[3]《瑞士民法典》第2条第1款和第2款之间的关系不完全是一一对应；第2款并非第1款的反面。第2条第1款诚实信用是对于任何人的一般性要求，而在特殊案例中，权利滥用规则被当作修正规范，也就是说既违反了诚信又满足了

---

[1] Vgl. ZK – Zürcher Kommentar/Baumann, 3. Aufl., 1998 Band/Nr. I/1, Art. 2-A, Rn. 21.

[2] Vgl. ZK – Zürcher Kommentar/Baumann, 3. Aufl., 1998 Band/Nr. I/1, Art. 2-A, Rn. 22.

[3] Vgl. ZK – Zürcher Kommentar/Baumann, 3. Aufl., 1998 Band/Nr. I/1, Art. 2-A, Rn. 23.

第八章　概括条款的适用范例：权利滥用

权利滥用的适用前提。[1] 解释性原则、基于第 2 条第 1 款对权利行使的限制、第 2 条第 2 款公开的滥用权利在形式上并没有很清楚的边界，只能借助案例群的方式以及联邦最高法院的具体化进行区分。

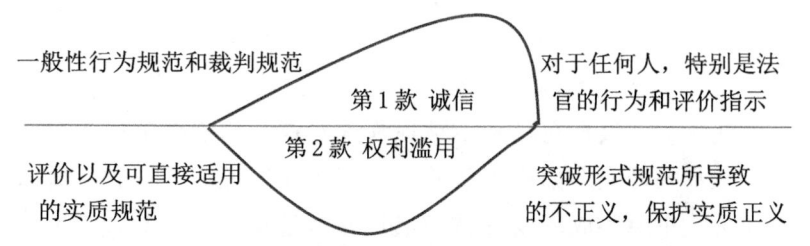

一般性行为规范和裁判规范　　　　　　对于任何人，特别是法
　　　　　　　　　第 1 款　诚信　　官的行为和评价指示
　　　　　　　　　第 2 款　权利滥用
评价以及可直接适用　　　　　　　　突破形式规范所导致
的实质规范　　　　　　　　　　　　的不正义，保护实质正义

图 8-2　《瑞士民法典》第 2 条第 1 款与第 2 款的关系

如果把《瑞士民法典》第 2 条理解为除了法律或合同之外（之前，之中，之后）的实质性规范，违反诚信的损害就是违法的。那么在凯勒（Keller）所列举的例子中，合同磋商阶段的信赖、信息说明义务，以及附随义务这些非合同法所调整的范围就是违法的。在这里，违反诚实信用确实是违法的，应承担责任。

如前所述，《瑞士民法典》第 2 条作为实质规范会导致另一个问题，即缔约过失责任到底是合同责任还是侵权责任，这个问题是个伪问题，实际上，没有必要确定缔约过失责任的法律性质，因为区分合同和非合同责任是无意义的。相反，要回答的不是法律性质的问题，而是磋商关系的前提条件以及损害赔偿的问题。

一般认为缔约过失责任是一种独立的责任，它以《瑞士民法典》第 2 条为基础。但是并没有充分的理由证明为什么要这

---

[1] Vgl. ZK - Zürcher Kommentar/Baumann, 3. Aufl., 1998 Band/Nr. I/1, Art. 2-A, Rn. 23.

样处理。这一理由恰恰是《瑞士民法典》第2条作为实质性规范的法律性质,它调整的是法律或合同没有涵盖以及不再调整的情形。在案件事实都处于无规范依据之中时,如果要消除法律上的不确定性,就必须依靠《瑞士民法典》第2条解决。《瑞士民法典》第2条的评价标准成为无规范状态的实质性规范和可依据的基础。[1]

3. 权利滥用的具体适用

实际上,只有在权利不被视为绝对权利的情况下,才存在滥用权利的可能。如果承认并且认识到超实证法的权利,那么在实证法中所形成的权利就会出现要么过于宽泛,要么过于狭窄的情形,进而导致在具体的适用中需要进行修正。实证法对于权利规定的两种情形都会促使法律确定性相对化,这也就是为什么权利滥用只有在严格限制的情况下才能适用。最后应当指出的是,对于权利滥用并没有普遍的规则。只要立法者没有作出限制或者没有落入《瑞士民法典》第2条第2款的调整范围,实证法所规定的主观权利基本上就可以自由行使。[2]

根据《荷兰民法典》"财产法通则"第13条第3款的规定,"某些权利根据其性质不可能构成权利滥用。"[3]对于一些高度人身化的权利不可能构成权利滥用。任何一个人在神职人员或者结婚登记机关之前没有说所期望的"是或者否",这和权利滥

---

[1] Vgl. ZK-Zürcher Kommentar/Baumann, 3. Aufl., 1998 Band/Nr. I/1, Art. 2-A, Rn. 25.

[2] Vgl. ZK-Zürcher Kommentar/Baumann, 3. Aufl., 1998 Band/Nr. I/1, Art. 2-A, Rn. 237.

[3] 《荷兰民法典》"财产法通则"第3条第1款,权利滥用的,不得主张其权利。第3条第2款,行使权利专以损害他人为目的,或者不符合授予其权利的目的,或者,考虑到行使权力的人的利益和受到损害的人的利益不成比例,按照诚实信用原则不能允许其行使权利的,属于权利滥用。

第八章 概括条款的适用范例：权利滥用

用没有关系，而仅仅是违背了《瑞士民法典》第 92 条以及第 93 条的婚约规定，应进行适当的损害赔偿。[1]

在下列情形下不构成权利滥用，即在法定权限内行使权利，且并不恶意损害他人为目的，比如行使优先购买权、居住权的继承顺序、解除权的行使等。[2]

最后需要注意的是，在许多情形下存在权利滥用的情形，法律已经以另一种方式对其进行了补救，而无须引用《瑞士民法典》第 2 条第 2 款。[3]权利滥用的界定标准可以分别从定量和定性两个角度进行讨论。[4]

从定量标准来看，适用权利滥用要求"明显地滥用权利"（《瑞士民法典》第 2 条第 2 款），即认为"权利行使超过必要的界限"（《西班牙民事民法典》第 7 条第 2 款），[5]或者存在严重的不成比例（《荷兰民法典》"财产法通则"第 13 条第 2 款）。瑞士联邦法院经常使用这种方法。定量方法理解的关键是完全缺失自身的合法权利，或者双方利益处于严重失衡状态。

从定性标准来看，通过规避法律以及合同的方式来行使权利是违反法律目的且需要被修正的。因此无论是立法者的客观目的，还是合同所设定的合同目的，需要区分是否被规避。对

---

[1] Vgl. BK-Berner Kommentar/Götz, 1978, Art. 92 und 93 ZGB.

[2] Vgl. ZK-Zürcher Kommentar/Baumann, 3. Aufl., 1998 Band/Nr. I/1, Art. 2-A, Rn. 239.

[3] 我国也有学者主张类似观点，详见茅少伟："《民法典》第 132 条（禁止权利滥用）评注"，载《中国应用法学》2023 年第 1 期。

[4] Vgl. ZK-Zürcher Kommentar/Baumann, 3. Aufl., 1998 Band/Nr. I/1, Art. 2-A, Rn. 241, Rn242.

[5]《西班牙民法典》第 7 条第 1 款，权利的形式应符合善意（la buena fe）的要求。第 7 条第 2 款，法律不保护滥用权利和反社会行使权利。任何行为或不行为的实现，由于其意图、目的或者情节，而明显超过权利正常行使的界限，对第三人造成损害的，将引起相应赔偿，以及采取司法或行政措施阻止滥用的持续。

经过法律论证的方式具体化为具体的法律制度。

1. 体现为价值的法理念

像正义、合目的性以及法律安定性被称为法律理念。[1] 在亚里士多德那里，正义被称为自然法。它是法律的终极目的。[2] 或者说它是形成命令以及禁止规范的理由。法理念相对于法律原则是属于更高范畴的概念。被描述为价值的法理念，[3] 具有更高程度的抽象性，因此如果要将其置于案件的适用中，必须将其具体化。诸如正义等法理念必须被具体化之后方能适用于个案中。否则就有使用空洞概念的危险，特别是"事物的本质"这一概念。

2. 法律原则

法律原则或者与其同义的一般法律思想很少被解释。拉伦茨认为法律原则基于它自身的说服力能够正当化个案判决，作为法官法规范形成的标准。但是这种观点是比较单薄的，并不能够在法理念与法律制度之间进行清楚的界分。

德沃金认为原则与规则不同，他将原则适用于论证个人权利的标准。在德沃金和埃塞尔的基础上，[4] 阿列克西发展出了基本权理论（Theorie der Grundrechte）。他严格区分原则与规则，规则的实现方式是全有全无（erfüllt oder nicht erfüllt），而原则并不能直接实现，必须与其他原则相权衡来实现。原则仅仅是最佳化命令，只能被不同程度地实现。原则具有具体化需要，因为它不能直接涵摄。在裁判中，原则仅仅是裁判的辅助，并

---

[1] Vgl. Radbruch, Grundzuge der Rechtsphilosophie, 8. Aufl., 1973, S.164ff.

[2] Vgl. Larenz, Richtiges Recht, 1979, S.33.

[3] Vgl. Fikentscher, Methoden des Rechts in vergleichender Darstellung, Bd. IV, Mohr Siebeck, 1977, S.394ff.

[4] Vgl. Esser, Grundsatz und Norm in der richterlichen Fortbildung des Privatrechts, 1956, S.39ff., 87ff.

不能直接给出裁判的解决方案。

法律原则的定义通常包括三个层次：

第一，法律原则（Rechtsgrundsätze 作为同义词使用）通常被局部规范化，但是一般情况下并非由立法者所调整。它们源于整个成文以及非成文的法律规范体系，而不仅仅是法律思想。

第二，它们具有一定程度的普遍性以及一般性。原则是法律的深层结构（Tiefenstrukturen des Rechts）。[1]原则具有规范意义上的效力，并具有推定性效力。

第三，法律原则通常不能涵摄适用，要求通过权衡的方式具体化或者形成规范予以适用。正如比德林斯基所说："原则是法律规则的指导思想以及正当化事由，并非实证法规范本身。"[2]

3. 作为法律规范的法律制度（Rechtsinstitute als Rechtssätze）

为了能在个案中适用，法律原则需要进一步具体化。[3]法律规范通过判决能够进一步形成法律制度，例如，强制缔约制度。法律制度在具体的司法适用中能够形成德沃金意义上的法律规则以及比德林斯基意义上的实证法规则。同时通过具体化过程，形成能够涵摄的有直接约束力的规则。比如基于德民第171条、第172条以及第405条所形成的"表象责任原则（Rechtsscheinhaftung）"。这一原则在"容忍代理以及表象代理（Duldungs-und Anscheinsvollmacht）"中得到了进一步的发展。

（二）从法律原则到法律制度

在原则被涵摄适用之前，必须进一步具体化。与原则相比，

---

[1] Vgl. Röhl/Röhl, AllgemeineRechtslehre, 3. Aufl., 2008, S. 283.

[2] Vgl. Bydlinski, Juristische Methoden lehre und Rechtsbegriff, 2. Aufl., Springer Verlag GmbH, 1991, S. 132.

[3] Vgl. Canaris, Die Feststellung von Lücken im Gesetz, 2. Aufl., Duncker & Humblot, 1983, S. 47 ff.

规则更具优先性。[1]因为法理念以及法律原则都是抽象的，如果没有具体化，就会流于表面论证。所以在原则适用于具体的案件之前，需要一些中间步骤。

正如前文所说，原则的具体化必须通过权衡来实现。宪法中的基本权就是原则。比如为了能够具体化宪法中的基本权，民事判决发展出了大量的中间步骤。也就是说，经常处理的是实际上相互冲突的基本权。在这些情形中，具体化是"水平导向（horizontal）"，因为体现为基本权的原则是处于同一层次的。

一般法律原则具体化的过程，就是从一般到特殊，最终形成新的法律规范。在理想的情况下，可以形成带有明确构成要件的法律制度。具体化是"垂直导向（vertikal）"，从法律原则层面到法律制度层面。通过法律原则形成的法律规范常常结合了多种不同的法律思想。[2]新形成的法律制度通过判决形成的案例群以及类似构成要件来实现具体化。例如，本书第一章提及的行为基础丧失理论（情势变更）。情势变更松动了合同必须严守的原则（pacta sunt servanda）。在法典编纂时期，由于不确定性，立法者故意没有在法典中规定这一制度。但是第一次世界大战之后出现的经济危机，帝国法院判决修正了合同。在一开始的时候，法院判决援引履行不能或者经济上的履行不能（Unmöglichkeit bzw. wirtschaftliche Unmöglichkeit），后来奥特曼基于诚信逐渐发展出了行为基础丧失理论。[3]随着时间的变迁，

---

[1] Vgl. Wolf/Neuner, Allgemeiner Teil des Bürgerlichen Rechts, 11. Aufl., 2016, §4, Rn. 51.

[2] 比如私法自治就包含了自我决定、自我负责以及自我保护（Selbstbestimmung, Selbstverantwortung und den Vertrauens schutz）。Vgl. Canaris, Systemdenken und Systembegriffin der Jurisprudenz, 2. Aufl., Duncker & Humblot, 1983, S. 50f.

[3] Vgl. Oertmann, Die Geschäftsgrundlage: Ein neuer Rechtsbegriff, Deichert [u. a.], 1921; ders, Doppelseitiger Irrtum beim Vertragsschlusse, AcP117 (1919), S. 275ff.

判决和文献逐渐在德民第 242 条的框架内发展出单独的案例类型，如等价障碍（Äquivalenzstörung）、使用目的障碍（Störung des Verwendungszweckes）、共同的动机错误（gemeinschaftlichen Motivirrtum）以及类似的构成要件：其一，行为基础必须在本质上改变；其二，风险并非由一方承担而是由双方承担；[1]其三，风险并不能被双方预见。[2]

总之，从一般到特殊的涵摄，能够通过案例群以及类似构成要件的方式来实现。关于法理念、法律原则以及法律制度如表 8-2 所示。[3]

表 8-2

法律理念	合目的性、正义以及法律安定性等
法律原则	私法自治、合同自由等
法律制度	如行为基础丧失理论（情势变更）

二、权利滥用制度的产生

如本章第一节的考察，在我国权利滥用是基于诚信而产生，[4]通常被认为是诚信的具体化，[5]在衡量权利是否滥用时，应围绕诚信展开。[6]诚信作为典型的概括条款，在具体化

---

[1] Vgl. HKK/Meyer-Pritzl, Bard Ⅱ, 2007, §§ 313-314, Rn. 61 ff.

[2] Vgl. MünchKomm/Finkenauer, 6. Aufl., 2012, §313, Rn. 56.

[3] 参见［德］托马斯·M. J. 默勒斯：《法学方法论》（第 4 版），杜志浩译，北京大学出版社 2022 年版，第 498 页。

[4] 理论上也有人具体主张。施启扬：《民法总则》（修订第八版），中国法制出版社 2010 年版，第 363 页。

[5] 参见王泽鉴："举重明轻、衡平原则与类推适用"，载《民法学说与判例研究》（第八册），北京大学出版社 2019 年版，第 5 页。

[6] 参见陈甦主编：《民法总则评注》（下册），法律出版社 2017 年版，第 910 页。

的过程中，主要被区分为两大功能范围：一是补充性功能；二是广义上的修正功能。在修正功能中，又可以区分为限制功能以及修正功能。禁止权利滥用产生于诚信的修正功能，准确地讲是限制性的修正功能。

首先权利滥用的前提是存在权利，只有在行使权利的时候超出必要的界限，才能称为权利滥用。[1]权利行使代表的是法律安定性这一法理念，体现的是私人自治这一民法的基本原则。而对其限制体现的是正义这一法理念，所体现的是保护公共利益或者保护第三人的信赖，这一原则的功能在于按照一定的标准限制私人自治。当然意思自治原则还是优先于其他的原则。这也就是为什么瑞士民法对于权利滥用的要求是个案式的。

德国学者莱嫩（D. Leenen）特别强调，原则都只具有价值内容，要更进一步具体化这些法律原则或法律思想时，就必须开始建立案例群，在案例群建立的阶段形成构成要件，引导这些原则的具体化。[2]由于原则不能够直接适用，对于原则通过权衡方式所得出的规则均是通过概括条款来实现的。正如本书第五章对于概括条款价值属性的介绍，概括条款作为能够直接适用的法律规范，它连接着法典的内与外，是基本原则用于司法实践的规范依据。就此而言，我国《民法典》第132条权利滥用制度的形成遵循如图8-3的具体化过程：法律理念—法律原则—法律制度。

---

[1] 参见梁慧星：《民法总论》（第五版），法律出版社2017年版，第51页。
[2] Vgl. Leenen, Typus und Rechtsfindung, Duncker & Humblot, 1971, S. 67.

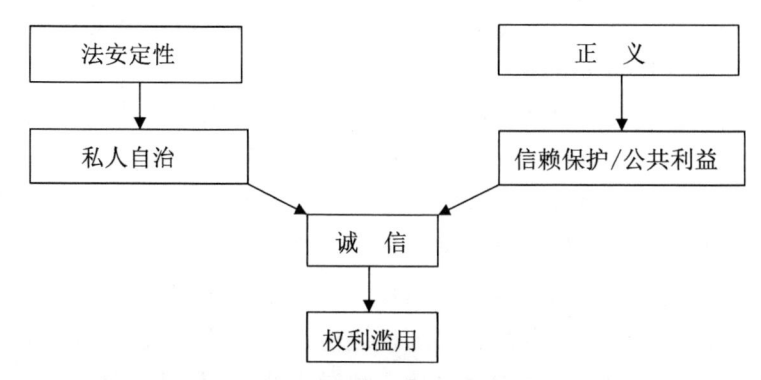

第八章　概括条款的适用范例：权利滥用

图 8-3　权利滥用制度形成的具体化过程

虽然《民法典》第 132 条规定了禁止权利滥用制度，但是禁止权利滥用制度不属于民法的基本原则，也并非普通的法律规则，[1]而是具有概括条款的属性，[2]一是因为其并无明确的识别标准（如权利滥用的主观判断标准不明、利益失衡作为标准还有待进一步说明、是否需要实际损害存在不同认识等问题）；二是对于权利滥用的案例类型尚缺乏进一步的整理。虽然权利滥用制度已经为我国民法所明确规定，但是并非像其他的法律规则一样，能够直接涵摄适用。因此，若要具体化权利滥用这一抽象的规范，就必须考察司法实践中大量的案例。

第三节　权利滥用制度的进一步类型化

权利滥用制度在我国是法官法的产物，虽然现在已为我国立法所明确承认，但形成权利滥用制度本身还仅停留在较为抽

---

[1] 参见刘权："权利滥用、权利边界与比例原则——从《民法典》第 132 条切入"，载《法制与社会发展》2021 年第 3 期。
[2] 参见钱玉林："禁止权利滥用的法理分析"，载《现代法学》2002 年第 1 期。

象的层次,也就是说《民法典》所规定的权利滥用制度具有相当程度地具体化空间。

关于权利滥用具体化的类型。如史尚宽先生在其《民法总论》中对权利滥用列出了十多种类型:欠缺正当利益之权利行使、为获取不当利益之权利行使、依侵权行为之权利行使、超过可忍受程度的损害之权利行使、亲属间不当之权利行使、所有权之滥用、工作物设置之滥用、地下水利用权之滥用、流水使用权之滥用、侵害排除请求权之滥用、土地承租人妨碍排除请求权之滥用、形成权之滥用、抗辩权之滥用、代表权与代理权之滥用、诉权之滥用、身份权之滥用、公司法上之滥用、劳工法上之滥用、诉权之滥用等情形。[1]在《民法典》通过实施之前,有的学者通过总结司法实务中的裁判也将权利滥用的情形分为九大类:行使权利无依据或无法律行为依据、超越范围行使权利、权利行使违反法律或法律行为的限制、行使损害赔偿请求权要求过高赔偿、以侵犯他人权利的方式或超过必要限度行使权利、悖于他人正当信赖的权利行使、权利之行使损及他人利益、权利之行使客观上无法实现而仍主张权利、权利之行使与公共利益相冲突。[2]

关于权利滥用的标准,虽然学界对此争议不休,但是基本形成了较为一致的意见:[3]首先,必须具备权利外观,以及存在两项对立的利益主张可供权衡。[4]在具体的认定上,要求权

---

[1] 史尚宽:《民法总论》,中国政法大学出版社2000年版,第718—732页。

[2] 李敏:"我国民法上的禁止权利滥用规范——兼评《民法总则》第132条",载《法律科学(西北政法大学学报)》2018年第5期。

[3] 参见王利明:"论禁止权利滥用——兼评《总则编解释》第3条",载《中国法律评论》2022年第3期。

[4] 参见彭诚信:"论禁止权利滥用原则的法律适用",载《中国法学》2018年第3期。

第八章　概括条款的适用范例：权利滥用

利人具备权利滥用的恶意或者过失。其次，存在超出正当权利行使的范围、方式、期间等权利滥用行为。最后，权利之行使造成权利人所获利益与他人所受损失存在严重失衡。[1]具体表现为五大类：第一类是行使权利对自己无实益，却给他人带来不利益的；第二类是行使权利对自己有实益，但远小于给他人带来的不利益；第三类是权利行使违背权利人此前透过意思表示或其他行为而显示的意愿；第四类是权利人在取得或行使权利时，以损害他人为主要目的。以上观点部分也被2022年3月1日施行的《最高人民法院关于适用〈中华人民共和国民法典〉总则编若干问题的解释》第3条所明确承认，同时该条除了在第2款规定了一种典型的权利滥用情形之外，还在第1款规定了动态系统论和民事权益位阶作为认定权利滥用的补偿方式。[2]根据如上标准，本书以我国的实务案例为素材，对于权利滥用的一种子类型"欠缺正当利益之权利行使"[3]为例对权利滥用的具体化过程进行展示。

一、个案规范的获取

在个案获取过程中，此处遵循第七章提到的"进路一：指导案例"途径。在"欠缺正当利益之权利行使"这类权利滥用类型中，首先可以找到对于此种案情的指导案例，即最高人民法院2017年发布的第16批指导案例第82号："王某诉深圳歌力思服饰股份有限公司、杭州银泰世纪百货有限公司侵害商标权

---

[1] 参见彭诚信："论禁止权利滥用原则的法律适用"，载《中国法学》2018年第3期。

[2] 参见陈甦主编：《民法总则评注》（下册），法律出版社2017年版，第910页。

[3] 史尚宽先生称之为"欠缺正当利益之权利行使"；李敏教授称之为"行使权利无依据或无法律行为依据"。

纠纷案"。[1]

(一) 本案的基本案情

深圳歌力思服装实业有限公司成立于1999年6月8日。2008年12月18日，该公司通过受让方式取得第1348583号"歌力思"商标，该商标核定使用于第25类的服装等商品之上，核准注册于1999年12月。2009年11月19日，该商标经核准续展注册，有效期自2009年12月28日至2019年12月27日。深圳歌力思服装实业有限公司还是第4225104号"ELLASSAY"的商标注册人。该商标核定使用商品为第18类的（动物）皮；钱包；旅行包；文件夹（皮革制）；皮制带子；裘皮；伞；手杖；手提包；购物袋。注册有效期限自2008年4月14日至2018年4月13日。2011年11月4日，深圳歌力思服装实业有限公司更名为深圳歌力思服饰股份有限公司（以下简称歌力思公司，即本案一审被告人）。2012年3月1日，上述"歌力思"商标的注册人相应变更为歌力思公司。

一审原告人王某于2011年6月申请注册了第7925873号"歌力思"商标，该商标核定使用商品为第18类的钱包、手提包等。王某还曾于2004年7月7日申请注册第4157840号"歌力思及图"商标。后因北京市高级人民法院于2014年4月2日作出的二审判决认定，该商标损害了歌力思公司的关联企业歌力思投资管理有限公司的在先字号权，因此不应予以核准注册。

自2011年9月起，王某先后在杭州、南京、上海、福州等地的"ELLASSAY"专柜，通过公证程序购买了带有"品牌中文名：歌力思，品牌英文名：ELLASSAY"字样吊牌的皮包。2012年3月7日，王某以歌力思公司及杭州银泰世纪百货有限

---

[1] 最高人民法院（2014）民提字第24号民事判决书。

第八章　概括条款的适用范例：权利滥用

公司生产、销售上述皮包的行为构成对王某拥有的"歌力思"商标、"歌力思及图"商标权的侵害为由，提起诉讼。

（二）本案的裁判理由

法院生效裁判认为，诚实信用原则是一切市场活动参与者所应遵循的基本准则。一方面，它鼓励和支持人们通过诚实劳动积累社会财富和创造社会价值，并保护在此基础上形成的财产性权益，以及基于合法、正当的目的支配该财产性权益的自由和权利；另一方面，它又要求人们在市场活动中讲究信用、诚实不欺，在不损害他人合法利益、社会公共利益和市场秩序的前提下追求自己的利益。民事诉讼活动同样应当遵循诚实信用原则。一方面，它保障当事人有权在法律规定的范围内行使和处分自己的民事权利和诉讼权利；另一方面，它又要求当事人在不损害他人和社会公共利益的前提下，善意、审慎地行使自己的权利。任何违背法律目的和精神，以损害他人正当权益为目的，恶意取得并行使权利、扰乱市场正当竞争秩序的行为均属于权利滥用，其相关权利主张不应得到法律的保护和支持。首先，歌力思公司拥有合法的在先权利基础。其次，歌力思公司在本案中的使用行为系基于合法的权利基础，使用方式和行为性质均具有正当性。最后，王某取得和行使"歌力思"商标权的行为难谓正当。王某以非善意取得的商标权对歌力思公司的正当使用行为提起的侵权之诉，构成权利滥用。

（三）本案的裁判规则

"当事人违反诚实信用原则，损害他人合法权益，人民法院应当以构成权利滥用为由，判决对其诉讼请求不予支持。"在此案中，法官具体化诚信以及权利滥用的来源为"扰乱市场正当竞争秩序，恶意取得、行使商标权并主张他人侵权"等因素，经过上述三点理由的充分论证，得出了此行为构成权利滥用。

二、案例群的形成

依前文所述,指导案例形成的判决结果具有推定的拘束力。"王某诉深圳歌力思服饰股份有限公司、杭州银泰世纪百货有限公司侵害商标权纠纷案"作为指导案例,所形成的裁判结论为"欠缺正当利益之权利行使(无法律依据或法律行为依据),则构成权利滥用。"要从单个的指导案例发展成为案例群,甚至形成案例类型,尚需要大量的案例作为支撑。形成案例群甚至案例类型的前提是大量的案例裁判与此处的指导性案例相比较,能够实现同案同判。

(一)案例素材的找寻

笔者在无讼案例数据库以"权利滥用"为关键词检索,筛选出如下案例作为分析的素材。[1]在此处本书主要以最高院以及高级人民法院的判决书为样本,例外涉及中级人民法院以及基层人民法院的案例,来找寻与前文指导性案例的裁判观点相类似裁判的案例作为分析的素材。

表 8–3

编号	案件事实	法律后果
1	被诉侵权产品是否属于制鞋机械;钜强公司是否侵害林某的"钜钢 STEELKING""STEELKING"注册商标专用权。[2]	因林某未使用其注册商标生产产品,故上述注册商标尚未切实发挥识别作用,钜强公司不具有攀附林某注册商标的主观意图,

---

[1] 此处仅选取"无权行为"这类的权利滥用行为(最后检索日期为2022年2月18日)。

[2] 最高人民法院(2015)民提字第49号民事判决书。

第八章　概括条款的适用范例：权利滥用

续表

编号	案件事实	法律后果
2（续）		亦不会使相关公众对产品的来源产生混淆和误认。一审、二审判决认定钜强公司侵害林某"钜钢 STEELKING""STEELKING"注册商标专用权，并判令钜强公司承担相应的侵权责任不当，本院予以纠正。对于林某的相关诉讼请求，本院不予支持。
2	指南针公司、中唯公司以不正当方式取得商标权后，目标明确指向优衣库公司等，意图将该商标高价转让，在未能成功转让该商标后，又分别以优衣库公司、案外人迅销公司及其各自门店侵害该商标专用权为由，以基本相同的事实提起系列诉讼，在每个案件中均以优衣库公司或迅销公司及作为其门店的一家分公司作为共同被告起诉，利用优衣库公司门店众多的特点，形成全国范围内的批量诉讼，请求法院判令优衣库公司及其众多门店停止使用并索取赔偿。[1]	本院认为主观恶意明显，其行为明显违反诚实信用原则，对其借用司法资源以商标权谋取不正当利益之行为，本院依法不予保护；优衣库公司关于指南针公司、中唯公司恶意诉讼的抗辩成立，予以支持。二审法院虽然考虑了指南针公司、中唯公司之恶意，判令不支持其索赔请求，但对其是否诚实信用行使商标权，未进行全面考虑，适用法律有所不当，本院予以纠正。

[1] 最高人民法院（2018）最高法民再380号民事判决书。

续表

编号	案件事实	法律后果
3	中兴达公司仅凭不知具体内容的《外观设计专利权评价报告》再次起诉金富元厂侵犯其专利权;在收到金富元厂提交的现有设计抗辩证据后,又再次撤回起诉,难谓行使诉权已尽善意、审慎之义务,属于对其诉权的滥用,损害了金富元厂的合法权益,依法应当承担相应的民事责任。[1]	一审法院对此项认定事实清楚,适用法律基本正确,本院予以维持。二审法院认为判断专利恶意诉讼的关键在于专利权人是否明知其专利权属于现有技术或者现有设计,进而认为中兴达公司的诉讼行为不构成恶意诉讼,并未考虑中兴达公司明知金富元厂不构成侵犯专利权仍继续起诉滥用诉权之情形,适用法律错误,本院依法予以纠正。
4	比特公司提起第57号诉讼是否构成恶意提起知识产权诉讼;本院认为,恶意提起知识产权诉讼是指行为人明知自己提起知识产权诉讼无事实或者法律依据,仍以损害他人合法权益或者获取非法利益为目的,故意针对他人提起知识产权诉讼,造成他人损害的行为。比特公司提起第57号诉讼是否构成恶意诉讼,取决于该诉讼是否符合恶意提起知识产权诉讼的构成要件。[2]	综上,比特公司在明知TELEMATRIX商标系抢注他人在先使用并有一定影响的商标情况下,以损害中讯公司合法权益和获取非法利益为目的,提起第57号诉讼,符合恶意提起知识产权诉讼的构成要件,已构成恶意诉讼。

---

[1] 最高人民法院(2018)最高法民再388号民事判决书。
[2] 北京知识产权法院(2017)京73民终2052号民事判决书。

第八章 概括条款的适用范例：权利滥用

续表

编号	案件事实	法律后果
5	天津首创置业公司在本案中使用"爱这城"文字的行为，主观上不具有攀附涉案注册商标商誉的意图，客观上也不会使相关公众对正确识别相关服务来源形成障碍，北京盘古博瑞公司以非善意取得的商标权对天津首创置业公司的使用行为提起的侵权之诉，构成权利滥用，北京盘古博瑞公司主张天津首创置业公司在本案中使用"爱这城"文字的行为构成《商标法》第57条规定的侵犯注册商标专用权行为的诉讼请求，无事实和法律依据，不应得到支持。[1]	驳回
6	汉威公司使用"鹿鸣湖壹号"作为楼盘名称的行为是否侵害了同盈五金厂享有的注册商标专用权；汉威公司在本案中使用"鹿鸣湖壹号"文字的行为，主观上不具有攀附涉案注册商标商誉的意图，客观上也不会使相关公众对正确识别相关服务来源形成障碍，其使用"鹿鸣湖壹号"作为楼盘名称构成对同盈五金厂注册商标专用权的在先权利。根据《商标法》第32条的规定，申请商标注册不得损害他人现有的在先权利。汉威公司的行为属于对在先权利的合理行使，不构成对同盈五金厂注册商标专用权的侵权。汉威公司关于使用"鹿鸣湖壹号"作为楼盘名称构成在先权利的抗辩意见，予以采纳。同盈五金厂关于汉威公司的行为构成商标侵权的主张，缺乏事实和法律依据，不予支持。由于同盈五金厂	驳回

---

[1] 天津市高级人民法院（2018）津民终114号民事判决书。

续表

编号	案件事实	法律后果
	主张汉威公司在本案中使用"鹿鸣湖壹号"文字的行为构成侵犯注册商标专用权行为的诉讼请求不成立,因此,汉威公司无需承担相应的民事责任。[1]	
7	共利公司在明知"CPU"系行业内通用名称的情况下,仍将其申请注册为商标,并对科顺公司恶意提起商标侵权诉讼以及向工商行政部门恶意投诉,致使科顺公司在共利公司的恶意维权中遭受经济损失,应当承担侵权责任。[2]	本院认为,诚实信用原则是一切市场活动参与者所应遵循的基本准则。民事诉讼活动同样应当遵循诚实信用原则。一方面,它保障当事人有权在法律规定的范围内行使和处分自己的民事权利和诉讼权利;另一方面,它又要求当事人在不损害他人和社会公共利益的前提下,善意、审慎地行使自己的权利。任何违背法律目的和精神,以损害他人正当权益为目的,恶意取得并行使权利、扰乱市场正当竞争秩序的行为均属于权利滥用,其由此给他人造成的损失应当予以赔偿。

---

[1] 河南省高级人民法院(2018)豫民终1166号民事判决书。
[2] 浙江省高级人民法院(2018)浙民终37号民事判决书。

第八章　概括条款的适用范例：权利滥用

（二）类似性判断

"王某诉深圳歌力思服饰股份有限公司、杭州银泰世纪百货有限公司侵害商标权纠纷案"作为指导性案例，它的核心争议点为王某对于涉案的商标没有所有权，以此形成的个案裁判结论属于"行使权利没有依据（法律依据或法律行为依据）型权利滥用。"

编号1案例：钜强公司并没有侵害林某的"钜钢 STEELKING""STEELKING"注册商标专用权，因为林某并没有涉案商标的独占权利，所以林某要求钜强公司停止使用并赔偿的请求属于无权行为。

编号2案例：指南针公司、中唯公司以不正当方式取得商标权后，目标明确指向优衣库公司等，意图将该商标高价转让，在转让不成之后，又发起系列诉讼，其以不正当方式所获取的商标权首先构成无权行为。

编号3案例：中兴达公司对于涉案专利权并无独占的所有权，因此并无权利要求对方公司停止使用，同样属于无权行为。

编号4案例：比特公司在明知 TELEMATRIX 商标系抢注他人在先使用并有一定影响的商标情况下，以损害中讯公司合法权益和获取非法利益为目的，提起第57号诉讼，符合恶意提起知识产权诉讼的构成要件，已构成恶意诉讼。但是其本质上不具备此商标的所有权归属，对于此商标的一系列权利行为均属无权行为。

编号5案例：北京盘古博瑞公司以非善意取得的商标权对天津首创置业公司的使用行为提起的侵权之诉，构成无权行为型的权利滥用。

编号6案例：汉威公司的行为属于对在先权利的合理行使，不构成对同盈五金厂注册商标专用权的侵权。因此，同盈五金厂要求汉威公司停止使用的行为构成无权行为。

编号 7 案例：共利公司在明知"CPU"系行业内通用名称的情况下，仍将其申请注册为商标，并对科顺公司恶意提起商标侵权诉讼以及向工商行政部门恶意投诉，致使科顺公司在共利公司的恶意维权中遭受经济损失，应当承担侵权责任。共利公司申请商标这一行为明显属于无权行为。

关于《民法典》第 132 条权利滥用的进一步具体化示例，可用"无权行为"这一类型予以展示。指导性案例所提出的关于"无权行为"的关键要点以及裁判结论作为个案裁判，是案例群形成的基础案例。

（三）形成替代性构成要件

1."无权型"权利滥用的构成要件

经过对上述指导案例所展现出来的裁判观点以及针对类似情形所形成的案例群，对于"无权行为型"的权利滥用可以抽象出如下的替代性构成要件。

首先，行为人提起诉讼无事实或者法律依据。常常表现为行为人没有权利（如编号 1 案例）或者行为人虽然享有形式上"合法"的权利，但因该权利系恶意取得等多种原因而不具有实质上的正当性（如编号 4 案例）。

其次，行为人提起诉讼主观上具有恶意。行为人的恶意表现为两个方面：①认识因素。即行为人提起诉讼时，要明知其提起的诉讼无事实或者法律依据。在行为人恶意取得权利的情况下，尤其要明知其取得的权利不具有实质上的正当性。②目的因素。即行为人提起诉讼要以损害他人合法权益或者获取非法利益为目的。判断行为人恶意的时间节点是行为人提起诉讼时。在行为人恶意取得权利的情况下，其取得权利时的恶意，自然可以作为认定其提起诉讼时具有恶意的依据。这是因为行

第八章　概括条款的适用范例：权利滥用

为人明知其获得权利不具有实质上的正当性，而有意提起诉讼，损害他人合法权益或者获取非法利益，其提起诉讼时主观上必然是恶意的。因此，如果行为人在恶意取得权利后，以损害他人合法权益或者获取非法利益为目的提起诉讼，就可以直接判定行为人在提起诉讼时具有恶意。

最后，行为人恶意提起诉讼给他人造成了损失，且损失与行为人恶意提起诉讼具有因果关系。

2. "欠缺正当利益之权利行使"构成要件的适用例证

以编号 4 案例为例来说明上述替代性构成要件的适用。比特公司提起第 57 号诉讼符合恶意提起知识产权诉讼的构成要件，构成恶意提起知识产权诉讼。

首先，比特公司提起第 57 号诉讼不具有实质上正当的权利基础。比特公司提起第 57 号诉讼时，虽然表面上拥有 TELEMATRIX 商标权，但该商标权是比特公司"以不正当手段抢先注册他人已经使用并有一定影响的商标"而取得的，其并不享有实质上正当的权利基础。国家商评委 2013 年 7 月 22 日作出第 23303 号争议裁定书，裁定争议 TELEMATRIX 商标予以撤销。上述裁定亦得到了北京一中院第 2956 号行政判决书、北京高院第 799 号行政判决书以及最高人民法院第 93 号行政裁定书的维持。《中华人民共和国商标法实施条例》（2002 年施行）第 36 条第 1 款规定，依照《商标法》第 41 条的规定撤销的注册商标，其商标专用权视为自始即不存在。因此，比特公司提起第 57 号诉讼时实质上并不享有 TELEMATRIX 商标权。

其次，比特公司提起第 57 号诉讼时主观上具有恶意。比特公司在申请注册 TELEMATRIX 商标时具有恶意。相关生效裁判均已认定，比特公司违反《商标法》第 31 条的规定，TELEMATRIX 商标系以不正当手段抢先注册他人已经使用并有一定影响

· 311 ·

的商标,也即比特公司在申请注册时,已经明知 TELEMATRIX 商标系他人已经使用并有一定影响的商标,自己是以不正当手段予以抢注,具有恶意。客观上,比特公司作为相关行业的经营者,对 TELEMATRIX 商标具有较高知名度和影响力确实知晓。比特公司应当预知其以不正当手段抢注 TELEMATRIX 商标违反《商标法》第 31 条的规定,属于可被依法撤销的情形。事实也证明,比特公司抢注的 TELEMATRIX 商标因违反《商标法》第 31 条的规定,最终于 2013 年 7 月 22 日被国家商评委第 23303 号争议裁定书撤销。

最后,比特公司提起第 57 号诉讼造成了中讯公司的损失,且该损失与其提起第 57 号诉讼具有因果关系。中讯公司提交的相关证据,证明因第 57 号诉讼该公司被迫停止生产、销售 TELEMATRIX 商标产品的活动,丧失了相关交易机会,被迫更换生产模具,报废相关物料,造成物料和人工损失。中讯公司还因本案应诉支出了 10 万元律师费。显然,比特公司提起的第 57 号诉讼造成了中讯公司的损失,且该损失与第 57 号诉讼具有因果关系。

结　论　方法论的多元谱系

　　法学方法论的核心在于探究法律问题的推理方式，在成文法体系国家，着眼点就是探讨法律规范的适用方法。在民法中，表述立法者目的的规范形式有三种：法律规则、概括条款、法律原则。但是法律原则作为价值理念性的宣示条款，无法直接适用，其在民事司法实务中的贯彻落实只能以法律规则与概括条款作为规范依据；法律规则是立法者对于基本原则经过立法权衡后的明确表述，是具有定论性质的刚性规则；而概括条款是立法者对于需要在未来进行基本原则权衡的规范预留，连接着法典内外，具有兜底性质。

　　概括条款是对于成文法立法的一大贡献。如果成文法中欠缺概括条款之明确规定，法官对于创设法律之义务，限制当事人行使权利将更为抽象。而概括条款可以使法官基于公平正义之理念，随时介入调整私人之间的权利义务关系。

　　虽然可以直接涵摄适用的普通法律规范与需要价值填充的概括条款都是立法者实现立法目的的工具，但是二者在规范实现路径上存在明显不同。法律规则的方法论适用具有法律解释、类推、目的性限缩等一整套较为成熟的适用方法；而概括条款就其条文本身来讲，并不具有直接而实质的规范性，即具有高度的抽象性、不确定性以及普遍性，其本身并不具备确定的内涵外延，所以在法律无明确之规定，或法律明确之规定并不符合个案需求时，法律适用者经常能倚赖概括条款的这一项特性作出合适的法律决定，因此在方法论适用上，应持开放立场。

在民法方法论的研究过程中，应坚持多维体系，一方面要研究既有的法律规则的适用，如法律解释的各种解释方法、适用顺序以及类推、目的性限缩等各种漏洞填补方法。另一方面对作为"法内漏洞"的概括条款的研究也不可偏废，这同样是民法学规范体系的重要组成部分。前者对于法律规则的系统研究，可以称为纯粹法教义学的研究；对于概括条款的研究可以称为民法哲学研究，因为需要权衡各种法价值并得出结论。

概括条款的优点是，在法律规范尚未修订时，得以弹性适用社会变迁的需求，其缺点是不明确性，可能给予法官过大的裁量空间，而使法律丧失明确性。作为具备准立法性质的概括条款，法官须依立法者授权而填补条款的空白，概括条款方法论适用，首先应将其具体化，但是在具体化的过程中需要审酌各种不同的法律原则并授权法官考量价值原则的观点，因此可能存在不同的结果，要求法官必须遵循严格的法律论证程序得出初始判决。然后从现有的判决出发，归纳出同样类型的判决，针对其所涉及问题予以个别分类，并且分析各类型的要件、法律效果以及判断基准，通过案例群将其类型化，为法官提供一套得以操作的标准。上述从具体化到类型化的全过程同时也是个人主义与社会化之间的实质冲突、形式理性与实践理性之间的形式冲突、法官拘束与法官自由之间的制度冲突。在这三大对立观念不断的冲突、权衡以及妥协之下，民法才呈现出从近代民法向现代民法的转变。

基于概括条款的脉络发展可以看出，社会的不断变迁以及对于新制度的需要通常都是"隐藏"于概括条款之下，或以概括条款作为规范基础，待发展较为成熟的时候，由立法者明文在法典中加以规定。概括条款的最终确立是立法、法官以及学者三方共同协力的结果。法典为概括条款的确立奠定了规范基础，法官通过不同的个案事实不断地赋予概括条款新的内涵，而学者持续地为其提供学理上的论证。可以说在法典化国家，社会的不断发展变迁是概括条款得以持续存在的根源，对于概括条款的发展只有进行时，没有完成时。

参考文献

一、中文类
（一）专著

［1］史尚宽：《民法总论》，中国政法大学出版社2000年版。
［2］梁慧星：《民法总论》（第五版），法律出版社2017年版。
［3］梁慧星：《民法解释学》（第五版），法律出版社2022年版。
［4］徐国栋：《民法基本原则解释：诚信原则的历史、实务、法理研究》（再造版），北京大学出版社2013年版。
［5］于飞：《公序良俗原则研究——以基本原则的具体化为中心》，北京大学出版社2006年版。
［6］王利明：《法律解释学导论——以民法为视角》（第2版），法律出版社2017年版。
［7］王利明：《民法总则研究》（第二版），中国人民大学出版社2012年版。
［8］屈茂辉：《民法引论》，商务印书馆2014年版。
［9］王泽鉴：《民法总则》，北京大学出版社2009年版。
［10］朱庆育：《民法总论》（第二版），北京大学出版社2016年版。
［11］钟瑞栋：《民法中的强制性规范——公法与私法"接轨"的规范配置问题》，法律出版社2009年版。
［12］雷磊：《规范、逻辑与法律论证》，中国政法大学出版社2016年版。
［13］雷磊：《类比法律论证——以德国学说为出发点》，中国政法大学出版社2011年版。
［14］黄茂荣：《法学方法与现代民法》（第五版），法律出版社2007年版。

［15］吴从周：《概念法学、利益法学与价值法学：探索一部民法方法论的演变史》，中国法制出版社 2011 年版。

［16］李敏：《民法法源论》，法律出版社 2020 年版。

［17］朱广新：《合同法总则研究》（上册），中国人民大学出版社 2018 年版。

［18］施启扬：《民法总则》（修订第八版），中国法制出版社 2010 年版。

［19］颜厥安：《法与实践理性》，中国政法大学出版社 2003 年版。

［20］黄舒芃：《变迁社会中的法学方法》，元照出版有限公司 2009 年版。

［21］朱虎：《规制法与侵权法》，中国人民大学出版社 2018 年版。

［22］石佳友：《民法典与社会转型》，中国人民大学出版社 2018 年版。

［23］李宇：《民法总则要义：规范释论与判解集注》，法律出版社 2017 年版。

［24］陈甦主编：《民法总则评注》（下册），法律出版社 2017 年版。

［25］苏永钦：《寻找新民法》，北京大学出版社 2012 年版。

［26］董学立：《民法基本原则研究——在民法理念与民法规范之间》，法律出版社 2011 年版。

［27］朱晓喆：《近代欧陆民法思想史——十六至十九世纪》，清华大学出版社 2010 年版。

［28］舒国滢、王夏昊、雷磊：《法学方法论》，中国政法大学出版社 2018 年版。

［29］杨仁寿：《法学方法论》（第二版），中国政法大学出版社 2013 年版。

［30］［德］菲利普·黑克：《利益法学》，傅广宇译，商务印书馆 2016 年版。

［31］［德］C.W. 卡纳里斯：《德国商法》，杨继译，法律出版社 2006 年版。

［32］［德］奥托·基尔克：《私法的社会使命》，杨若濛译，商务印书馆 2021 年版。

［33］［德］奥科·贝伦茨：《〈德国民法典〉中的私法——其法典编纂史与基本权的关系及其古典共和宪法思想基础》，吴香香译，商务印书馆 2021 年版。

［34］［德］弗朗茨·维亚克尔：《古典私法典的社会模式与现代社会的发展》，傅广宇译，商务印书馆 2021 年版。

[35]［德］罗尔夫·克尼佩尔：《法律与历史——论〈德国民法典〉的形成与变迁》，朱岩译，法律出版社2003年版。

[36]［德］马克西米利安·福克斯：《侵权行为法》，齐晓琨译，法律出版社2006年版。

[37]［德］英格博格·普珀：《法学思维小学堂：法律人的6堂思维训练课》，蔡圣伟译，北京大学出版社2011年版。

[38]［美］史蒂文·J.伯顿：《诚信裁判》，宋晨翔译，中国人民大学出版社2015年版。

[39]［德］弗朗茨·维亚克尔：《近代私法史》（下），陈爱娥、黄建辉译，上海三联书店2006年版。

[40]［德］迪特尔·梅迪库斯：《德国民法总论》，邵建东译，法律出版社2013年版。

[41]［奥］恩斯特·A.克莱默：《法律方法论》，周万里译，法律出版社2019年版。

[42]［德］卡尔·恩吉施：《法律思维导论》，郑永流译，法律出版社2004年版。

[43]［德］伯恩·魏德士：《法理学》，丁小春、吴越译，法律出版社2003年版。

[44]［德］卡尔·拉伦茨：《法学方法论》，陈爱娥译，商务印书馆2003年版。

[45]［美］罗纳德·德沃金：《认真对待权利》，信春鹰、吴玉章译，中国大百科全书出版社1998年版。

[46]［加］查尔斯·泰勒：《自我的根源：现代认同的形成》，韩震等译，译林出版社2001年版。

[47]［德］亚图·考夫曼：《类推与"事物本质"——兼论类型理论》，吴从周译，学林文化事业有限公司1999年版。

[48]［德］特奥多尔·菲韦格：《论题学与法学——论法学的基础研究》，舒国滢译，法律出版社2012年版。

[49]［德］乌尔弗里德·诺伊曼：《法律论证学》，张青波译，法律出版社2014年版。

[50] [瑞]贝蒂娜·许莉蔓-高朴、耶尔格·施密特:《瑞士民法:基本原则与人法》(第二版),纪海龙译,中国政法大学出版社 2015 年版。

[51] [德]拉德布鲁赫:《法学导论》,米健译,中国大百科全书出版社 1997 年版。

[52] [德]托马斯·M.J.默勒斯:《法学方法论》(第 4 版),杜志浩译,北京大学出版社 2022 年版。

[53] [德]齐佩利乌斯:《法学方法论》,金振豹译,法律出版社 2009 年版。

[54] [德]罗尔夫·旺克:《法律解释》(第 6 版),蒋毅、季红明译,北京大学出版社 2020 年版。

[55] [奥]弗朗茨·比德林斯基:《私法的体系与原则》,曾见等译,中国人民大学出版社 2023 年版。

[56] [德]莱因哈德·齐默曼、[英]西蒙·惠特克主编:《欧洲合同法中的诚信原则》,丁广宇等译,法律出版社 2005 年版。

[57] [德]罗伯特·阿列克西:《法律论证理论——作为法律证立理论的理性论辩理论》,舒国滢译,中国法制出版社 2002 年版。

[58] [德]罗伯特·阿列克西:《法 理性 商谈:法哲学研究》,朱光、雷磊译,中国法制出版社 2011 年版。

[59] [德]罗伯特·阿列克西:《法:作为理性的制度化》,雷磊编译,中国法制出版社 2012 年版。

(二) 论文

[1] 吴从周:"当代德国法学上具体化之理念及其方法",载《万国法律》2001 年第 6 期。

[2] 瞿灵敏:"指导性案例类型化基础上的'参照'解读——以最高人民法院指导他案例为分析对象",载《交大法学》2015 年第 3 期。

[3] 谢晓尧、吴思罕:"论一般条款的确定性",载《法学评论》2004 年第 3 期。

[4] 朱芸阳:"论民法上的一般条款的理念和功能",载《湖北社会科学》2013 年第 4 期。

[5] 张新宝:"侵权行为法的一般条款",载《法学研究》2001 年第 4 期。

[6] 张新宝:"侵权法立法模式:全面的一般条款+全面列举",载《法学家》2003年第4期。

[7] 王利明:"论侵权责任法中一般条款和类型化的关系",载《法学杂志》2009年第3期。

[8] 王利明:"我国侵权责任法的体系建构——以救济法为中心的思考",载《中国法学》2008年第4期。

[9] 王利明:"论禁止滥用权利——兼评《总则编解释》第3条",载《中国法律评论》2022年第3期。

[10] 杨立新:"论埃塞俄比亚侵权行为法对中国侵权行为法的借鉴意义",载《扬州大学学报(人文社会科学版)》2005年第5期。

[11] 葛云松:"《侵权责任法》保护的民事权益",载《中国法学》2010年第3期。

[12] 陈现杰:"《侵权责任法》一般条款中的违法性判断要件",载《法律适用》2010年第7期。

[13] 王轶:"民法典的规范类型及其配置关系",载《清华法学》2014年第6期。

[14] 王轶:"法律规范类型区分理论的比较与评析",载《比较法研究》2017年第5期。

[15] 王轶:"民法价值判断问题的实体性论证规则——以中国民法学的学术实践为背景",载《中国社会科学》2004年第6期。

[16] 许中缘:"民法规范类型化之反思与重构",载《人大法律评论》2010年第1期。

[17] 石佳友:"民法典与法官裁量权",载《法学家》2007年第6期。

[18] 易军:"民法上公序良俗条款的政治哲学思考——以私人自治的维护为中心",载《法商研究》2005年第6期。

[19] 易军:"原则/例外关系的民法阐释",载《中国社会科学》,2019年第9期。

[20] 易军:"民法基本原则的意义脉络",载《法学研究》2018年第6期。

[21] 易军:"私人自治与私法品性",载《法学研究》2012年第3期。

[22] 易军:"个人主义方法论与私法",载《法学研究》2006年第1期。

[23] 易军:"'法不禁止皆自由'的私法精义",载《中国社会科学》2014年第4期。
[24] 易军:"民法公平原则新诠",载《法学家》2012年第4期。
[25] 易军:"论作为民法法源的'法理'",载《现代法学》2022年第1期
[26] 熊丙万:"私法的基础:从个人主义走向合作主义",载《中国法学》2014年第3期。
[27] 雷磊:"法律方法、法的安定性与法治",载《法学家》2015年第4期。
[28] 雷磊:"适于法治的法律体系模式",载《法学研究》2015年第5期。
[29] 雷磊:"再访拉德布鲁赫公式",载《法制与社会发展》2015年第1期。
[30] 雷磊:"什么是法教义学?——基于19世纪以后德国学说史的简要考察",载《法制与社会发展》2018年第4期。
[31] 雷磊:"再论法律解释的目标——德国主/客观说之争的剖析与整合",载《环球法律评论》2010年第6期。
[32] 雷磊:"习惯作为法源?——与《民法总则》第10条为出发点",载《环球法律评论》2019年第4期。
[33] 雷磊:"反思司法裁判中的后果考量",载《法学家》2019年第4期
[34] 雷磊:"为权衡理论辩护",载《政法论丛》2018年第2期。
[35] 雷磊:"为涵摄模式辩护",载《中外法学》2016年第5期。
[36] 雷磊:"指导性案例法源地位再反思",载《中国法学》2015年第1期。
[37] 孙海波:"在'规范拘束'与'个案正义'之间——论法教义学视野下的价值判断",载《法学论坛》2014年第1期。
[38] 张帆:"法律家长主义的两个谬误",载《法律科学(西北政法大学学报)》2017年第4期。
[39] 龙卫球:"我国民法基本原则的内容嬗变与体系化意义——关于《民法总则》第一章第3—9条的重点解读",载《法治现代化研究》2017年第2期。

[40] 谢潇："公序良俗与私法自治：原则冲突与位阶的妥当性安置"，载《法制与社会发展》2015 年第 6 期。

[41] 王利明："论公序良俗原则与诚实信用原则的界分"，载《江汉论坛》2019 年第 3 期。

[42] 于飞："公序良俗原则与诚实信用原则的区分"，载《中国社会科学》2015 年第 11 期。

[43] 于飞："侵权法中权利与利益的区分方法"，载《法学研究》2011 年第 4 期。

[44] 于飞："民法基本原则：理论反思与法典表达"，载《法学研究》2016 年第 3 期。

[45] 于飞："民法总则法源条款的缺失与补充"，载《法学研究》2018 年第 1 期。

[46] 于飞："认真地对待《民法总则》第一章'基本规定'"，载《中国高校社会科学》2017 年第 5 期。

[47] 于飞："基本原则与概括条款的区分：我国诚实信用与公序良俗的解释论构造"，载《中国法学》2021 年第 4 期。

[48] 于飞："《民法典》公序良俗概括条款司法适用的谦抑性"，载《中国法律评论》2022 年第 4 期

[49] 梁慧星："诚实信用原则与漏洞补充"，载《法学研究》1994 年第 2 期。

[50] 刘颖："民法典中立法目的条款的表达与设计——兼评《民法总则》（送审稿）第 1 条"，载《东方法学》2017 年第 1 期。

[51] 向淼："公序良俗原则司法适用的模式与类型——基于第 243 个案件的统计分析"，载《复旦学报（社会科学版）》2015 年第 5 期。

[52] 朱岩："民法典一般条款研究"，载《月旦民商法杂志》2005 年第 7 期。

[53] 许政贤："民法解释学方法论的不确定性——以概括条款具体化为例"，载《月旦民商法杂志》2015 年第 47 期。

[54] 许政贤："定型化契约条款内容控制的问题导向论证"，载《东吴法律学报》2013 年第 2 期。

[55] 王鹏翔:"论涵摄的逻辑结构——兼评 Larenz 的类型理论",载《成大法学》2005 年第 9 期。

[56] 纪海龙:"比例原则在私法中的普适性及其例证",载《政法论坛》2016 年第 3 期。

[57] 陈景辉:"比例原则的普遍化与基本权利的性质",载《中国法学》2017 年第 5 期。

[58] 陈景辉:"原则、自由裁量与依法裁判",载《法学研究》2006 年第 5 期。

[59] 冯威:"法律体系如何可能?——从公理学、价值秩序到原则模式",载《苏州大学学报(法学版)》2014 年第 1 期。

[60] 彭诚信:"从法律原则到个案规范——阿列克西原则理论的民法应用",载《法学研究》2014 年第 4 期。

[61] 彭诚信:"论禁止权利滥用原则的法律适用",载《中国法学》2018 年第 3 期。

[62] 舒国滢:《法律原则适用的困境——方法论视角的四个追问》,载《苏州大学学报》2005 年第 1 期。

[63] 舒国滢:"战后德国评价法学的理论面貌",载《比较法研究》2018 年第 4 期。

[64] 李敏:"我国民法上的禁止权利滥用规范——兼评《民法总则》第 132 条",载《法律科学(西北政法大学学报)》2018 年第 5 期。

[65] 张嘉尹:"法律原则、法律体系与法概念论——Robert Alexy 法律原则理论初探",载《辅仁法学》2002 年第 24 期。

[66] 庄世同:"论法律原则的地位:为消极的法律原则理论而辩",载《辅仁法学》2000 年第 19 期。

[67] 黄忠正:"论 Radbruch 公式",载《政大法学评论》2013 年第 132 期。

[68] 王鹏翔、张永健:"经验面向的规范意义——论实证研究在法学中的角色",载《北航法律评论》2016 年。

[69] 方新军:"内在体系外显与民法典体系融贯性的实现:对《民法总则》基本原则规定评论",载《中外法学》2017 年第 3 期。

[70] 方新军:"一项权利如何成为可能?——以隐私权的演进为中心",

载《法学评论》2017年第6期。

[71] 程雪阳:"中国宪法上国家所有的规范含义",载《法学研究》2015年第4期。

[72] 谢海定:"国家所有的法律表达及其解释",载《中国法学》2016年第2期。

[73] 梁慧星:"《民法总则》重要条文的理解与适用",载《四川大学学报(哲学社会科学版)》2017年第4期。

[74] 汪洋:"私法多元法源的观念、历史与中国实践——《民法总则》第10条的理论构造及司法适用",载《中外法学》2018年第1期。

[75] 贾翱:"《民法总则》中二元法源结构分析及改进对策",载《辽宁师范大学学报(社会科学版)》2018年第2期。

[76] 冯威:"基本权利的紧张关系与权衡裁判——以德国雷巴赫案对一般人格权的保护为例",载《交大法学》2017年第4期。

[77] 韩毅:"卡尔·施密特的法律方法论演进史述评",载《法律方法》2014年第2期。

[78] 朱虎:"债法总则体系的基础反思与技术重整",载《清华法学》2019年第3期。

[79] 孙海波:"'同案同判':并非虚构的法治神话",载《法学家》2019年第5期。

[80] 张骐:"再论类似案件的判断与指导性案例的使用——以当代中国法官对指导性案例的使用经验为契口",载《法制与社会发展》2015年第5期。

[81] 张骐:"论类似案件的判断",载《中外法学》2014年第2期。

[82] 黄泽敏、张继成:"案例指导制度下的法律推理及其规则",载《法学研究》2013年第2期。

[83] 于同志:"论指导性案例的参照适用",载《人民司法》2013年第7期。

[84] 刘志刚:《公序良俗与基本权利》,载《法律科学(西北政法大学学报)》2009年第3期。

[85] 杨明:"论民法原则的规则化——以诚信原则与情势变更原则为例",

载《法商研究》2008 年第 5 期。
[86] 董学立："诚实信用原则与公序良俗原则的界分"，载《法学论坛》2013 年第 6 期。
[87] 李敏："论法理与学说的民法法源地位"，载《法学》2018 年第 6 期。
[88] 茅少伟："《民法典》第 132 条（禁止权利滥用）评注"，载《中国应用法学》2023 年第 1 期。
[89] 刘亚东："民法概括条款适用的方法论"，载《政治与法律》2019 年第 12 期。
[90] 刘亚东："民法案例群方法适用的中国模式"，载《环球法律评论》2021 年第 1 期。
[91] 刘亚东："《民法典》法源类型的二元化思考——以'规则—原则'的区分为中心"，载《北方法学》2020 年第 6 期。
[92] 刘亚东："《民法典》概括条款的识别标准与类型构造"，载《财经法学》2023 年第 1 期。
[93] ［德］拉伦茨、曼弗瑞德·沃尔夫著，孙宪忠译："德国民法中的形成权"，载《环球法律评论》2006 年第 4 期。
[94] ［德］托马斯·维滕贝格尔著，张青波译："法律方法论之晚近发展"，载《法哲学与法社会学论丛》2005 年。
[95] ［德］曼夫雷德·沃尔夫著，丁晓春译："民法的法典化"，载《现代法学》2002 年第 3 期。
[96] ［德］克劳斯-威尔海姆·卡纳里斯著，曾韬、曹昱晨译："基本权利与私法"，载《比较法研究》2015 年第 1 期。
[97] ［日］营野耕毅著，付静坤译："诚实信用原则与禁止权利滥用法理的功能"，载《外国法评译》1995 年第 2 期。

二、外文类

（一）专著

[1] Gierke, Die soziale Aufgabe des Privatrechts, Springer, 1889, S. 10ff.
[2] Menger, Das bürgerliche Recht und die besitzlosen Volksklassen, Adamant Media Corporation, 2004.

[3] Repgen, Die soziale Aufgabe des Privatrechts, Mohr Siebeck, 2001.

[4] Canaris, Die Feststellung von Lücken im Gesetz, 2. Aufl., Duncker & Humblot, 1983.

[5] Auer, Materialisierung Flexibilisierung Richterfreiheit, Mohr Siebeck, 2005.

[6] Rüthers, Die unbegrenzte Auslegung, 6. Aufl., Mohr Siebeck, 2005.

[7] Hedemann, Die Flucht in die Generalklauseln: eine Gefahr füf Recht und Staat, Mohr, 1933.

[8] Neuner, Die Rechtsfindung contra legem, Verlag C. H. Beck, 1992.

[9] Wank, Grenzen richterlicher Rechtsfortbildung, Duncker & Humblot, 1978.

[10] Bydlimki, Über die lex-lata-Grenze der Rechtsfindung, in: Canaris-Symposion, De Gruyter, 1998.

[11] Diederichsen, Die Flucht des Gesetzgebers aus der politischen Verantwortung in Zivilrechrt, Karlsruhe, C. F. Müller, 1974.

[12] Ipsen, Richterrecht und Verfassung, Duncker & Humblot, 1977.

[13] Raisch, Juristische Methoden: Vom antiken Rom bis zur Gegenwart, C. F. Müller, 1995.

[14] Schmalz, Methodenlehre für das juristische Studium, 3. Aufl., Nomos, 1992.

[15] Werner, Zum Verhältnis von gesetzlichen Generalklauseln und Richterrecht, C. F. Müller, 1966.

[16] Teuhner, Generalklauseln als sozial-normative Modelle, in: Generalklauseln als Gegenstand der Sozialwissenschaften, 1978.

[17] Engisch, Die Idee der Konkretisierung in Recht und Rechtswissenschaft unserer Zeit, 2. Aufl., Heidelberg, Carl Winter, 1968.

[18] Canaris, Systemdenken und Systembegriff in der Jurisprudenz, 2. Aufl., Duncker & Humblot, 1983.

[19] Haubelt, Die Konkretisierung von Generalklauseln, 1978.

[20] Koch/Rüssmann, Juristische Begründungslehre, C. H. Beck, 1982.

[21] Looschelders/Roth, Juristische Methodik im Prozeß der Rechtsanwendung, Duncker & Humblot, 1996.

[22] Vogel, Juristische Methodik, De Gruyter, 1998.

[23] Schneider, Richterrecht, Gesetzesrecht und Verfassungsrecht, Klostermann, 1969.

[24] Höniger, Riskante Rechtsausübung, Mohr, 1917.

[25] Franz Wieacker, Zur rechtstheoretischen Prazisierung des 242 BGB, Tübingen, Mohr, 1956.

[26] Monika Frommei, Zur Rezeption der Hermeneutik bei Karl Larenz und Josef Esser, Gremer, 1981.

[27] Teubner, Standards und Direktiven in Generalklauseln., Athenäum-Verl, 1971.

[28] Hübner, Kodifikation und Entscheidungsfreiheit des Richters in der Geschichte des Privatrechts, Hanstein, 1980.

[29] Medicus/Lorenz, Schuldrecht I Allgemeiner Teil, 20. Aufl., C. H. Beck, 2012.

[30] Ehrlich, Grundlegung der Soziologie des Rechts, 4. Aufl., Duncker & Humblot, 1989.

[31] Haferkamp, Die heutige Rechtsmissbrauchslehre-Ergebnis nationalsozialistischen Rechtsdenkens? Berlin-Verlag Spitz, 1995.

[32] Henkel, Einführung in die Rechtsphilosophie. Grundlagen des Rechts, 2. Aufl., Beck, 1977.

[33] Strätz, Treu und Glauben, Bd. I: Beiträge und Materialien zur Entwicklung von Treu und Glauben in deutschen Privatrechtsquellen vom 13. bis zur Mitte des 17. Jahrhunderts, F. Schöningh, 1974.

[34] Schröder, Recht als Wissenschaft. Geschichte der juristischen Methode vom Humanismus bis zur historischen Schule (1500-1800), C. H. Beck, 2001.

[35] Röhl, Allgemeine Rechtslehre. Ein Lehrbuch, 2. Aufl, Vahlen, 2001.

[36] Behrends, Treu und Glauben. Zu den christlichen Grundlagen der Willenstheorie im heutigen Privatrecht, in: G. Dilcher u. a. (Hg.), Christentum und modernes Recht. Beiträge zum Problem der Säkularisierung, 1984.

[37] Siebert, Verwirkung und Unzulässigkeit der Rechtsausübung, Elwert, 1934.

[38] Haferkamp, Die exceptio doligeneralis in der Rechtsprechung des Reichs-

gerichts vor 1914, in: U Falk, H. Mohnhaupt (Hg.), Das Bürgerliche Gesetzbuch und seine Richter (Rechtsprechung. Materialien und Studien, 14), 2000.

[39] Konrad Schneider, Treu und Glauben im Rechte der Schuldverhältnisse des Bürgerlichen Gesetzbuches, C. H. Beck, 1902.

[40] Meyer, Bona fides und lex mercatoria in der europäischen Rechtstradition (Quellen und Forschungen zum Recht und seiner Geschichte, 5), Wallstein, 1994.

[41] Haferkamp, Georg Friedrich Puchta und die Begriffsjurisprudenz (Studien zur Europaischen Rechtsgeschicht, 171), Klostermann, Vittorio, 2004.

[42] Schlosser, Grundzüge der Neueren Privatrechtsgeschichte, 9. Aufl., C. F. Mülle, 2001.

[43] Behrends, Von der Freirechtsschule zum konkreten Ordnungsdenken, in: R. Dreier, W. Sellert (Hg.), Recht und Justiz im Dritten Reich, Suhrkamp Verlag, 1989.

[44] Frank Laudenklos, Michael Rohls, Wilhelm Wolf, Resümee, in: J. Rückert (Hg.), Fälle und Fallen in der neueren Methodik des Zivilrechts seit Savigny, Nomos, 1997.

[45] Bydlinski, Juristische Methodenlehre und Rechtsbegriff, 2. Aufl., Springer Verlag GmbH, 1991.

[46] Rückert, Richterrecht seit Weimar?, in: Festschrift Sten Gagner zum 3, Ebelsbach, 1996.

[47] Nörr, Der Richter zwischen Gesetz und Wirklichkeit. Die Reaktion des Reichsgerichts auf die Krisen von Weltkrieg und Inflation, und die Entfaltung eines neuen richterlichen Selbstverständnisses (Juristische Studiengesellschaft Karlsruhe, 222), C. F. Müller, 1996.

[48] Lange, Die Entwicklung der Wissenschaft vom Bürgerlichen Recht seit 1933. Eine Privatrechtsgeschichte der neuesten Zeit, Mohr, 1941.

[49] Pawlowski, Einführung in die juristische Methodenlehre, 2. Aufl., Müller, 2000, Rn. 324.

参考文献

[50] Schlüchter, Die Mittlerfunktion der Präjudizien, Berlin, De Gruyter, 1986.

[51] Rückert, Richtertum als Organ des Rechtsgeistes, Die Weimarer Erfüllung einer alten Versuchung, in: K. W. Nörr, u. a. (Hg.), Geisteswissenschaften zwischen Kaiserreich und Republik, Stuttgart 1994.

[52] Klemmer, Gesetzesbindung und Richterfreiheit. Die Entscheidungen des Reichsgerichts in Zivilsachen während der Weimarer Republik und im späten Kaiserreich (Fundamenta Juridica, 30), Nomos, 1996.

[53] Emmert, Auf der Suche nach den Grenzen der vertraglichen Leistungspflichten, Mohr Siebeck, 2001.

[54] Lange, Liberalismus, Nationalsozialismus und Bürgerliches Recht, Mohr Siebeck, 1933.

[55] Esser, Grundsatz und Norm in der richterlichen Fortbildung des Privatrechts, 3. Aufl., Mohr Siebeck, 1956.

[56] Alexy, Theorie der Grundrechte, Nomos, 1985.

[57] Fikentscher, Methoden des Rechts in vergleichender Darstellung, Bd. IV, Mohr Siebeck, 1977.

[58] Wurche, Generalklausel und Kasuistik in der neueren deutschen Gesetzgebung, O. Berenz, 1964.

[59] Schapp, Methodenlehre des Zivilrechts, Mohr Siebeck, 1998.

[60] Esser, Vorverständnis und Methodenwahl in der Rechtsfindung: Rationalitätsgrundlagen richterlicher Entscheidungspraxis, Athenäum Verlag, 1972.

[61] H. -J. Koch, Unbestimmte Rechtsbegriffe und Ermessensermächtigungen im Verwaltungsrecht, Metzner, 1979.

[62] Röthel, Normkonkretisierung im Privatrecht, Mohr Siebeck, 2004.

[63] Müller, Richterrecht, Duncker & Humblot, 1986.

[64] Dauner-Lieb, Verbraucherschutz durch Ausbildung eines Sonderprivatrechts für Verbraucher, Duncker & Humblot, 1983.

[65] Heinrich, Formale Freiheit und materiale Gerechtigkeit, Mohr Siebeck, 2000.

[66] Lorenz, Schutz vor dem unerwünschten Vertrag, Beck, 1997.

[67] Oertmann, Die Geschäftsgrundlage: Ein neuer Rechtsbegriff, Deichert [u. a.], 1921.

[68] Sieckmann, Regelmodelle und Prinzipienmodelle des Rechtssystems, Baden-Baden: Nomos-Verl. -Ges., 1990.

[69] Westermann, Wesen und Grenzen der richterlichen Streitentscheidung im Zivilrecht, Aschendorff, 1955.

[70] Bydlinski, Fundamentale Rechtsgrundsätze, Springer, 1988.

[71] Larenz/Canaris, Methodenlehre der Rechtswissenschaft, 3. Aufl., Springer, 1995.

[72] Garstka, Generalklauseln, in: H. -J. Koch (Hrsg.), Juristische Methodenlehre und analytische Philosophie, Athenaeum, 1976.

[73] Ogorek, Richterkönig oder Subsumtionsautomat? Klostermann, 1986.

[74] Canaris, Die Vertrauenshaftung im deutschen Privatrecht, Beck, 1971.

[75] Brockmöller, Die Entstehung der Rechtstheorie im 19. Jahrhundert in Deutschland, Nomos, 1997.

[76] Bülow, Gesetz und Richteramt, Duncker & Humblot, 1885.

[77] Petersen, Von der Interessenjurisprudenz zur Wertungsjurisprudenz, Mohr Siebeck, 2001.

[78] Neuner, Die Rechtsfindung contra legem, Beck, 1976.

[79] Hubmann, Wertung und Abwägung im Recht, Heymann, 1977.

[80] Langenbucher, Entwicklung und Auslegung von Richterrecht, Beck, 1996.

[81] Germann, Präjudizien als Rechtsquelle, Almqvist & Wiksell, 1960.

[82] Hofer, Freiheit ohne Grenzen? Mohr Siebeck, 2001.

[83] D. Göldner, Verfassungsprinzip und Privatrechtsnorm, Duncker & Humblot, 1969.

[84] Leenen, Typus und Rechtsfindung, Duncker & Humblot, 1971.

[85] W. Hassemer, Tatbestand und Typus, Heymann, 1967.

[86] Neumann, Juristische Argumentationslehre, Wissenschaftliche Buchgesellschaft, 1986.

[87] Müller, Normstruktur und Normativität, Duncker & Humblot, 2019.

[88] Müller/Christensen, Juristische Methodik, 11. Aufl., Duncker & Humblot, 2013.

[89] Deckert, Folgenorientierung in der Rechtsanwendung, Beck, 1995.

[90] Kriele, Theorie der Rechtsgewinnung, 2. Aufl., Duncker & Humblot, 1976.

[91] Rhinow, Rechtsetzung und Methodik, Helbing & Lichtenhahn, 1979.

[92] Jakobs/Schubert, Recht der Schuldverhältnisse Bd I., De Gruyter, 1978.

（二）法律评注

[1] HKK/Rückert, Band I, Mohr Siebeck, 2003, S. 1ff.

[2] HKK/Haferkamp, Band I, Mohr Siebeck, 2003, S. 708ff.

[3] HKK/Duve/Haferkamp, Band II, 1. Teilband, Mohr Siebeck, 2007, S. 274ff.

[4] HKK/Vogenauer, Band I, Mohr Siebeck, 2003, S. 562ff.

[5] Münchner Kommentar/Roth/Schubert, 6. Auflage, C. H. BECK, 2012, § 242.

[6] Soergel Kommentar/Mertens, 11. Auf., Verlag W. Kohlhammer, Stuttgart, 1990, § 242, Rn. 280.

[7] Palandt Kommentar/Grüneberg, 78. Auf., C. H. BECK, 2019, Rn. 42ff.

[8] ZK – Zürcher Kommentar/Baumann,, 3. Aufl., Schulthess Polygraphischer Verlag AG, 1998, Band/Nr. I/1, Art. 3 und 4.

[9] BK-Berner Kommentar/ Sibylle Hofer, Stämpfli Verlag AG, 2012, Art. 3 und 4.

（三）期刊论文

[1] Ortemann, Doppelseitiger Irrtum beim Vertragsschlusse, Archiv für die civilistische Praxis, 117. Bd, 3 (1919).

[2] Wieacker, Gesetzesrecht und richterliche Kunstregel: Zu Essers Buch Grundsatz und Norm, Jurist Zeitung, 12. Bd., 22 (1957).

[3] Heck, Rechtsphilosophie und Interessenjurisprudenz, Archiv für die civilistische Praxis, 143. Bd., 2 (1937).

[4] Vgl. Weber, Einige Gedanken zur Konkretisierung von Generalklauseln durch Fallgruppen, Archiv für die civilistische Praxis, 192. Bd., 6 (1992).

[5] Ohly, Generalklausel und Richterrecht, Archiv für die civilistische Praxis,

201. Bd., 1 (2001).

[6] Mayer-Maly, Was leisten die guten Sitten? Archiv für die civilistische Praxis, 194. Bd., 2 (1994).

[7] Hartmanns, Der Civilgesetzentwurf, das Aequitätsprincip und die Richterstellung, Archiv für die civilistische Praxis, 73. Bd., 3 (1888).

[8] Beater, Generalklauseln und Fallgruppen: (Erwiderung auf Ralph Weber,) Archiv für die civilistische Praxis, 194. Bd., 1 (1994).

[9] Ortemann, Doppelseitiger Irrtum beim Vertragsschlusse, Archiv für die civilistische Praxis, 117. Bd., H. 3 (1919).

[10] Lange, Ius aequum und ius strictum bei den Glossatoren, Zeitschrift der Savigny-Stiftung für Rechtsgeschichte: Romanistische Abteilung, Bd. 71, 1 (1954).

[11] Ralph Weber, Entwicklung und Ausdehnung des § 242 BGB zum königlichen Paragraphen, Juristische Shulung, 1992.

[12] Mertens, Untersuchungen zur zivilrechtlichen Judikatur des Reichsgerichts vor dem Inkrafttreten des BGB, Archiv für die civilistische Praxis, 174. Bd., 4 (1974).

[13] Lange, Generalklauseln und neues Recht, JW, (3) 1933.

[14] Ogorek, Privatautonomie unter Justizkontrolle. Zur Rechtsprechung des Reichsoberhandelsgerichts (1870-1879), in: Zeitschrift für das gesamte Handels- und Gesellschaftsrecht, Bd. 150, (1986).

[15] Konrad Schneider, Abänderliches Recht und Verkehrssitte, in: Jherirgs Jahrbucher fur die Dogmatik des Burgerlichen Rechts, 59 (1911).

[16] Deutsch, Entwicklung und Entwicklungsfunktion der Deliktstatbestände, JuristenZeitung, 18. Jahrg., Nr. 13 (1963).

[17] H. J. Wolff, Typen im Recht und in der Rechtswissenschaft, Studium Generale 5 (1952).

[18] Ecker, Gesetzesauslegung vom Ergebnis, Juristen Zeitung, 22. Jahrg., Nr. 9 (1967).

[19] Lindacher, Grundsätzliches zu § 138 BGB, Archiv für die civilistische

Praxis, 173. Bd. , H. 2 (1973).

[20] Schröder/Thiessen, Von Windscheid zu Beckenbauer-die Schuldrechtsreform im Deutschen Bundestag, Juristen Zeitung, 57. Jahrg, 7 (2002).

[21] Norbert Horn, Ein Jahrhundert Bürgerliches Gesetzbuch, Neue Juristische Wochenschrift, 1 (2000).

[22] F. Bydlinski, Hauptpositionen zum Richterrecht, Juristen Zeitung, 40. Jahrg. , Nr. 4 (1985).

[23] Joachim Rückert, Das Bürgerliche Gesetzbuch-ein Gesetzbuch ohne Chance, Juristen Zeitung, 58. Jahrg. , 15 (2003).

[24] Haferkamp, Richter, Gesetz und juristische Methode in der Wertungsjurisprudenz, Zeitschrift für die gesamte Privatrechtswissenschaft, 3 (2016).

[25] Dörner, Erster Weltkrieg und Privatrecht, Rechtstheorie, 17 (1986).

[26] Ulrich, Savignys Lehre von der Auslegung der Gesetze in heutiger Sicht, Juristen Zeitung, 58. Jahrg. , Nr. 1 (2003).

[27] Gadow, Die Einrede der Arglist, in: Jherirgs Jahrbucher fur die Dogmatik des Burgerlichen Rechts, Bd 84, (1934).

[28] Schmitt, Fünf Leitsätze für die Rechtspraxis, Dt. Rechts-u. Wirtschafts-Wissenschaft Verlag-Ges. , 1933.

[29] Esser, Interpretation und Rechtsneubildung im Familienrecht, JuristenZeitung, 8. Jahrg. , Nr. 17 (1953).

[30] Zimmermann, Europa und das römische Recht, Archiv für die civilistische Praxis, 202. Bd. , H. 2 (2002).

[31] Kamanabrou, Die Interpretation zivilrechtlicher Generalklauseln, Archiv für die civilistische Praxis, 202. Bd. , H. 4 (2002).

[32] Wiedemann: Richterliche Rechtsfortbildung, Neue Juristische Wochenschrift, 28 (2014).

[33] Medicus, Der Grundsatz der Verhältnismäßigkeit im Privatrecht, Archiv für die civilistische Praxis, 192. Bd. , H. 1 (1992).

[34] Canaris, Verstöße gegen das verfassungsrechtliche Übermaßverbot im Recht der Geschäftsfähigkeit und im Schadensersatzrecht, Juristen Zeitung,

42. Jahrg. , Nr. 21 (1987).

[35] Meier-Hayoz, Strategische und taktische Aspekte der Fortbildung des Rechts, JZ, Juristen Zeitung, Juristen Zeitung, 36. Jahrg. , Nr. 13 (1981).

[36] Eckert, Sittenwidrigkeit und Wertungswandel, Archiv für die civilistische Praxis, 199. Bd. , H. 3 (1999).

[37] E. Schmidt, Von der Privat-zur Sozialautonomie, Juristen Zeitung, 35. Jahrg. , Nr. 5 (1980).

[38] Zöllner, Regelungsspielraume im Schuldvertragsrecht: Bemerkungen zur Grundrechtsanwendung im Privatrecht und zu den sogenannten Ungleichgewichtslagen, Archiv für die civilistische Praxis, 196. Bd. , H. 1 (1996).

[39] Alexy, Rechtsregeln und Rechtsprinzipien, Archiv für Rechts- und Sozialphilosophie, Beiheft 25 (1985).

[40] Penski, Rechtsgrundsätze und Rechtsregeln, JuristenZeitung, 44. Jahrg. , Nr. 3 (1989).

[41] Ruethers, Methodenfragen als Verfassungsfragen? Rechtstheorie, Vol. 40, 3 (2009).

[42] Hager, Grundrechte im Privatrecht, Juristen Zeitung, 49. Jahrg. , Nr. 8 (1994).

[43] Esser, Möglichkeiten und Grenzen des dogmatischen Denkens im modernen Zivilrecht, Archiv für die civilistische Praxis, 172. Bd. , H. 2 (1972).

[44] Krebs, Die Begründungslast, Archiv für die civilistische Praxis, 195. Bd. , H. 2 (1995).

(四) 文集类

[1] Bydlinski, Möglichkeiten und Grenzen der Präzisierung aktueller Generalklauseln, Rechtsdogmatiund praktische Vernunft, Symposion zum 80. Geburtstag von Franz Wieacker. Hrsg, von Okko. Behrends. , Göttingen: Vandenhoeck u. Ruprecht, 1990.

[2] Schmidt, Präzisierung des § 242 BGB-eine Daueraufgabe?, Rechtsdogmatik undpraktische Vernunft, Symposion zum 80. Geburtstag von Franz Wieacker. Hrsg, von Okko Behrends. 1990.

[3] Betti, Der Grundsatz von Treu und Glauben in rechtsgeschichtlicher und vergleichender Betrachtung, in: FS. Müller-Erzbach, 1954.

[4] Beck, Grundprinzipien der bona fides, in: Festschrift Simonius, 1955.

[5] Claus dieter Schott, Billigkeit und Subjektivismus—ein historisches Problem, in: Festschrift für Max Keller zum 65. Geburtstag. Zürich 1989.

[6] Klaus Luig, Treu und Glauben in der Rechtsprechung des Reichsgerichts in den Jahren 1900 bis 1909, in: Festschrift für Herbert Wiedemann zum 70. Geburtstag, 2002.

[7] Schröder, Die Richterschaft am Ende des zweiten Kaiserreichs unter dem Druck polarer sozialer und politischer Anforderungen, in: Festschrift für Rudolf Gmür, 1983.

[8] Schröder, Zivilrechtliche Generalklauseln in der Methodendiskussion des frühen 20. Jahrhunderts, in: Festschrift für Heinz Holzhauer zum 70. Geburtstag.

[9] Rückert, Richterrecht seit Weimar? in: Festschrift Sten Gagner zum 3. März, 1996.

[10] Engisch, Die normativen Tatbestandselemente im Strafrecht, in: FS für E. Mezger.

[11] Canaris, Äquivalenzvermutung und Äquivalenzwahrung im Leistungsstörungsrecht des BGB, in: Festschrift Wiedemann, 2002.

[12] Esser, Realität und Ideologie der Rechtssicherheit in positiven Systemen, in: Festschrift Rittler, 1957.

[13] Larenz, Wegweiser zu richterlicher Rechtsschöpfung—Eine methodologische Untersuchung, in: FS für A. Nikisch, 1958.

[14] H. Coing: Das Verhältnis der positiven Rechtswissenschaft zur Ethik im 19. Jh. F. Kaulbach: Moral und Recht in der Philosophie Kants J. Ritter, 1970.

后 记

　　读书这么多年，工作3年，正好也30岁了，借着本书的出版写一些随笔，交代一下我的所思所想所感，也是很有价值的一件事情。本书是在我的博士学位论文基础上修订而成的。第一次写书，实事求是的讲非常忐忑，也很纠结，忐忑的是我的能力水平真的可以驾驭一本书的撰写吗？纠结的是在还有完善空间的情况下要不要把这个稿子交给出版社出版。好在人文社科科学没有唯一正确的标准答案，理论观点没有绝对的对与错，而是对于当前的司法实践有没有足够的解释力。如果有比较好的解释力，那么就是一个好的理论观点，在这样的自我安慰之下，还是鼓起勇气出版了这本书，算是对于学术生活的一个阶段性总结，当然还有很多不足甚至不合理的地方，这就留待以后的学术研究加以弥补完善。

　　民法学中可以研究的论题很多，宏观性的问题、中观性的问题以及微观性的问题均可以选择，我受导师于飞教授的启发，选择了民法中的概括条款这一偏中观性的题目，这样选择其实有三个原因：一是我的导师于飞教授在这方面已经有相当多的研究成果，在研究的过程中可以随时向导师请教；二是概括条款在以德国法代表的比较法中有相当丰富的文献资料，简直可以说是一座富矿；三是概括条款的适用的确是中国司法实践中

后 记

误用比较多的一类条款，由于我国民法一直有着"内在价值体系外显"的传统，导致长期以来概括条款被当作民法的基本原则来处理，并一体式规定，这是我国民法典的独特安排，某种程度上是一个中国式民法学问题。

博士三年围绕着这个问题，阅读文献、请教导师、搜集案例，总体上写作还比较顺利，参加工作后，围绕这一问题又持续性地进行了思考，最终完成了本书。能够完成本书，首先还是得益于恩师的倾心教诲，现在还记得 2014 年 9 月 10 日给导师发的第一封邮件，当天导师很爽快地给我回复了消息，并答应收我做学生。恩师不拘一格，从不限制学生的学术自由，每当我遇到一个觉得可以写论文的点向导师寻求意见时，他总是会问我这么几句话：你这个问题学界的"攻击停止线"在哪里？你有没有穷尽检索，完成翔实的文献综述？你如果写这个题目，什么是你的贡献，你的实质性推进在哪里？导师独特的人格魅力和严谨的学术态度，令人尊敬、如沐春风，同时也督促着我不断地前进。具体到本书，首先，这一选题的灵感直接来源于导师的系列论文；其次，本书的主体架构、章节安排、行文逻辑导师均付出了很多的心血，当然文责自负。

本书的顺利完成，还要感谢德国科隆大学近代私法史研究所的 Prof. Dr. Hans-Peter Haferkamp，感谢他接纳我作为联合培养博士在科隆大学学习近 2 年，并为我指定了许多关于概括条款的文献资料。

感谢首都经济贸易大学法学院的领导班子，2020 年入职以来，他们为包括我在内的青年教师的发展倾注了诸多心血，本书得以出版，也是法学院资助的结果。

感谢我的同门师兄中央财经大学法学院的徐建刚副教授，清华大学博士后李夏旭、中南财经政法大学朱震老师以及师弟、师妹们，他们为我去德国及国内学校的诸多事情提供了一系列协助；感谢在德国科隆大学近代私法史研究所，现在在华东政法大学任教的孙文老师、陈丽婧老师，在中南财经政法大学的李金镂老师，在中国政法大学任教的张焕然老师，以及还在德国波恩大学的李昶、科隆大学的刘昶，在浙江大学的王翼泽，在浙江大学眼科医院的郭永伟，他们在德国期间帮我尽快适应环境，为我尽快进入学习状态提供了诸多帮助。

本书的部分章节，已经在一些刊物上发表，感谢编辑部各位老师们细心的编校，在纳入本书时省去了不少的工作，在此一并致谢。还要感谢中国政法大学出版社的编辑老师耐心、细心的编校，他们帮我修改了很多文字和表述方面的错误。

感谢我的父母亲从小到大的养育之恩，任由我"野蛮生长"，给予我选择的自由，充分尊重我的意见。感谢我的爱人王文雅女士，她在完成许多工作的同时，照顾家庭，帮我分担了很多。

民法学博大精深、体系性强，笔者水平有限，书中肯定还存在诸多问题，欢迎各位前辈、学友、读者批评指正。